供给侧结构性改革背景下四川省企业创新研究

GONGJICE JIEGOUXING GAIGE BEIJINGXIA
SICHUANGSHENG QIYE CHUANGXIN YANJIU

孙超英　林俐　等◎著

·北京·
国家行政管理出版社

图书在版编目（CIP）数据

供给侧结构性改革背景下四川省企业创新研究/孙超英等著．—北京：国家行政管理出版社，2020.6

ISBN 978-7-5150-2446-2

Ⅰ.①供… Ⅱ.①孙… Ⅲ.①企业创新—创新管理—研究—四川 Ⅳ.①F279.277.1

中国版本图书馆 CIP 数据核字(2020)第 080362 号

书　　名　供给侧结构性改革背景下四川省企业创新研究
作　　者　孙超英　林　俐　等
责任编辑　曹文娟
出版发行　国家行政管理出版社
（北京市海淀区长春桥路 6 号，100089）
综 合 办　(010)68928903
发 行 部　(010)68928738　68928870
经　　销　新华书店
印　　刷　北京虎彩文化传播有限公司
版　　次　2020 年 6 月北京第 1 版
印　　次　2020 年 6 月北京第 1 次印刷
开　　本　170 毫米×240 毫米　1/16
印　　张　14.5
字　　数　248 千字
定　　价　58.00 元

目　　录

绪　论

中国自改革开放以来，经济发展取得了骄人的成绩，国内生产总值跃居世界第二，成为引领全球经济增长的新的动力引擎。但是也应该看到，当前中国的经济处在一个新的十字路口，人口红利消失，资源环境约束趋紧，传统的要素驱动发展模式难以为继，创新驱动虽有所发展但还很脆弱，新的经济增长动能有待培育，中国经济步入新常态。纵观人类发展历史，创新始终是一个国家、一个民族发展的重要力量，也是推动人类社会进步的重要力量。为“打造中国经济升级版”，实现中华民族伟大复兴的中国梦，转变经济增长动力由资源要素驱动转为创新驱动，产业布局逐步向高端产业延伸，最根本的途径是创新，这是创新驱动首次提升到国家战略的高度。

2015 年 11 月 10 日，习近平总书记主持召开中央财经领导小组第十一次会议，研究经济结构性改革和城市工作。习近平总书记在会上首次提出，“要在适度扩大需求的同时，加强供给侧结构性改革，提高供给体系的质量和效率。”这意味着我国的宏观经济管理政策由以前的需求管理逐渐转向需求管理和供给管理相结合，旨在改变当前的经济发展模式，提高资源配置效率，矫正不合理配置，提升供给结构的灵活性，从而扩大有效供给。目前，我国经济存在着有效供给不足和产能过剩的问题，这就要求努力培育发展新动力，通过科技创新、技术突破和产业结构升级来提供新的、高质量的产品供给，进而提高全要素生产率。具体到企业这一微观主体来说，科学技术、创新能力是企业健康发展的动力，也是使企业提供的产品适应市场需求变化的重要本领。本书以供给侧结构性改革为背景来研究四川省企业创新问题，强调供给侧结构性改革的实质就是创新，推动供给侧结构性改革的核心就是强化企业的创新主体作用。供给侧结构性改革最终会落实到每一个企业，提高企业产品供给质量最根本的途径就是创新生产方式、升级产业结构、创新企业管理等，让创新深入到企业从生产到管理再到销售的各个环节中，使企业在国家转型升级的过程中、在国际竞争日益激烈的大环境下始终立于不败之地，因此企业创新是供给侧结构性改革的关键环节。

创新是一个国家和地区经济持续发展的重要源泉，是一个民族进步的重要动力。1912 年，经济学家约瑟夫·熊彼特在《经济发展理论》一书中将“创新”定义为“一种新的生产函数”。他认为经济发展的本质应该是经济社会内部质的突破，这种突破应该是自发形成的，而不是完全依靠资本的积累，自发性的突破就意味着“创新”。熊彼特进一步指出，一般的创新包括产品、生产工艺、组织和商业模式等，其实质是生产要素的重组，以形成更高的价值。创新不是发现已经存在的事实，而是在已有的知识积累、生产要素的支撑下，通过创造力和想象力创造出新的生产要素组合，对现有的生产要素集合进行扩展，从而提供更多的生产可能性和新的机会。1992 年，英国卡迪夫大学的库克教授发表了一篇名为《区域创新体系：新欧洲的竞争规则》的文章，这篇文章最早提出了区域创新系统（RISS）这一概念。区域创新系统是由政府、企业、科研及中介机构等行为主体，为使一定区域及政治环境内的创新和经济得到快速发展而建立的相对稳定的相互合作、相互依存的空间结构体系，它是创新型企业生存和发展的基础。对于国家和区域而言，创新能够使产业结构实现优化升级，产业价值链高端化，产品多样化，服务优质化；对企业而言，创新不仅能够使企业的生产效率提升，更能为该领域注入发展活力，高效的企业可以实现更好的发展，而落后的企业将被淘汰。正因为创新是国家进步的不竭动力，区域创新系统的建设是区域企业创新能力提升的重要前提，所以党和政府历来十分重视创新体制的设计及创新能力的培养。

新中国成立之初，中国科学技术总体落后于西方发达国家，以毛泽东为核心的党的第一代中央领导集体深感科技落后的切肤之痛。1956 年 1 月，中共中央向全国人民发出“向科学进军”的号召。1958 年，毛泽东把这个号召解读为“向自然界开火，进行技术革新和技术革命”。

1978 年 3 月 18 日，邓小平在全国科学大会开幕式上提出“科学技术是生产力”“知识分子是工人阶级的一部分”等著名论断。1988 年 9 月 5 日，邓小平在会见捷克斯洛伐克总统古斯塔夫·胡萨克时进一步阐述他的论断：“马克思说过，科学技术是生产力，事实证明这句话讲得很对。依我看，科学技术是第一生产力。”

1995 年 5 月 26 日，中共中央、国务院召开全国科学技术大会。江泽民在大会上正式提出实施“科教兴国”战略。他在大会上指出：“创新是民族进步的灵魂，是国家兴旺发达的不竭动力。”“一个没有创新能力的民族，难以屹立于世界先进民族之林”。2007 年 10 月 15 日，党的十七大顺利召开，胡锦涛提出：“提高自主创新能力，建设创新型国家，这是国家发展战略的核心，是提高综合国力的关键。”他强调，把提高自主创新能力作为推进结构调整的中心环节，把推动自主创新摆在全部科技工作的突出位置，提高我国科技自主创新能力，加快建设中国特色国家创新体系。

党的十八大以来，习近平总书记在多个场合多次谈到创新，并且将创新提到国家发展战略的高度，由此可见，党和国家对制度、科技、文化等方面创新的重视程度。2012 年 12 月 9 日，习近平总书记在广州主持召开经济工作座谈会时指出：“坚定不移推进体制创新、科技创新，落实创新驱动发展战略。”2013 年 10 月 21 日，习近平总书记在欧美同学会成立 100 周年庆祝大会上指出：“创新是一个民族进步的灵魂，是一个国家兴旺发达的不竭动力，也是中华民族最深沉的民族禀赋。在激烈的国际竞争中，惟创新者进，惟创新者强，惟创新者胜。”2015 年 10 月 29 日，习近平总书记在党的十八届五中全会第二次全体会议上指出：“我们必须把创新作为引领发展的第一动力，把人才作为支撑发展的第一资源，把创新摆在国家发展全局的核心位置，不断推进理论创新、制度创新、科技创新、文化创新等各方面创新，让创新贯穿党和国家一切工作，让创新在全社会蔚然成风。”2016 年 1 月 18 日，习近平总书记在省部级主要领导干部学习贯彻党的十八届五中全会精神专题研讨班开班式上指出：“要着力实施创新驱动发展战略，抓住了创新，就抓住了牵动经济社会发展全局的‘牛鼻子’。抓创新就是抓发展，谋创新就是谋未来。我们必须把发展基点放在创新上，通过创新培育发展新动力、塑造更多发挥先发优势的引领型发展。做到人有我有、人有我强、人强我优。”2018 年 5 月 28 日，习近平总书记在两院院士大会上作出了“实现中华民族伟大复兴的中国梦，我们必须具有强大的科技创新实力和创新能力”“矢志不渝自主创新”等精彩讲话。2018 年 11 月 1 日，习近平总书记主持召开民营企业座谈会，他在会上指出民营经济已成为我国发展不可或缺的力量，成为创业的主要领域，技术创新的重要主体。

从世界范围来看，创新在各个国家的发展战略中的作用都举足轻重。美国之所以一直保持在世界上经济领先的地位，就是因为十分重视创新对经济的推动和引领作用。2009 年，美国首次发布其创新发展战略，用于指导联邦管理局工作，确保美国持续引领全球创新经济、开发未来产业及协助美国克服经济社会发展中遇到的各种困难。从 2007 年的《美国竞争法》到 2009 年的“美国复兴与再投资计划”和《美国创新战略：推动可持续增长和高质量就业》，再到 2011 年《美国创新战略：确保我们经济增长与繁荣》，美国始终高度重视创新战略的设计，重视创新在经济增长中的关键作用。2015 年 10 月底，美国国家经济委员会和科技政策办公室联合发布了新版《美国国家创新战略》，沿袭了 2011 年提出的维持美国创新生态系统的政策，首次公布了维持创新生态的六大关键因素，包括基于联邦政府在投资建设创新基石、推动私营部门创新和武装国家创新者三个方面所扮演的重要角色而制订的三套战略计划，分别是创造高质量工作和持续的经济增长、催生国家重点领域的突破、为美国人民提供一个创新型政府。新版战略在此基础上强调了以下九大战略领域：先进制造、精密医疗、大脑计划、先进汽车、智慧城市、清洁能源和节能技术、教育技术、太空探索和计算机新领域。九大领域具体的战略执行者是各行业的主要企业，为实现这些领域在国际上的领先，国家层面的任务是增加教育投入，培养更多具有创新能力的人才，增加科研机构的投入，完善创新制度、政策，建设相应的基础配套设施。各主要企业的任务是增加创新经费投入，开展产学研合作，开展与国外行业领先者合作引进技术等。

环顾当今世界，创新已经成为各国发展经济、克服经济危机的良药，西方发达国家在拥有较高创新能力的基础上仍将创新列为国家发展的重要战略。近年来，我国高度重视创新，取得的创新成就有目共睹。2017 年，我国企业研发经费投入 13 733 亿元，占全社会投入的 78.5%。并且我国基础研究投入总额以年均近 15% 的增速增长，从 2006 年的 155.8 亿元增长到 2017 年的 975.5 亿元。专利申请数量是一个国家创新能力的重要体现。世界知识产权组织发布的数据显示，自 2012 年起，中国的专利申请总量和授权专利总量已经连续 5 年居全球首位，2016 年的专利申请总量更是占到全球专利申请总量的 40%，是美国与日本专利申请总量之和。但也必须清醒地看到，由于创新体制机制不完善、核心领域创新不足、创新质量不高等弊端，我国的创新能力与西方发达国家已经形成了一定差距。因此，如何健全创新制度，在创新数量爆发式增长的同时提高创新质量，让“创新在全社会蔚然成风”是今后国家发展的主要任务。

作为西部经济实力相对较强的四川省，想要进一步缩小与东部较发达区域的距离，将四川省打造为西部地区的增长极，更好地响应习近平总书记在2016年提出的发展“新经济”号召，创新能力的提高是不可少的；而一个区域的创新能力又大多体现在该地区的企业创新能力上，所以企业创新才是四川省解决发展水平低、发展代价大等问题的关键。

提高四川省企业的创新能力可从以下几个方面着手：一是对地方政府来说，建立灵活政府，提高行政效率，制定各种有利于激发企业创新活力的政策、规定；将创新能力的培养作为考核官员政绩的重要指标，如可以采用在任期中，企业及社会各界专利申请量、新成立科技企业数量等。二是对企业来说，建立激励创新机制、大力引进专业人才、扩大创新经费投入占主营业务收入的比重、开展产学研合作增强协同创新能力等。

当然，研究四川省企业的创新离不开供给侧结构性改革的大背景，因为供给侧结构性改革的实质为创新，所以四川省提高企业的创新能力也正契合提高产品供给质量和效率、提高资源配置效率、提高全要素生产率等改革要求。本书就是在深入分析供给侧结构性改革的实质和核心前提下，阐释并强调四川省供给侧结构性改革的重中之重是增强省内企业的创新能力。本书共分八章，各章所述内容概括如下：

第一章——供给侧结构性改革的实质是创新。我国面临着“三期叠加”和“四降一升”的问题，传统的依靠廉价劳动力和大量资源投入的发展方式已经变为主要依靠科技进步的创新驱动方式。改革开放40多年来，我国各方面都取得了巨大成就，甚至一些行业由跟随者成为领导者，但是如果在后续的经济发展中缺乏创新，那么我国很有可能掉入“中等收入陷阱”。应对这一系列问题的唯一出路便是创新，即要进行供给侧结构性改革，使我国形成创新驱动发展、改革驱动创新的经济发展新局面。本章前半部分，分析指出了供给侧结构性改革的理论渊源，说明改革是在此基础上结合中国国情并加以创新而提出来的。接着以数据表明我国供需失衡的主要表现，并深刻分析我国有效供给不足和产能过剩的主要原因。最后在分析理论和现实情况的基础上指出供给侧结构性改革是我国经济走出困境的“良药”，以及改革对我国经济发展的战略意义、改革的主要任务等。本章后半部分，指出我国以前低效率的经济发展手段在当今知识经济的背景下显得后劲不足，供给侧结构性改革能够提高全要素生产率，即增强创新能力，并为我国新经济的发展打开新空间。

第二章——供给侧结构性改革的核心是强化企业的创新主体作用。本章分析了各创新主体在经济发展中的不同作用，指出企业才是创新的核心主体。供给侧结构性改革的核心就是要促进创新模式由政府主导向市场主导转变，更好发挥企业这个创新主体的作用。进一步分析了政府在企业创新活动中应该扮演怎样的角色，通过分析美国政府在这方面的成功经验，指出只有形成由政府引导、企业主导、社会参与的创新新局面才能使政府在企业创新活动中发挥积极的作用。在第二节中，主要分析了我国企业创新能力和动力不足的原因，由于创新制度和激励机制缺失，导致企业创新成果少、创新热情低，而供给侧结构性改革能够建立健全创新体制机制，因此得出只有在供给侧结构性改革之下，才能提高企业的创新能力和激活企业创新动力的结论。

第三章——四川省企业创新创业现状调查。当今世界是知识经济的时代，是创新的时代。在我国改革开放过程中，取得巨大成就的同时也呈现出很多问题，表现最突出的就是创新能力低下，关键领域的核心技术缺失，使我国经济看起来“强壮”，实则“虚胖”。国家的竞争能力和经济实力都体现在其创新的能力上，这主要指各区域企业的创新能力。要提高四川省企业的创新能力必须先了解四川省企业创新的现状。本章第一节主要从企业的资金运作能力、创新资源的投入能力、创新环境的保障能力、创新成果的产出能力四个方面来说明四川省企业创新的基本情况。在第二节中对四川省企业的基本情况进行深入分析，总结出企业创新活动较为客观真实的特征。第三节阐述了四川省企业创新的制约因素，包括企业创新人才短缺、企业创新资金来源单一、企业创新环境不完善、企业创新内在动力不足等，并针对这些创新不足提供了多方面的解决途径。

第四章——识别创新发展的主要趋势。本章首先以美国为例进行分析。20世纪初在信息技术革命的背景下，美国增强创新能力、发展科技型企业，成功应对了经济危机，并在20世纪末获得长达10年的持续经济增长。但是，在后续新的技术革命没有出现的情况下，美国经济出现下滑，世界经济萎靡。在全球经济增长疲软的情况下，世界各国一致找到了经济发展的出路——生物科技和新能源，这些领域的发展将带来下一轮的全球经济增长。本章第一节对创新产生的源泉进行说明，区分了技术、高技术和新技术等概念，并结合创新趋势提出了未来十大主要创新方向。第二节主要论述企业管理模式方面的创新问题。从现代企业管理思维和管理特点出发，分析了现代企业的管理发展趋势，在此基础上，提出现代企业管理方式创新的方向是数字化管理模式。最后列举了十大企业创新管理趋势，为四川省企业创新管理模式提供了一个具有借鉴意义和实践意义的大致方向。第三节主要内容为在新模式和新业态的基础上，产业组织具有的新特征。产业组织在企业创新过程中扮演着重要的角色，本节叙述了产业组织变革的路径及基本规律，总结了三次产业革命中产业组织变革的过程和特点，最后综合分析了产业组织的演进规律和历史经验，提出了新产业革命条件下产业组织的新特点。为了使读者在阅读过程中更好地理解产业组织在企业创新过程中的作用、路径、规律和产业组织相关理论，本节最后列举了2015年创业公司十大创新商业模式案例。

第五章——开拓企业创新路径。企业创新是在与各个利益互补的机构合作之中产生的，是从具有创新文化和创新精神的企业中发展而来的。本章举例阐述了创新文化对于创新的推动作用，以及创新文化的概念和主要内容。合作是创新的另一重要方面，目前世界上合作创新最有效的形式为产学研一体化。本章在分析四川省产学研现状的基础上，针对四川省有效开展产学研合作创新存在的问题，提出了针对性的建议。增强创新能力要依靠专业的科研院所和高等院校，军队在科研创新方面的实力也不容小觑。国家提出在全国大力开展军民融合全面创新的建议，这一做法也并非我国特有，在科技创新能力极强的美国，已经实现了军民融合创新，并且取得了丰硕的成果。因此，本章分析了四川省开展军民融合创新的优势和现状，指出加速军民深度融合是四川省最鲜明的任务，与此同时，四川省也在积极出台有利于军民深度融合的政策、规章，也相应提出了具有实践意义的对策建议。本章最后对积木式创新进行了介绍，并就如何开展积木式创新进行了详尽的论述。

第六章——发达国家企业创新政策支持体系的特点及对四川省的启示。当今世界各国，如美国、日本、德国等发达国家的科研创新能力之所以在全球领先，其中一个重要的原因就是：在正确的时机做出了正确的战略部署，即将创新列为国家发展战略。在产业革命的初始阶段，美国敏锐的眼光就聚焦到了创新上，并出台了许多鼓励国内企业进行创新的法案，这些法案在社会上和企业中得到很好的贯彻，使其创新能力长期领先世界。当然，如美国、日本、德国这些创新强国也并非与生俱来，而是遵循着“模仿—学习—创新”的创新发展规律，因此在一个国家创新能力不足的情况下，模仿是不可避免的。本章首先对美国的创新能力由弱变强的过程进行了深入分析，指出美国政府在企业创新能力的培养上扮演着重要角色，充当创新产品的“试验田”，避免创新企业因产品销路不畅而遭受重大损失；大力培养人才为美国各大企业提供源源不断的人才和知识供应，保证企业的创新动力充足；由于单个创新主体的创新能力有限，美国大力促进产学研合作，使各种创新主体形成一整条创新链，增强各主体的协同创新能力。然而创新不仅需要人才和合作，良好的企业创新环境更是不可或缺。因此，美国非常注重对知识产权的保护，以及建设有利于技术转化的创新生态系统，使美国企业拥有良好的创新环境。德国、日本与美国的创新历程大同小异，它们都注重对创新政策的制定、对创新生态链的建设、对创新环境的营造、对创新成果的保护。对于四川省来说，域内企业已经具备提升创新能力的物质及制度基础。因此，本章在分析借鉴三国创新经验的前提下，认为四川省应该重视创新人才的培养，增加对科研经费的投入，高效促进创新成果的转化，完善政府采购制度。

第七章——企业创新成长的制度供给。当前我国经济处于新常态下，经济的发展动力引擎急需改变。经济发展不仅需要要素驱动，也需要制度、技术和产业结构等的创新配合，共同发力促使经济持续增长。本章着重分析企业创新成长的制度供给，剖析制度对创新的影响机制。对走在科技创新前列的工业发达国家的经验进行分析，指出财政激励政策、专利制度、风险资本政策、公共采购政策等是所有发达国家几乎都会制定的激励企业创新的政策工具，并对各种工具的概念、特点、效应进行深入分析，进而对这些政策工具进行客观评价，指出其优势和弊端，以期让我国合理地采用上述政策工具激励企业创新。理论分析离不开对现实情况的把握，采用创新政策工具也需要因地制宜、懂得变通。因此，本章对我国企业创新政策存在的问题进行了客观阐述，分析了存在的主要问题，为进一步分析提供了现实基础。我国并不是总在等待机遇，而是在积极创造平台来提高我国的创新能力，如我国正在努力建设具有全球影响力的科技创新中心——上海、创新之城——深圳、天堂硅谷——杭州等创新基地，为全国其他创新能力薄弱的区域树立典范，并且积累了可贵的实践经验。本章最后分析了四川省企业创新成长的制度供给，主要从四川省实施创新驱动战略后取得的成果、四川省企业创新成长过程中应着重解决的问题两个方面进行了深入浅出的分析，并针对四川省企业创新成长过程中出现的如科技与经济紧密结合、人才积极性调动等问题提出了具有针对性、可操作性的政策建议。

第八章——营造鼓励企业创新的良好环境。2008 年全球金融危机爆发后，为尽快解决金融危机，走出其阴影，世界各国不约而同地选择推动新一轮技术创新与产业变革来恢复经济，赢得经济发展的主动权。在这一过程中，由于企业在区域创新中逐利的本质特性和创新的“经济型”占据主体地位，所以推动企业创新不仅需要主观努力，更需要重视客观环境的作用，在两者相辅相成的作用下，企业创新才能行稳致远。本章从产业集群、金融环境、法治环境、人才环境四个方面分析了营造鼓励企业创新发展的良好环境的重要性。产业集群是增强现代企业协同创新能力的主要平台，其空间上的集聚性、集群内的共生性、集群本身的创新性和外部性使分析产业集群形成机制，并且该组织形式对创新能力的巨大提升作用意义非凡，因此本章对产业集群的概念、意义、作用进行了详尽的分析，期望对四川省形成合理的产业集群提供理论支撑。现代企业的创新和发展从根本上来说离不开资金支持，怎样为企业的创新提供金融支持显得十分重要。本章在金融支持企业创新方面，指出不同企业在成长的不同阶段需要的资金需求是有差别的，所以金融体系对企业创新的资金提供应该受需求导向，这样才能既满足企业的需求，又降低金融体系的风险。当然，在金融体系为企业创新提供资金支持的同时会存在巨大的风险，这时就需要政府的兜底来降低风险，保障各类资金投资创新型企业的积极性，即需要政府合理介入形成科学的角色定位。在企业创新的过程中，企业的创新积极性非常重要，为防止出现创新成果被盗版、知识产权被侵犯的现象，国家需要营造一个良好的法治环境。本章在法治环境方面，明确了法律保护企业创新的必要性，阐述了我国企业科技创新法律制度存在的主要问题，并提出了如何完善相关法律制度的建议，同时针对人才培养、人才环境营造等问题进行分析，并就如何培养人才、吸引人才、留住人才提出建议。

四川省在实施创新驱动发展战略过程中，树立“转型才能更好发展、后发也要高点起步”的理念，加快转方式调结构，积极培育发展新动能。但从总体上看，制约四川省创新发展的体制机制障碍依然突出，导致自主创新能力不强，创新与经济结合不够紧密，创新人才活力没有得到充分释放，产业仍处于中低端，完成动力转换的历史性任务依然艰巨。创新是引领发展的第一动力，制度是决定创新的根本因素。推动创新活动的供给侧结构性改革就是提供制度供给，以降低企业家创新活动面对的风险和不确定性。我们要充分认识四川省创新发展面临的问题，深刻把握创新发展的趋势，积极开拓创新路径，坚持自主创新，积累技术，自主研发，建立自己的技术标准，形成自主的产业体系。依靠供给侧结构性改革构建鼓励企业自主创新的体制机制，通过把企业家精神导向生产性创新活动，营造有利于创新的良好氛围，推动四川省创新活动再上台阶，并以创新推进供给侧结构性改革，加快四川省经济转型升级。

本书以供给侧结构性改革为背景，结合创新相关概念和供给侧结构性改革与创新的互动机制对四川省企业创新问题进行研究。框架清晰合理、内容生动翔实、语言简洁明了、论述深入浅出、案例详尽丰富，既能让读者理解供给侧结构性改革对四川省企业创新的重大意义，又能使读者掌握怎样进行企业创新、企业创新对于一国经济发展的支撑作用，为读者理解世界创新的主要趋势，以及政府出台的各项激励企业创新的政策、意见提供一定的指引作用。

本书由中共四川省委党校（四川省行政学院）二级教授、四川省学术和技术带头人孙超英，中共四川省委党校（四川省行政学院）区域经济教研部副主任林俐教授拟定研究大纲及写作提纲。具体写作分工如下：绪论由孙超英、何治韦执笔，第一、第二章由林俐执笔，第三、第四章由江才执笔，第五、第六章由陈燕执笔，第七、第八章由奉兴执笔。孙超英教授、林俐教授对全书进行了审阅、统稿。本书由中共四川省委党校（四川省行政学院）重大研究课题经费资助出版。

第一章　供给侧结构性改革的实质是创新

中国GDP（国内生产总值）增速从最高的2007年的14.2%持续下降到2016年的6.7%。经济增速回落源于三个原因的相互作用：一是随着人口红利的逐步消失，新增劳动力对经济增长的贡献变得越来越小；二是税负、利息、体制等成本过高，致使企业经营困难，经济下行；三是国内教育、旅游等服务业和高端制造业发展滞后导致的消费和资金外移。①

面对“三期叠加”和“四降一升”的严峻挑战，如何让L形翻转上来？

在传统的需求侧“三驾马车”拉动增长的效应递减并产生了杠杆率高企、货币超发、吹大经济泡沫等严重的负面后果的情况下，宏观经济调控把目光转向了供给侧。许多经济学家认为，在分析一国经济的长期增长趋势的时候，应当从供给侧的三个要素（劳动、资本和效率）寻找原因和对策，现代经济增长的主要驱动力量在于技术进步和效率提高。改革开放以来，我国的效率比起过去提升了许多：一是劳动力和土地等资源从过去在农村的低效利用转移到城市较高效率的利用；二是通过购买外国设备、引进技术快速缩小了我国和其他国家在技术水平上的差距。现阶段，我国已经从一个完全的跟跑者变成了某些领域的领跑者。在这种情况下，没有创新很难再提升技术水平。如果找不到新的经济增长动力，就可能落入“中等收入陷阱”。

应对挑战的唯一出路就是全面创新，提高效率，实现经济发展方式转型。党的十九大指出，我国经济已由高速增长阶段转向高质量发展阶段，正处在转变发展方式、优化经济结构、转换增长动力的攻关期。优化经济结构，提高增长质

① 周天勇．为L形翻转开药方［N］．上海证券报，2016－07－22（12）．

量，实现发展方式转型提出已经 20 年了，但是过去成效一直不大，根本原因是没有消除不利于创新和创业的“体制性障碍”。创新是引领发展的第一动力，供给侧结构性改革，就是要构建市场机制有效、微观主体有活力、宏观调控有度的经济体制，建立起一整套激励创新和创业的体制机制。党的十九大强调要继续“深化供给侧结构性改革”，并把它列为“贯彻新发展理念，建设现代化经济体系”的首要任务。供给侧结构性改革从“攻坚”到“深化”，为中国经济在转型阶段持续健康发展指明了正确路径。当前，必须进一步深化供给侧结构性改革，打造创新驱动发展的现代化经济体系，推动经济发展质量变革、效率变革、动力变革，提高全要素生产率，使社会经济发展既更好地满足人民日益增长的美好生活需要，又更好地适应现代社会生产力发展和科学技术进步的大趋势。

创新驱动发展，改革驱动创新。

第一节　中国经济可持续发展需要供给侧结构性改革

一、供给侧结构性改革并非供给经济学的今生

（一）供给学派经济学的基本主张

20 世纪 70 年代，高失业率和高通胀率并存的“滞胀”问题困扰着美国等西方国家，以供给学派经济学为核心内容的经济理论和政策应运而生。供给学派认为，凯恩斯经济学忽视了对总供给、相对价格和经济主体行为的分析，过分强调财政政策对总需求的影响，而决定经济长期增长的恰恰是供给方面的因素。供给自行创造需求。只要国家不干预经济活动，产品就不会过剩，失业也就不会持续存在；只要让市场规律充分发挥作用，利率的升降会使储蓄全部转化为投资，也就不会产生通货膨胀；只要遵循萨伊定律，失业和通货膨胀并存的现象自然会消失。供给学派的主要观点包括如下几种：一是资源是稀缺的，不存在需求不足的问题，商品过剩只是适销、不对路的“劣等货”过剩，实质是能够引致新需求的“创造性供给”不足；二是企业在创造需求方面发挥着能动性作用，并不只

是被动适应市场需求而提供商品的生产单位，经济增长源自供给者的创造能力和生产率的提高；三是依靠提高税率增加税收收入，可能抑制纳税者的生产经营积极性，从中长期看由于削减了税基反而会导致税收收入下降。供给学派的理论精髓及其政策主张通过拉弗曲线得到了非常形象的说明，该曲线讲述了这样一个命题：由于高税率严重地抑制了经济活动，使税基大大缩小，一旦进行相当程度的减税，释放出巨大的经济能力，税基增加以至于政府的财政收入会因减税而增加。

当时的美国总统里根采纳了供给学派经济学的政策主张，20 世纪 80 年代美国的核心经济政策就是减税。里根政府使所有税收档次的基数与通货膨胀挂钩，将个人所得税边际税率从 70% 降至 28%，大大减轻了纳税人的负担，居民可支配收入明显提高，劳动供给意愿增强，推动了消费上行；为刺激投资，实行了投资税收抵免和加速折旧等措施，大幅度削减企业所得税，直接提高了企业盈利，企业投资意愿增强。此外，里根政府在提高效率和公平的同时简化税制，许多税收特惠被取消，堵塞了税收漏洞。同时还采取了缩减政府开支、平衡预算、放松管制、降低通货膨胀等政策手段，以期彻底扭转数十年来政府对经济的过度干预，恢复美国自由放任的市场经济传统。里根的经济政策大获成功，使美国经济迎来“大稳健”时代，也为美国经济长期增长及繁荣打下了坚实基础。

（二）中国供给侧结构性改革的创新与突破

中国“供给侧结构性改革”并非供给学派的“供给管理”，供给侧结构性改革是中国领导层提出的新概念，其理念的出现在背景上与供给经济学有很大的不同，其理论内涵与政策选择也不同。中国供给侧结构性改革的关键是“用改革的办法推进结构调整，减少无效和低端供给，扩大有效和中高端供给，增强供给结构对需求变化的适应性和灵活性，提高全要素生产率”。[①] 供给侧结构性改革并不是笼统地让“供给创造需求”，而是强调“调整供给以满足受抑制的需求”；中国目前所面临的“债务—通缩”困境与供给学派治理美国时期所面临的滞胀困境完全不同，当年供给学派给美国开出的“药方”并不适应中国的国情。我国的供给侧结构性改革方案，应在适度扩大总需求的同时以改革促进供给侧结构性变化，其实质是党的十八届三中全会全面深化改革在要素领域的延续和聚

① 聚焦发力贯彻五中全会精神确保如期全面建成小康社会［N］．人民日报，2016－01－19（1）．

焦，即通过优化要素配置和经济结构性改革，提高供给体系质量和效率，为经济增长添动力。供给侧结构性改革，本质上就是一项重大的创新实践。

“过去30多年，我国经济实现了年均近10%的高速增长，经济规模在世界各国当中的排名由第10位上升到第2位，占全球经济总量的比重由以前的不足2%上升至10%左右。”① 可以说，从计划经济向市场经济全面转轨的经济体制改革是取得这一成就的基石，1998年我国政府积极加入WTO（世界贸易组织），主动融入国际贸易与全球化市场，又进一步推动了以制度供给和结构调整为核心的制度红利的释放。中国改革从激发劳动者和企业的积极性开始，个人可以多劳多得、发家致富；企业可以自主经营、自负盈亏；着力于扩大供给的改革结合开放带来的新理念、新技术，使供给潜力得以释放，创造了中国的经济奇迹。

但是，近10多年来，政府在宏观层面过度地刺激总需求来实现增长，在微观层面的经济干预明显增多，结果政府管制多的行业有效供给不足，政府干预多的行业产能严重过剩且无法化解，针对供需矛盾和经济下行，我国采取了需求管理政策。如当2009年第一季度GDP增速降为6.5%时，政府采取了高强度的投资拉动政策，在4万亿元投资推出后，GDP增速快速上升到2010年第一季度的12.1%。但此后需求管理政策的边际效应递减，从2009年到2014年几乎每年都有一轮刺激，虽然强度相似，但效果却每况愈下，GDP增速一直震荡下行，经济学所说的投资回报递减的规律已经完全表现出来了。由于需求管理政策主要是通过短期刺激政策解决短期经济波动问题，如通过政府投资和释放流动性等手段，拉动“三驾马车”来实现经济增长，因而在带来经济增长的同时，也造成了地方债务攀升、产能过剩、高房价或资产价格泡沫、银行不良资产率上升、影子银行等副作用。2015年第三季度中国的总债务（包括政府、家庭、企业和金融机构的债务）占GDP的比例达到280%左右，远远高于同等收入水平的其他新兴市场，② 个别银行的不良贷款率已超过2%的警戒线。③ 国际金融危机以来，通过表外贷款、银行间债务融资等形式实现的以地方政府为主导的投资扩张，使大量资金流向了地方融资平台和政府驱动投资的行业，特别是大型国有企业，在很大程度上导致了包括政府、大型国有企业资产负债率的大幅上升，资产负债表

①② 关于当下最热的“供给侧改革”，看完这十个问题你就懂了［EB/OL］. http://www.aiweibang.com/yuedu/caijing/72175600.html.

③ “去杠杆”供给侧结构性改革该如何发力［EB/OL］. http://www.sohu.com/a/76954539_252634.

出现了明显恶化。在这种情况下继续刺激总需求收效甚微，这促使我们必须寻找新的出路。2015 年 11 月 10 日，习近平总书记在中央财经领导小组第十一次会议提出："在适度扩大总需求的同时，着力加强供给侧结构性改革，着力提高供给体系质量和效率，增强经济持续增长动力。"这是对改革精神的回归和深化改革的必然。从 2015 年开始，以去产能、去库存、去杠杆、降成本、补短板为重点的供给侧结构性改革，经中央经济工作会议定调后，已正式拉开大幕。

推进供给侧结构性改革是适应国际金融危机发生后综合国力竞争新形势的主动选择，是全面深刻认识当前经济形势和现实经济中结构性体制性问题而提出的治理方略，是中央适应、把握和引领经济发展新常态作出的重大战略部署。四川省委、省政府深入贯彻中央决策部署，及时研究制定供给侧结构性改革的实施方案，出台了促进经济稳定增长和提质增效推进供给侧结构性改革的十七条政策措施。党的十九大进一步把深化供给侧结构性改革作为贯彻新发展理念，建设现代化经济体系的首要举措，强调必须把发展经济的着力点放在实体经济上，把提高供给体系质量作为主攻方向，显著增强我国经济质量优势。

从宏观经济调控的着力点、提升供给水平创造需求的角度来看，供给侧结构性改革的实质是创新。一是形成新动能，通过全面改革，推动互联网、大数据、人工智能和实体经济深度融合，通过全面创新，在中高端消费、创新引领、绿色低碳、共享经济、现代供应链、人力资本服务等领域培育新增长点，实现增长动能由一元向多元的转变，通过提高全要素生产率来实现经济可持续发展。二是培育新主体，让政府与市场共生互补各司其职，有效释放经济活力。激发和保护企业家精神，发挥企业、企业家、创业者等在经济发展中的主体作用，鼓励更多社会主体投身创新创业，建设知识型、技能型、创新型劳动者大军。同时要简政放权，转变政府职能，约束政府的"有形之手"，正确发挥政府的作用。三是发展新产业。一方面，要适应我国社会主要矛盾已经转化为人民日益增长的美好生活需要和不平衡不充分的发展之间的矛盾的历史性变化，契合人民群众期盼有更高品质的产品、更好的教育、更高水平的医疗卫生服务、更舒适的居住条件、更优美的环境、更丰富的精神文化生活等多样化多层次多方面需求，大力发展新产业、新技术、新业态；另一方面，要尊重和顺应经济规律、市场规律，及时淘汰产能过剩和"僵尸企业"等，让市场及时出清，避免资源浪费，及时化解经济泡沫，避免系统性风险。

二、“供需错位”：中国经济持续增长的最大障碍

（一）供需失衡的主要表现

2015 年以来央行 5 次降息降准，发改委新批基建项目规模超过 2 万亿元，但需求刺激效果甚微，投资依然萎靡。2016 年上半年制造业投资同比增长 3.3%，增速比前 5 个月回落 1.3 个百分点，比上年同期回落 6.4 个百分点，民间投资同比增长 2.8%，增速比前 5 个月回落 1.1 个百分点，比上年同期增速降低 8.6 个百分点。① 在消费领域中，国内消费增速逐级而下，但中国居民在海外疯狂扫货，跨境出游人口数量持续高增长。2016 年 1 月下旬，中国赴日购物团乘坐亚洲最大的邮轮“海洋量子号”从中国上海抵达日本。据日本当地媒体描述，游轮上的游客前往福冈市观光购物，并大包小包地带着购买的物品再次登船。因为中国游客“买、买、买”的热情，“爆买”一词成为 2015 年日本新流行语。② 中国游客在海外购物不可谓不“豪”。“来自商务部的数据显示，中国游客 2015 年在境外消费约 1.2 万亿元人民币。日本观光厅统计显示，2015 年中国游客在日消费额占全部访日游客消费总额的 40%，中国游客在日人均消费额约合 1.6 万元人民币，位居各国游客榜首。据估算，中国游客为韩国经济贡献了 220 亿美元，占该国 GDP 的 1.6%。”③ 临近春节，这股海外爆买风在各大电商平台上也风靡起来，全球购成为商家吸引消费者的一大利器。购买的种类也早已不单是奢侈品，奶粉、纸尿裤、保健品，甚至笔、本、退烧贴都成为海外采购的热门货。而且这种海外购买的多元化、对海外产品的认可在年轻人的购物行为里表现得格外明显。④统计数据显示，“2013 年中国海淘族规模已达 1 800 万人，海外购物开支高达 2 136 亿元，预计 2018 年中国海淘族规模将达到 3 560 万人，海外购物消费支出将达 1 万亿元。”⑤

---

① 上半年民间投资增速下滑分析［EB/OL］. http://news.xinhuanet.com/fortune/2016－07/16/c_129150640.htm.

②④ 尹晓宇. 海货“爆买”，倒逼供给侧改革［N］. 人民日报：海外版，2016－02－01.

③ 樊思. 多重目标下宏观调控思路调整与政策匹配：供给侧的结构性机制构建［J］. 商，2015 (43)：56.

⑤ 王海艳. 中国海淘族规模已有 1 800 万人商品条码数据损失将超 10 亿美元［EB/OL］. http://tech.ifeng.com/a/20140917/40809485_0.shtml.

剖析海外“爆买”的现象，反观的是一个结构失衡的巨大经济体。由于社会保障不完善、消费产品升级跟不上家庭消费偏好的转变速度，在教育、医疗、文体、健康、休闲等现代服务领域以及高端消费品领域普遍存在需求受抑制的现象，城乡居民就医难、养老难等问题早已成为全社会的难题。到2014年，全国实际人均GDP已比1978年提高19.79倍；而同期，全国中小学在校师生比、每万人拥有医院数和病床数指数分别仅比1978年扩大1.67倍、1.96倍和3.17倍。现代医疗卫生、教育资源的供给远远落后于经济增长的步伐。更加值得注意的是，以住房、交通为主的重型消费品依然是当前中国投资架构的核心。而在现代服务业中，对教育、卫生行业的投资占比却分别由2004年的3.05%和0.71%降为2013年的1.24%和0.60%，远远落后于对房地产业、交通业的投资占比。①

与有效供给不足同时并存的是产能过剩。目前我国一些技术含量较低，高污染、高能耗，低附加值的产品产能过剩情况普遍存在，造纸、水泥、煤炭、电解铝、平板玻璃、钢铁、造船、石化、光伏和风电等产能过剩明显，这几大行业，亏损面已经达到80%，产业的利润下降幅度最大。截至2015年12月初，几大行业的生产价格指数（PPI）已连续40多个月呈负增长状态，“僵尸企业”的普遍存在已经成为国民经济的“吸血鬼”。1999—2015年，中国所有工业行业的产品库存年平均增长率高达12.1%，其中与房地产业、交通运输设备业息息相关的上下游产业均出现较高的产品库存年增长率，如有色金属冶炼和压延加工业为16.3%，黑色金属冶炼和压延加工业为13.7%，黑色金属矿采选业为22.6%，煤炭开采和洗选业为17.2%，家具制造业为15.0%。此外，与出口加工劳动密集型产品相关的行业也有较高的库存增长率，如纺织服装鞋帽制造业为14.0%，农副食品加工业为15.9%，木材加工和木竹藤棕草制品业为15.9%，食品制造业为13.0%等。② 四川省与全国同步出现产能过剩问题。一是传统行业，如钢铁行业主要面临输入性产能过剩的问题，水泥、煤炭行业面临产能利用率过低的问题。二是一些新兴产业也存在过剩之忧，以光伏产业为例，随着多晶硅价格狂跌，四川省7家多晶硅企业已有1家破产、3家停产，仅有瑞能和永祥2家仍在

①② 厦门大学宏观经济研究中心课题组．需求结构升级转换背景下的供给侧结构性改革［J］．中国高校社会科学，2016（3）：79－87.

生产，其中永祥开工产能仅30%。[①] 当前国内的产能过剩已经日益显现出普遍化、严重化以及持续化趋势。[②] 中国社会科学院2015年12月发布的数据显示，商品住房过剩总库存高达21亿平方米。产能过剩已成为制约中国当前和未来经济发展的顽疾。[③]

进一步来看，并不是所有行业的产能都出现过剩。一些高端行业的产能，如集成电路、发动机等反而是严重短缺的，甚至在某些产能过剩的行业内部，一些零配件供给也出现短缺，如风电设备总体过剩，但其内部控制系统、叶轮等零部件却还需要进口。[④] 钢铁行业虽然长期面临严重的产能过剩，但高端钢铁产品的供给十分不足，长期依赖进口。2004—2012年，国内生产的冷轧薄板、镀层板和电工钢板这三类高端板材产量合计占国内钢铁总产量的平均比重为22%，而中国进口钢铁总量中这三类板材的占比却高达65%。[⑤] 可以说，产能过剩与有效供给不足同时并存是现阶段中国经济的主要特征之一。[⑥] 这意味着，当前中国经济面临的问题，不是短期需求问题，而是中长期供给问题。从表象上看是需求不足，实质上是供需错配。普遍的供给约束、供给抑制和供给结构老化是当前中国经济的主要矛盾。

（二）有效供给不足与产能过剩并存的供需失衡的主要原因

1. 供给体系未能适应消费需求结构的变化转型升级，导致供给与需求不协调、不匹配

需求结构的重大变化可以分解为外部需求和内部需求两个层面。就外部需求而言，2007年以来，全球出口增速10年见顶回落，受国际金融危机和欧洲主权债务危机接连爆发的影响，中国出口增速大幅下滑。而低成本优势不再，低端制造业向东南亚转移不可避免。受国内工资成本持续上涨的影响，以出口劳动密集

① 四川省工业产能过剩的现状及特征［J］．四川省情，2017（2）：10－11.

② 程俊杰．中国转型时期产业政策与产能过剩：基于制造业面板数据的实证研究［J］．财经研究，2015（8）：131－143.

③ 杨振．以供给侧结构性改革化解产能过剩［J］．理论视野，2016（1）：11－13.

④ 张卓元．供给侧改革是适应新形势的主动选择［EB/OL］．http：//www.rmlt.com.cn/2016/0112/414571.shtml.

⑤ 郭豫媚．中国富豪的巨额财富积累来源于科技创新吗？［R］．北京："经济体制改革论坛（总第5期）"分报告，2015.

⑥ 杨伟民．中国供给侧至少存在六大问题［EB/OL］．http：//finance.sina.com.cn/china/20151118/195023796473.shtml.

型产品为主的加工贸易急剧萎缩，由于中国出口产品的结构升级不可能在短时间内完成，因而长期粗放式外向型生产体系形成的过剩产能只能通过扩大内需来消化。

从内需来看，改革开放40多年来，中国经济持续高速增长，成功步入中等收入国家行列，已成为名副其实的经济大国。按照国际经验，人均GDP在8 000美元左右时，将会出现消费升级的趋势，消费结构将从生存性消费向发展型消费升级。2015年中国人均GDP为49 351元，[①] 接近8 000美元，中国逐渐迈入消费不断升级的时代，现代化与全球化程度的提高使人民群众对物质文化的有效需求增长迅速，其内部需求结构正在发生明显的变化：一是以住房交通和食品服装等实物消费为主的居民消费结构，逐渐转变为服务消费与实物消费并重的消费结构。经过40多年高速经济增长带来的财富积累，中国正在逐步由中等收入国家向高收入国家过渡，居民的消费能力和消费观念发生了明显的改变，除了满足物质生活的需要之外，居民越来越多地追求更为高端的服务产品需求，包括健康、便捷的生活方式，优质的教育、娱乐及文体产品等。[②] 以家电、住房、汽车等大宗耐用品为主的消费基本走完排浪式的消费历程，中国居民的消费正走向个性化、多元化和服务型消费。[③] 二是在实物性消费方面，随着收入水平的提高，国内居民的需求偏好已向发达国家的普通居民趋近，居民消费对产品品质、品种、规格和安全的要求越来越高。在上述内部需求结构变化后，现有的与房地产业、交通运输设备业息息相关的行业产品为主的产品供给体系，以面向低收入群体为主的低质低价产品供给体系，没能跟上消费需求结构的变动步伐，以出口加工劳动密集型产品为主的外向型产品供给体系，"出口转内销"的战略实施也不尽如人意，造成产品库存高企、产能过剩严重。

2. 以产业政策为代表的政府干预和预算软约束机制刺激大量企业出于追求利润和市场份额的目的集中进入少数具有政府偏好的产业，导致产能过剩

以GDP为核心的领导干部考核机制和事权财权倒挂的财税体制使一些地方政府热衷于追求高增长和高税收，钢材、水泥和汽车等具有高投入、高产出特征

---

① 资料来源：国家统计局《中华人民共和国2015年国民经济和社会发展统计公报》。

② 周学．构建"微观、中观、宏观三位一体"的经济学理论体系：兼论破解我国内需不足的方略［J］．经济学动态，2014（4）：18－40.

③ 贾康，冯俏彬．"十三五"时期的供给侧改革［J］．国家行政学院学报，2015（6）：12－21.

的产业受到地方政府的青睐。地方政府之间的竞争很容易导致重复建设，从而引发产能过剩。为了鼓励企业加大投资，政府对资金、土地和劳动等要素价格进行管制，并且对企业排放污染物的约束较少、惩罚较轻，降低了企业本应承担的资源环境成本，刺激企业过度投资，加剧了产能过剩的程度。政府主导的投资促增长的发展模式忽视了市场的经济导向造成了供给结构与需求结构的不匹配。从产业结构上看，政府扶持的重工业产能过剩、市场导向的新兴产业供给不足，其结果在于煤炭和钢铁等产品价格和消费量的同时下降，服务业产品及高端技术产品的供不应求，形成了鲜明对比。人才、知识、技术、信息等要素在我国经济发展中投入比重偏低，主要依赖劳动力、土地、资源等一般性生产要素投入，导致高附加值产业、绿色低碳产业、具有国际竞争力产业的比重偏低，低附加值产业，高消耗、高污染、高排放产业的比重偏高。一方面是消费需求的个性化、品质化；另一方面是国内相关行业的产能过剩、竞相压价，消费和供给的错位把消费需求推向了海外。

中国社会经济发展仍存在很大的城乡差距，贫困地区人均纯收入低，消费水平低，比全国平均水平落后20年左右，这些与国内产业结构吻合的农村消费群体，由于可支配收入水平太低，没有形成有支付能力的需求，是另一层面的供需错位。

中国供需关系正面临着严重的结构性失衡，“供需错位”已成为阻挡中国经济持续增长的最大路障。居民消费需求结构的形成与收入水平提高、消费观念的改变以及人们追求更高生活享受、追求自我价值实现的本能息息相关，一旦形成就难以逆转。因此，要破除产能过剩与有效供给不足并存的难题，必须在淘汰过剩产能做“减法”的同时，围绕经济由中高收入经济体向高收入经济体过渡阶段居民消费结构转变升级的方向，加大投资力度，构筑新增产能，用“加法”纠正产品供给结构与消费需求结构的扭曲失衡状态。

三、供给侧结构性改革：走出经济发展困局的“良药”

（一）经济发展的体制机制障碍

中国的产能过剩已历经数次政策干预和宏观调控，但整体治理却收效甚微。以钢铁、电解铝、水泥三个行业为例，自2003年起就被国家列为产能过剩行业，而直到现在这三个行业依然是产能过剩行业的典型。[①] 消化吸收过剩产能的既往政策主要是扩大总需求，意图通过上项目搞投资快速消化过剩产能。但是，过剩尤其是低效的产能并没有被完全淘汰，扩大总需求只是延缓了产能过剩爆发的时间，并没有根治产能过剩问题。也正因如此，中国的产能过剩问题呈现出“屡犯屡治，屡治屡犯”的特点。[②] 问题的根源在于，当出现产能过剩时，地方政府为了 GDP 增速，为了维持就业和社会稳定，往往通过补贴等方式给部分本应被市场淘汰的企业“输血”，使产能过剩问题持续存在。以政府管控为主导的去过剩产能方式，不仅难以取得应有的效果，反而可能牺牲经营效率较高的企业，进一步保护了与政府利益密切相关的企业和相对落后的产能。绝大多数以“温和”的方式疏导产能过剩矛盾的效果在短期内并不明显，而关停、兼并重组等相对“剧烈”的退出方式，又受到地方政府产业政策的干扰无法正常发挥作用，这就加剧了体制性产能过剩的程度。[③]

当前阶段，教育、医疗等行业长期以非市场形式存在，主要依靠“看得见的手”进行管制，一方面，通过资源垄断限制供给，使产品供给能力严重不足，供不应求；另一方面，由于行政价格管制扼杀了价格对垄断行为的制约作用，进一步放大需求，造成更为严重的供需不匹配。过去的粗放型发展模式，忽视了劳动、资本、资源、环境、企业家管理、政府管理等要素有效供给的重要性，政府对市场供给决策干预过多，可持续的投入运营机制迟迟无法建立，资源浪费现象严重，企业家创新动力不足，有效供给与有效需求的匹配度低。

无论是供需领域存在的矛盾，还是调控中存在的两难、多难问题，最根本的原因是制约经济发展的体制机制障碍依然较多，重点领域和关键环节改革仍不到位，导致市场配置资源的决定性作用尚未完全发挥。

市场机制不健全导致“供给障碍”。“供给障碍”是指制约生产要素在产业间自由转移的因素，包括价格放开、成本降低及产能淘汰因素。长期以来，中央和地方政府与国有企业、地方企业没有实行真正意义的政资分开、政企分开。一些政府部门，比如财政部门对金融企业、宣传部门对文化类企业还直接行使出资人权利，即使纳入国有资产管理体系的国有企业，政资、政企关系仍藕断丝连，

---

① 杨振．以供给侧结构性改革化解产能过剩［J］．理论视野，2016（1）：11－13.

② 纪志宏．我国产能过剩风险及治理［J］．新金融评论，2015（1）：1.

③ 程俊杰．基于产业政策视角的中国产能过剩发生机制研究［J］．财经科学，2016（5）：52－62.

政府与国企的关系既有政府庇护国企、照顾国企的一面，也有干预、越权的一面，个别党政官员还存在安排亲信、以权谋利的一面。企业领导甚至员工薪酬都按劳动人事部门制定的标准执行，企业的发展规划、重大项目还要由政府相关部门批准。政府保护国有企业的立场，使市场竞争机制受损，阻碍了生产要素在落后产业和新兴产业之间有效转移，市场淘汰落后产能和“僵尸企业”的效率低下。

经济体制约束导致“供给桎梏”。“供给桎梏”是指制约生产要素从闲置状态进入生产（后再生产）状态的因素，包括去库存化、要素释放因素。我国当前在房地产、冶金、建材、有色金属等领域存在大量的库存积压，要素回归再生产过程受阻；由于经济体系中制约闲置要素进入生产过程的体制性障碍仍普遍存在，导致地产空置与租金价格上涨、就业下降与劳动力成本提高、流动性持续扩张与融资成本居高不下等现象并存。

体制机制没理顺导致“供给老化”。“供给老化”是指制约供给创新的因素，包括产业创新、渠道优化和产业培育因素。任何一项技术，任何一个产业，都会进入成熟和老化阶段，面对供给老化的出现，需要供给创新形成新的供需协同机制才能真正改善供给。但我国现阶段存在明显的供给创新障碍，当前科技成果转化效率低，实质上是受制于激励机制不完善和科技管理体制改革不到位，产业升级不畅表现为传统产业供给过剩和新兴产业供给不足，实质上是受制于行政体制的制约和价格形成机制没有理顺，从这个角度来讲，所有的计划调控手段或货币刺激政策、财政扩张政策，不仅不能有效解决供给创新问题，而且可能导致供给老化和固化。

几乎所有类别的供给侧抑制因素在我国经济体系中都存在，可以说，当前的经济下行，是“熊彼特经济周期”供给创新乏力和“库兹涅茨经济周期”供给升级受阻复合作用下的萧条。单一用解决周期性波动的需求管理政策去应对结构性问题是无效的，全面化解供给抑制，走出经济发展困局需要供给侧结构性改革。

（二）供给侧结构性改革的战略意义

在供给侧方面表现出来的生产领域产能过剩、流通领域库存积压和金融领域债务风险攀升的问题，一方面是经济发展方式转变滞后、企业盲目扩张的结果；另一方面也是国际金融危机冲击、世界经济复苏乏力的产物。调整当前的供给结构，促进供需结构吻合，需要通过体制改革、机制创新、市场开放等相关措施，释放活力，用市场的“无形之手”，淘汰落后产能，构建能够满足新消费结构的产品和现代服务供给体系，形成有效供给，重塑经济增长的新动力。这恰恰是供给侧结构性改革的任务。

供给侧结构性改革，就要从供给端入手，通过解放生产力，提升竞争力促进经济发展；就要从供给侧发力，通过重大改革的推进来解决重大的结构性问题。其战略作用主要体现在如下几个方面。

1. 供给侧结构性改革是稳增长和提高宏观调控效率的重要推进器

我国正处于“三期叠加”时期，经济下行压力持续加大，加快供给侧结构性改革，是增强发展动力，提高全要素生产率、长期稳增长的最有力措施。在宏观调控中引入结构性改革，形成“宏观调控+改革”的政策组合拳，实际上是强调决定经济潜在增长率的两个主要因素：结构变量和制度变量。这既利当前又惠长远，形成了“短期+长期”的思路，是实现稳增长与调结构平衡的重要举措，是经济保持中高速增长的必由之路，也是政府宏观调控创新的一个重要方面。

2. 供给侧结构性改革是发挥市场在资源配置中的决定性作用的关键举措

我国实行社会主义市场经济体制多年，就经济体制问题而言，最大的结构性改革是市场化改革，即简政放权、深化价格改革和要素市场化改革。市场价格反映供求关系，价格信号引导要素流动和资源配置，推进供给侧结构性改革，明确政府的权力边界，有利于理顺政府与市场的关系，最大限度地降低政府对微观经济的直接干预，增强微观市场主体的竞争力；有利于清除市场壁垒，提供强有力的制度激励，完善由市场决定价格的机制，为市场主体创造宽松公平的宏观环境，让市场在竞争性领域发挥决定性作用，进一步提高资源配置效率。

3. 供给侧结构性改革是促进产业迈向中高端、突破“中等收入陷阱”的必由之路

新兴市场国家进入中等收入国家行列后，如果不能顺利实现发展动力及经济结构从中低端向中高端的转换，就会出现产业竞争力低下、社会分配严重不公、需求不足等问题，最终导致经济长期失速，各类风险交织且集中爆发，陷入“中等收入陷阱”，如拉美化现象、东南亚金融危机。突破“中等收入陷阱”的

关键是结构转型升级的顺利推进。供给侧结构性改革，通过深化关键领域的改革，形成更高层次的市场经济体制，一方面，消除过剩产能促进生产要素流动，促进传统动能更新和经济转型升级；另一方面，消除发展新行业、新业态和新商业模式的体制机制障碍，发展新经济，培育新动能。这是推动经济结构全面升级的原动力，也是突破“中等收入陷阱”的必由之路。

（三）供给侧结构性改革的主要任务

如何推进供给侧结构性改革，许多学者做了深入研究。杨伟民认为，结构性改革要解决的核心问题是矫正要素配置扭曲，包括企业内部、企业间和产业间的要素配置结构的优化组合，其政策手段是激发微观主体的活力，打破垄断、放宽准入、激励创新，化解过剩产能，用改革的办法解决结构性问题。① 胡鞍钢等指出，供给侧结构性改革的核心在于经济结构调整和经济发展方式转变，在于提高全要素生产率，其首要目标是做“减法”，去结构性产能过剩。② 李稻葵则认为，“十三五”期间，政府可以从增加公共产品提供、加快产业新陈代谢及利用科技改造生产结构三个方向实施供给侧结构性改革。③ 美国著名经济学家舒尔茨认为，“任何制度都是对实际生活中已经存在的需求的响应”。推进供给侧结构性改革应该在需求结构转换升级的背景下，从宏观层面和生产供给层面通过深化改革的办法促进结构优化、能力提升，实现“供需平衡”的理想状态。

1. 供给侧结构性改革将有效治理产能过剩

供给侧结构性改革就是要消除目前存在的体制性障碍，一是改革地方官员考核机制和财税体制，改变地方政府崇拜 GDP 的机制，降低政府干预企业投资活动的激励；二是加快推进资金和能源等要素价格市场化改革，杜绝内部成本外部化，让企业承担起本应承担的投资成本，约束其过度投资行为；三是确立公平有序、要素高效流转的竞争机制，通过市场的优胜劣汰决定企业去留，从而为生产效率较高、能够生产出高品质产品的企业提供良好的生存环境。供给侧结构性改

---

① 杨伟民．适应引领经济发展新常态，着力加强供给侧结构性改革［J］．宏观经济管理，2016（1）：4－6.

② 胡鞍钢，周绍杰，任皓．供给侧结构性改革：适应和引领中国经济新常态［J］．清华大学学报：哲学社会科学版，2016（2）：45－54.

③ 李稻葵．关于供给侧结构性改革［J］．理论视野，2015（12）：16－19.

革通过厘清政府与市场的关系，减少政府的干预，发挥市场在资源配置中的决定性作用，有效治理产能过剩问题。

2. 供给侧结构性改革将释放潜在需求，消化库存积压

笼统地利用金融政策杠杆效应在房地产去库存中出现的情况是“该去的库存没去，不该来的泡沫来了”。去库存，既需要克服房地产市场产品、设计、质量、配套不足等导致的无效供应增加，加快完善库存集中区域的公共交通、教育、医疗、商业等公共服务配套设施，保障公共服务供给到位。更需要深化改革，增加有效需求。如深化户籍制度改革，有效释放农业转移人口城镇购房需求；简化收入证明和担保手续，切实解决农民购房贷款条件高、准入难、费用多、办理慢等问题；促进进城落户的农业转移人口享有与城镇居民同等的劳动就业、子女教育、基本公共服务等权利，解除新居民买房的后顾之忧。个人、企业等市场主体的有效需求取决于其购买能力，而购买能力取决于其收入水平，收入水平进一步取决于其生产率，而生产率又取决于供给能力。所以，个人和企业有效需求的扩大最终是由其供给能力决定的。通过提高工资收入、消费信贷、消费刺激政策等增加个人和企业的消费需求，或通过建立健全社会保障制度提高人们的消费预期等，虽然是直接扩大国内需求的必要措施，但是通过供给侧结构性改革，即企业通过制度创新、技术创新等，提高能满足市场需要的有效供给能力或竞争力，个人通过教育培训和实践，提高劳动生产率，才是扩大内需的根本措施，才有利于消化库存。

3. 供给侧结构性改革将提高资本利用效率，降低杠杆率和负债率

目前，中国的债务问题概括地说主要有以下两个特点：一是债务规模迅速扩大，社会杠杆率迅速上升。2007—2016 年，中国经济的总债务从 118.9 万亿元上升到 192 万亿元，社会杠杆率（债务/GDP）从 1.7 倍上升到 2.58 倍。2016 年实体部门的利息支出高达 8.24 万亿元，占 GDP 的比例为 11.1%。[①] 二是债务集中在与政府和金融部门有密切联系的大型国企部门，特别是集中在经营效益较低的金属、采矿和石化等行业。国际清算银行（BIS）数据表明，2016 年末中国企业部门杠杆率为 166.3%，比发达国家和新兴市场经济体平均值分别高 77 个和

① 中国债务早已步入高风险区［EB/OL］. https://baijiahao.baidu.com/s?id=1567929295859627&wfr=spider&for=pc.

64个百分点。[①]三是资产（负债形成的）对增长贡献总体趋于下降。2007年，1.5个单位的新增债务就可以拉动1个单位的名义GDP；而到2016年，6.5个单位的新增债务才能拉动1个单位的名义GDP。[②]我国出现债务扩张，究其本源是投资报酬率下降和软约束机制。投资效益受现金流创造能力大幅度下降的影响递减趋势明显，实体部门偿债能力下降；融资需求受资金周转放缓、单位投资创造的GDP增量下滑的影响逐步增长。双重因素致使杠杆率高企。针对非金融部门“高债务、高杠杆、低效率”的现状，如果放任市场规律发生作用，允许经济以危机的方式洗牌，可能导致资产价格的大幅下跌，带来资产价格逆转风险。审视“去杠杆”的路径选择，供给侧结构性改革才是根本之策。我国当前正面临人口老龄化、生产成本上升、投资边际收益率下降的情况，此外，债务风险也通过货币和汇率渠道与国际风险发生联系，国际金融协会测算，2014—2018年，所有新兴国家需要展期的企业债务将达到1.68万亿美元，其中约30%以美元计价，如果美元进入升值通道，新兴经济体债券展期成本将显著上升，债务风险将随之升温。[③]在这样的背景下要降低非金融部门的债务风险，一方面，需要通过多种市场化方式如股权转让、权益融资等补充企业资本金，建立有效的企业资本金补充机制；另一方面，要加强“去杠杆”过程中的宏观制度供给，进一步深化投资体制改革，提高资本形成效率；对企业实行负面清单制度，有效地保证市场准入，对政府实施正面清单制度，抑制地方政府竞争性投资，激发民间资本市场活力和市场潜能，[④]以经济增长化解债务负担。

4. 供给侧结构性改革将充分调动生产要素（包括劳动力、土地、资本、管理和技术）进入生产过程，有效降低成本

2017年底规模以上工业企业主营业务收入中，主营业务成本占比高达85%，各种税费占比8.6%，主营业务利润占比仅6.4%。[⑤]按照国际通行的宏观税负计算方法，2014年中国宏观税负高达37.2%，已超过发达国家的平均水平30%～

① 中国会出现债务危机吗？［EB/OL］. https：//www.sohu.com/a/205478862_425345.

② 施东辉. 为何去杠杆已成中国经济当务之急［EB/OL］. http：//money.163.com/17/0519/01/CKOVNKEL002580S6.html.

③ 张茉楠. 全球大类资产继续“挤泡沫”［EB/OL］. http：//news.xinhuanet.com/fortune/2015-07/22/c_128046106.htm.

④ 张茉楠. “去杠杆”供给侧结构性改革该如何发力［N］. 南方都市报，2016-05-24（8）.

⑤ 根据国家统计局网站发布资料计算。资料来源：2017年全国规模以上工业企业利润增长21%［EB/OL］. http：//www.stats.gov.cn/tjsj/zxfb/201801/t20180126_1577519.html.

35%。[①] 根据世界银行公布的各国总税率（企业减免掉法律允许部分之后必须缴纳的税额占商业利润的比例），2014 年中国的总税率为64.6%，远高于发达国家美国的43.8%、德国的48.8%、日本的51.3%，也高于同为发展中国家印度的61.7%、墨西哥的51.8%、越南的40.8%。[②] 此外，中国实体经济还承担着相对较高的制度性交易成本、融资成本、物流成本、土地成本等，持续收缩的需求叠加高企的成本、费用，令企业盈利雪上加霜。供给侧结构性改革将从七个方面降低企业显性成本：一是推进以简政放权和制定政府行政权力负面清单为主的改革措施，通过顶层制度设计进一步全面降低高制度性交易成本；二是打破能源生产体系中的国有垄断体制，继续推进资源品价格改革，降低企业能源、原材料成本；三是持续深入推进“营改增”改革，规范征管，实施减税降费和加速折旧，降低企业财税成本；四是构建与制造业转型升级的长期贷款需求兼容的金融体系，推进利率市场化改革，结合降息降低企业财务成本；五是实施养老保险体系改革，降低企业人力成本；六是积极推进物流产业的跨区域整合和公路道路通行收费改革，降低企业物流成本；七是逐步弱化土地财政依赖体制，降低企业用地成本。

5. 供给侧结构性改革将完善创新激励机制，增加有效供给，催生新的经济增长点

供给侧结构性改革针对当前经济和社会发展的突出问题和主要矛盾，通过扩大要素供给，发展新兴产业，提高经济增长质量与效益，补齐发展弱项和短板；通过扩大有效供给，提高生产力，进而培育和升级经济转型过程中维持经济中高速增长的主要动力，开拓新的空间，形成新的模式。

供给侧结构性改革提出后，国务院专门印发《关于积极发挥新消费引领作用加快培育形成新供给新动力的指导意见》，全面部署以制度创新、技术创新、产品创新增加新供给，满足创造新消费，形成新动力，提出“引导企业更加积极主动适应市场需求变化”“实施企业技术改造提升行动计划，增加优质新型产品和生活服务等有效供给”。这些措施要想落实到位必须管住“政府之手”，让“市场之手”推进调结构的进程[③]，通过创新加快产业结构升级，使供给结构与

---

① 张杰，宋志刚．供给侧结构性改革中“降成本”的战略内涵与具体途径［J］．经济体制改革，2016（5）：5－11.

② 张杰，金岳．高债务—高税负—通缩背景下中国实体经济的发展困局及破解思路［J］．江苏社会科学，2016（1）：75－82.

③ 陈彦斌，陈小亮．中国经济“微刺激”效果及其趋势评估［J］．改革，2014（7）：5－14.

需求结构相匹配。

2016 年 5 月 16 日，习近平总书记主持召开中央财经领导小组第十三次会议，分别研究落实供给侧结构性改革、扩大中等收入群体工作，提出推进供给侧结构性改革的基本要求。供给侧结构性改革的根本目的，是提高供给质量满足需要，使供给能力更好满足人民日益增长的物质文化需要；主攻方向是减少无效供给，扩大有效供给，提高供给结构对需求结构的适应性，当前重点是推进“三去一降一补”五大任务；本质属性是深化改革，推进国有企业改革，加快政府职能转变，深化价格、财税、金融、社会保障等领域基础性改革。

党的十八大以来，四川省始终坚持以改革创新破解发展中的深层次矛盾和问题。2016 年 3 月，四川省出台供给侧结构性改革的 17 条政策措施；同年 6 月，四川省委、省政府联合印发《四川省推进供给侧结构性改革总体方案》，“明确全省推进供给侧结构性改革的总体要求、总体目标、实施路径和配套政策，并详细列出 78 项重点任务及责任分工。将以‘三去一降一补’‘一提一创一培’（即提质量、创品牌、培育新动能新动力）为抓手，推动供给结构对需求变化的适应性和灵活性显著提高，创新发展动力持续增强，要素资源配置效率大幅提升，新技术、新产业、新业态蓬勃发展”[①]。同年 7 月，四川省被列为国家系统推进全面创新改革试验区域之一，四川省举行科技创新、科技奖励大会暨系统推进全面创新改革试验工作会议，对系统推进全面创新改革试验工作作出整体部署。以供给侧结构性改革为新的着力点，以系统推进全面创新改革试验为新的出发点，四川省全面深化改革正在为经济社会激发出强大活力。

“供需不匹配”的经济新矛盾是理解“供给侧结构性改革”的一把钥匙。“供给侧结构性改革”，有的放矢，是对当前中国经济开出的一剂药方。供给侧结构性改革，就是要从生产、供给端入手，依靠改革、转型和创新“三大发动机”，大力激发微观经济主体活力，提升全要素增长率，淘汰落后产能和“三高”企业，促进高技术含量、高附加值产业，绿色低碳产业的发展；优化存量资源配置，扩大优质增量供给，实现供需动态平衡。坚持质量第一、效益优先，增强我国经济创新力和竞争力。

① 我省出台推进供给侧结构性改革总体方案［EB/OL］. http：//www. sc. gov. cn/10462/10464/10797/2016/7/4/10386581. shtml.

第二节　供给侧结构性改革促进创新

一、从要素驱动、投资驱动到创新驱动

（一）要素驱动、投资驱动的衰减

充足而廉价的劳动力是中国过去的主要增长动力，但 2011 年中国人口结构出现拐点，“2012—2015 年，16～59 岁劳动年龄人口数量分别净减少 205 万人、244 万人、371 万人和 487 万人”。[①] 同时，“人口老龄化现象越发明显，截至 2016 年底，60 岁以上老年人口已达 2.3 亿，占总人口的 16.7%”。[②] 农村剩余劳动力向城镇和非农产业转移的速度也在放缓，2011—2016 年，外出农民工增速呈逐年回落趋势，增速分别为 3.4%、3%、1.7%、1.3%、0.4% 和 0.3%。外出农民工占农民工总量的比重也由 2011 年的 62.8% 逐渐下降到 2016 年的 60.1%。[③]

我国工业化发展初期，能源资源和生态环境空间相对较大，而现在环境承载能力已经达到或接近上限，能源资源约束继续加强。2017 年，我国 GDP 占世界经济的比重为 15%，[④]一次能源消耗总量却占到世界的 23%，GDP 能耗 3.1 吨油当量/万美元，能源利用效率相对较低。[⑤]“主要能源、矿产资源的对外依存度持续攀升，2015 年石油对外依存度已超过 60%。”[⑥] 土地要素日益稀缺，成本快速

① 资料来源：根据国家统计局发布的人口抽样调查数据汇总。

② 民政部．2016 年社会服务发展统计公报［EB/OL］．http：//www.mca.gov.cn/article/sj/tjgb/201708/20170815005382.shtml.

③ 国家统计局．2016 年农民工监测调查报告［EB/OL］．http：//www.stats.gov.cn/tjsj/zxfb/201704/t20170428_1489334.html.

④ 2017 年我国 GDP 占世界经济比重 15% 左右　稳居世界第二位［EB/OL］．https：//finance.ifeng.com/a/20180228/16002369_0.shtml.

⑤ 2017 年中国一次能源消费量占全球比例 23%，之后增速将放缓［EB/OL］．http：//www.chyxx.com/industry/201811/690866.html.

⑥ 资料来源：中国石油集团经济技术研究院，2015 年《国内外油气行业发展报告》。

上涨。据统计，“2015 年第四季度，全国主要监测城市地价总体水平为 3 633 元/平方米，为 2000 年的 2.6 倍”。① 环境污染日益严重，“2015 年，空气质量达标的城市仅占监测城市数量的 21.6%”。②

随着中国劳动力供给的放缓，能源、土地和环境约束的加大，以往依靠低劳动力成本、扭曲能源成本、土地成本和环境成本的特殊比较优势逐渐消失。“十三五”期间，这些传统要素动力衰减对经济增长的制约将进一步强化，原来的经济发展方式难以为继。近年来，为对抗传统要素动力衰减的影响，采取了一系列增加投资的需求刺激政策，意在发挥投资驱动的积极作用，过去 10 年我国投资率超高，大部分年份在 40% 左右。③ 但全面刺激政策的边际效果明显递减，投资驱动不仅没有有效遏制经济下滑势头，还因为过度干预加重了产能过剩。在投资这把“双刃剑”的作用下，四川省与其他省份一样，均被投资效应递减、有效投资不足、杠杆率迅速攀升三大问题所困扰。

从反映投资效应的指标来看，呈逐年下降的态势，四川省单位固定资产所产出的 GDP，2012 年为 1.32 亿元，2017 年下降到 1.15 亿元（见表 1－1）。从有效投资不足情况看，大部分的固定资产投资流向了钢铁、食品、水泥、电力等过剩产能行业。根据四川省淘汰落后产能工作协调小组办公室 2015 年 5 月 29 日发布的公告，四川省 2015 年重点行业淘汰落后和过剩产能国家目标任务共涉及 8 个行业 21 户企业，淘汰炼铁产能 180 万吨、炼钢产能 170 万吨，平板玻璃产能 67.8 万重量箱，铁合金产能 3.075 万吨，水泥（熟料及磨机）产能 87 万吨，造纸产能 22.95 万吨，铅蓄电池（组装）产能 30 万千伏安时，印染产能 5 560 万米。大规模的投资并未促进生产可能性边界的扩张，这从侧面证明了有效投资显著不足。杠杆率不断增加，以此带来的不良资产率也在攀升。2016 年底，四川省银行业金融机构不良贷款余额 1 102.2 亿元，比年初增加 150.2 亿元；不良贷款率 2.5%，较年初上升 0.1 个百分点。④

---

① 全国主要城市近期地价监测报告［EB/OL］. http：//www.gtzyb.com/dichanshichang/20160115_92585.shtml.

② 2015 中国环境状况公报［EB/OL］. http：//news.xinhuanet.com/local/2016－02/04/c_1117995874.htm.

③ 梅新育. 审视中国投资率之争［N］. 21 世纪经济报道，2015－12－25（4）.

④ 中国人民银行成都分行货币政策分析小组《四川省金融运行报告（2017）》。

表1-1　2012—2017年四川省固定资产投资增长及对GDP贡献情况

年份	固定资产年增长率（%）	单位固定资产所产出的GDP（亿元）
2012	19.3	1.32
2013	16.7	1.25
2014	12.0	1.21
2015	10.2	1.16
2016	12.1	1.12
2017	10.2	1.15

资料来源：根据四川省国民经济和社会发展统计公报计算。

（二）经济发展的新引擎——创新驱动

在传统的要素驱动和投资驱动无效、低效的情况下，经济增长只有更多地依靠人力资本质量的提高和技术进步，从要素驱动、投资驱动的经济发展模式，转向并探索由创新驱动的经济发展模式，创新无疑将成为驱动经济发展的新引擎。近年来，科技进步对经济增长的贡献率在逐步增加（见表1-2）。

表1-2　近年来各生产要素对经济增长影响的变化情况

单位：%

生产要素	2006—2010年	2007—2011年	2008—2012年	2009—2013年
生产总值增长速度	11.11	10.17	9.06	8.80
资本影响经济增长	1.33	0.84	0.70	0.96
劳动影响经济增长	3.63	3.68	2.98	2.56
科技进步影响经济增长	6.15	5.64	5.39	5.29
科技进步贡献率	55.35	55.52	59.46	60.11

资料来源：《中国经济普查年鉴》及中国国内生产总值核算历史资料。

创新，是人类发展的一种基本方式。从钻木取火到蒸汽机发明，从第一盏电灯到现在的云计算、大数据技术，人类社会的进步与发展离不开创新。当前，信息技术、生物技术、新能源技术、新材料技术等交叉融合正在引发新一轮科技革命和产业变革，人类的创新历程，正以加速度进行。未来人类的创新速度仍会不断超出我们的想象。

创新，不只有速度，还有越来越宽的广度。创新不仅限于技术上，也包括新产品、新商业模式、新市场、新原料等的创新。“在中国创新产业的布局中，既包括以消费者为主导的商业创新，也包括以效率为目标的生态创新，同时也包含了工程和科学领域的创新。”① 例如，蓝色巨人 IBM，进军新市场，收购大量软件及服务产品，开拓新的产品线，正一步步从卖机器转到卖服务；打车软件，是网络经济中最新的商业模式；万科，依赖云与大数据技术，更好地了解客户，建筑美好生活；网易养猪、褚时健种橙子、中信搞农业信托等，中国传统的农耕文明，也在发生翻天覆地的变化。创新深入人类生产生活的每一个角落，不仅在无人驾驶、3D 打印技术等尖端领域不断创新，而且在传统的农业领域，创新的灌溉技术也已让农民不再靠天吃饭，将会给我们的生产生活带来全面的革命。

美国超过英国成为比英国更发达的国家靠的不是“世界工厂”“要素禀赋”“比较优势”“市场换技术”，也不是“进口替代”，而是技术创新；“二战”后日本作为战败国遍地荒野、满目疮痍，无法优先发展资本密集型的现代产业，却能够在民用技术和企业管理方面后来居上并超过美国，靠的是技术立国。东亚先进经济体成功跨越“中等收入陷阱”的一个重要条件是注重科技优先发展。“日本 1985 年的居民专利申请量为 274 348 件，较 1973 年的 115 221 件，12 年内增长了 138%；韩国 1995 年的非居民专利申请量为 19 271 件，较 1988 年的 14 355 件，7 年内增长了 34%。”② 日本和韩国在“二战”后通过“技术引进—模仿创新—自主创新”的技术发展路径，从“模仿时代”进入了真正意义上的“创新阶段”，成功进入高收入阶段。从国际经验看，跨越“中等收入陷阱”既有成功范例，也不乏失败典型。以阿根廷、巴西、智利、墨西哥为代表的拉美国家，由于创新能力不足、社会转型停滞、贫富分化加剧、公共服务短缺，在 20 世纪 70 年代末经济增速明显下降，落入“中等收入陷阱”。③

我国当前发展过程中遇到的突出问题和矛盾，是长期积累下来的，其重要的瓶颈就是创新不足，近年来我国科技创新能力快速提升，但总体上与世界先进水

① 为什么在创新领域中国已然赶超美国［EB/OL］. http://tech.qq.com/a/20151225/019858.htm.

② 陈彩娟．借鉴日韩新发展经验：跨越“中等收入陷阱”［J］．未来与发展，2012（6）：39-43.

③ 郑京平，刘爱华，郑泽香．“十三五”时期中国经济展望［J］．统计研究，2016（5）：13-22.

平还有一定差距。2016 年我国共投入研究与试验发展（R&D）经费 15 676.7 亿元，经费投入强度（研究与试验发展经费占 GDP 的比重）为 2.11%。[①] 与德国 2.92%（2012）、日本 3.39%（2011）、美国 2.79%（2012）、新加坡 2.23%（2011）、韩国 4.04%（2011）的研发支出所占份额相比，还存在很大差距。[②] 1979 年以来我国年均增长速度在数十年时间内数倍于高收入国家，直至与后者的人均收入差距缩小到一定幅度，但在出口带来的 GDP 构成中，主要还是低附加值产品，自主创新产品的比重不高。这说明我国通过引进技术取得后发优势换回来的技术仍然是别人的，这样的技术对于中国增强自身的民族主体性、实现中国的产业结构升级和经济可持续发展意义不大；产业结构失调、产能过剩说明，仅仅靠“世界工厂”“要素禀赋”“比较优势”“市场换技术”的 GDP 高速增长是不可持续的。根本解决之道，在于坚持不懈地推进改革创新，尤其是创新，解决的是经济发展的动力问题，这正是供给侧结构性改革的灵魂所在。供给侧结构性改革的“三大发动机”，无论是制度变革，还是结构优化，抑或是要素升级，其核心都是创新。这对于解决我国目前生产当中存在的低效率、资源配置不当、技术进步缓慢、企业创新能力不足等问题，是有针对性的，供给侧结构性改革的实质是创新。唯一能够把增长速度稳住的就是创新和产业升级，中国经济增长的动力必须转向通过创新提升生产率以支撑经济持续发展的路子上来。用知识创新带动技术创新，用技术创新带动资本密集，是发展中国家实现赶超战略的更本质的路线图。唯有创新，重视人力资本的积累与优化，促进产业迈向中高端和民生跨入中高收入是我国经济可持续发展的动力和源泉。

（三）实施创新驱动发展战略的意义

2014 年 8 月，中央财经领导小组第七次会议指出，我国正在大力推进经济发展方式的转变和经济结构的调整，必须把创新驱动发展战略实施好；以创新为引领发展第一动力的发展理念写进了党的十八届五中全会公报，强调必须把发展基点放在创新上；2016 年 5 月 19 日颁布的《国家创新驱动发展战略纲要》，拟定了实施创新驱动发展战略、加快建设创新型国家的基本遵循和行动指南。2016

---

① 国家统计局.2016 年全国科技经费投入统计公报［EB/OL］.http://www.stats.gov.cn/tjsj/zxfb/201710/t20171009_1540386.html.

② 资料来源：2013 年全国科技经费投入统计公报。

年5月30日，习近平总书记在全国科技创新大会、两院院士大会上明确指出："就是要在我国发展新的历史起点上，把科技创新摆在更加重要位置，吹响建设世界科技强国的号角。"历史经验表明，科技革命总是能够深刻改变世界发展格局。我国科技发展正处于从量的积累向质的飞跃、点的突破向系统能力提升的重要时期。"不创新不行，创新慢了也不行。如果我们不识变、不应变、不求变，就可能陷入战略被动，错失发展机遇，甚至错过整整一个时代。"创新驱动发展是党中央立足我国发展全局、综合分析国内外大势作出的重大战略抉择，聚焦关键、带动整体，契合我国发展的历史逻辑和现实逻辑。

实现经济转型升级需要创新驱动发展。"创新"就是要掌握核心技术，鼓励原创突破，激发新思想和新探索；"发展"就是要通过经济发展方式的转变，实现更高质量的可持续发展；"驱动"就是要在"创新"和"发展"之间建立起传导机制。在经济发展出现新常态，传统要素投入效率下降的情况下，面对全球新一轮科技革命与产业变革的重大机遇与挑战，创新既能调整存量，又能培育增量，将会最大限度地解放和激发科技作为第一生产力所蕴藏的巨大潜能，对形成新的增长动力意义重大。聚力创新，破除创新实现价值链条上的诸多体制机制障碍，通过科技创新与制度创新、管理创新、商业模式创新、品牌创新、业态创新和文化创新相结合，打造发展新引擎，催生新兴产业，新兴产业创造新的技术、新的产品、新的材料、新的市场，培育增长新动力，才能真正推动发展方式摆脱传统路径依赖，引领经济发展转型升级，开辟发展新空间，实现经济保持中高速增长和产业迈向中高端水平的"双目标"。

赢得国际竞争优势需要创新驱动发展。当前世界范围内新一轮科技革命和产业变革加速演进，颠覆性技术不断涌现，以智能、绿色、泛在为特征的群体性技术革命将引发国际产业分工重大调整，正在改变国家力量对比、重塑世界竞争格局。创新驱动成为许多国家谋求竞争优势的核心战略，我国只有努力在创新发展上进行新部署、实现新突破，勇立世界科技创新潮头，才能跟上世界发展大势，把握发展的主动权。

走向现代化强国需要创新驱动发展。国家实力归根结底是由创新能力决定的，美国、英国、德国、日本等国崛起都是顺应技术趋势和经济规律，主动求变、勇于创新，抓住了新技术革命和产业革命的机遇。"英国抓住第一次科技革命机遇，成为世界霸主；德国抓住第二次科技革命机遇，赶超英国；美国是电力革命的赶超者和信息技术革命的引领者，这使它成为近百年来的世界第一强国；

日本抓住第三次科技革命的机遇，成为世界经济强国。”[①] 建设我国现代化事业，实现中华民族伟大复兴的中国梦，必须顺应发展环境的变化积极主动创新，真正发挥科学技术的引领力量和杠杆推力，走出一条从人才强、科技强到产业强、经济强、国家强的发展路径。

当前，我国创新驱动发展已具备发力加速的基础。经过多年努力，科研体系逐步完善，人才队伍不断壮大，科技发展正在进入由量的增长向质的提升的跃升期，科学、技术、工程、产业的自主创新能力快速提升。经济转型升级、加快国防现代化建设、持续改善民生对创新提出了巨大需求，互联网时代创新效率的提升与完备的产业体系、庞大的市场规模、多样化的消费需求相结合，为创新提供了广阔空间。[②]

2016 年 7 月 7 日，四川省科技创新、科技奖励大会暨系统推进全面创新改革试验工作会议在成都召开。明确提出了扎实抓好全面创新改革这个“一号工程”，坚持科技创新和制度创新双轮驱动，以全面创新改革驱动转型发展，加快推动由科技大省向科技强省迈进，加快建成国家创新驱动发展先行省的目标。近年来，四川省全方位开放合作，积极融入国家战略……系统推进全面创新改革，其时已至、其势已成、其风正劲。

二、供给侧结构性改革旨在提高全要素生产率，开辟供给空间

（一）全要素生产率的含义

全要素生产率是指产量与全部要素投入量之比。全要素生产率的来源包括技术进步、组织创新、专业化和生产创新等。关于提升全要素生产率，东阿阿胶的转型发展是一个典型案例。在人们生活水平大幅度提高，贫血的人群越来越萎缩的形势下，东阿阿胶公司推出了一个战略，“滋补三大宝，人参、鹿茸和阿胶”，把阿胶和人参、鹿茸关联在一起，从补血的产品重新定位为一个滋补的产品，彻底转型，东阿阿胶因为有效供给创造了非常大的需求，完成了从无效供给到有效

---

① 林念修．创新是引领发展的第一动力［EB/OL］．http：//views. ce. cn/view/ent/201511/02/t20151102_ 6875477. shtml.

② 资料来源：《国家创新驱动发展战略纲要》。

供给的转向。这个转向使按补血定位的阿胶 80 元/斤涨到了按滋补定位的阿胶 2 000元/斤，品牌的附加值从 80 元到了 2 000 多元，这段差价就是经济学家最关注的全要素生产率的提升，投入的要素还是这么多，但产出大大多出来了。这其中的关键，不只是要做好产品质量和内部管理，更重要的是要关注产品和顾客需求的匹配，这样就产生了一种全要素生产率的大幅提升。通过 10 年的努力，东阿阿胶由净利润不到 1 亿元增长到 2015 年的 16 亿元，而且还在高速增长之中，这就是供给侧结构性改革的成功范例。①

宝马汽车也是一个供给侧改革成功的典型。20 世纪 70 年代，由于宝马跟着奔驰走，奔驰做什么它也做什么，结果出现了同质化竞争制造的过剩产能，濒临破产。危急时刻，宝马开始了由无效供给向有效供给的转型，这次转型针对奔驰汽车定位尊贵、乘坐舒适，但特别宽大不利于驾驶、不灵活的特性，宝马反其道而行，采取了一种驾驶的定位，“坐奔驰开宝马”，围绕着怎样把宝马打造成一部超级驾驶机器展开创新。这些创新，无论是科技创新，还是营销创新，启动了从无效供给转向有效供给，也产生了全要素生产率的大幅提升。

全要素生产率是市场竞争过程中企业优胜劣汰的评判标准，由于资源的稀缺性和有限性，低效率企业对生产要素的占用在一定程度上使新成长起来的高效率企业不能完全有效地实现资源优化配置和创新性能力，从而降低了整体经济的全要素生产率。全要素生产率低是中国经济增长换挡刹车的核心因素，这不是外部因素造成的，而是经济发展阶段性特征和经济的结构性矛盾所造成的，劳动力转移速度下降、人力资本改善速度放缓、过度投资和产能过剩等因素对提高全要素生产率产生阻抑效应。

（二）提高全要素生产率的措施

提高全要素生产率的关键在于制度变革、技术进步、结构优化和要素升级。

1. 推进制度变革

制度变革是提高全要素生产率最重要的保障，是提高全要素生产率的最重要途径。推进制度变革包括党的十八届三中全会提到的各项改革，从供给侧来说，关键是要采取减管制、减垄断、减税收、减货币超发等行动，促进资本市场的建

① 邓德隆. 供给侧改革的核心是转变增长方式［EB/OL］. http://news.xinhuanet.com/fortune/2016-03/21/c_128819435.htm.

设和直接融资的发展，构建激励机制，提升创新意愿。股权市场天然提供了鼓励创新的激励机制，而以创新著称的美国，也正是依靠资本市场哺育创新。同时要为企业营造宽松的成长环境，鼓励“两众两创”，提高创新者的存活率和创新产品的转化率。促进创新主体间深度融合，支持企业联合高校院所，建设新能源汽车、北斗导航、轨道交通、无人机等产业技术创新战略联盟。四川省特别强调要加快军民深度融合发展，创新“民参军”机制，引导民营企业参与武器装备科研、生产和维修。

2. 推动技术进步

技术进步是推动产业结构升级，提升经济规模和效率的动力所在。“中国制造2025 四川省行动计划”，明确了突破关键技术，发展重点产品，培育优势企业的发展方向。尤其是需要补齐关键领域核心技术不足这个短板，核心技术是一个国家、一个企业的竞争利器、核心能力和命脉所在。供给侧结构性改革要认识技术属性的时代内涵，遵循技术创新的规律，加强核心技术转化应用，用好国际创新资源。要加强产业链的核心技术识别，探索以核心技术突破为目标聚合政产学研金等创新要素的研发模式，形成高效强大的共性关键技术供给体系，把关键技术掌握在自己手里。要利用当前有利时机，加快国际技术并购，在海外创新密集区域设立研发中心，积极开展对外技术交流，提高自主创新的起点和水平。

3. 推进结构优化

结构优化可以提升资源配置效率，避免造成资源浪费，呈现全要素生产率提高的成果。一方面，要推动传统产业转型升级走向纵深，引导企业打破“大而全”“小而全”的格局，分离和外包非核心业务，逐步向价值链高端延伸；另一方面，要培育新兴先导型服务业（现代金融、现代物流、电子商务、科技服务、养老健康服务等），促进现代服务业与先进制造业、现代农业融合发展，提升生产性服务业高端化、专业化、标准化发展水平。通过新动能和传统动能提升改造的结合来适应产业革命的趋势，通过推进新型城镇化、新型工业化、区域经济一体化发展等促进结构优化。

4. 推进要素升级

要素升级不是简单的数量层次上的要素投入，而是生产要素的质量升级，直接对全要素生产率形成推动作用。推进要素升级包括促进技术进步、提升人力资本、促进知识增长、推进信息化等，按照创新规律培育人才，制定更加开放、有效的人才引进政策，最大限度释放人才红利。

供给侧结构性改革的着眼点在于提高全要素生产率。供给侧结构性改革就是要促进政府向市场投放更多的资源要素，充分释放市场竞争的潜力。这就意味着在竞争中不能做到数一数二的企业生存将会非常艰难，出类拔萃的企业，规模将会迅速扩大，成长的速度也要快得多。这样，高效快速发展的企业通过竞争吸纳了更多的社会资源，社会的全要素生产率就会得到提高，整个经济结构就会充满活力，供给侧结构性改革就取得了成功。

三、供给侧结构性改革促进生产要素流向新经济

新经济是指借由经济全球化浪潮所诞生的由信息技术革命驱动、以高新科技产业为龙头的经济体系。1996 年 12 月 30 日，美国《商业周刊》发表的一组文章中首次提到"新经济"一词，在不同的历史时期，新经济有不同的内涵。李克强总理在会见采访十二届全国人大四次会议的中外记者时对"新经济"进行了详解，"新经济的覆盖面和内涵很广泛，它涉及一二三产业，不仅仅是指三产中的'互联网 +'、物联网、云计算、电子商务等新兴产业和业态，也包括工业制造当中的智能制造、大规模的定制化生产等，还涉及第一产业当中有利于推进适度规模经营的家庭农场、股份合作制，农村一二三产融合发展等"。[①]

供给侧结构性改革通过体制机制的改革实现经济结构的转型升级，将发展方向锁定新兴领域、创新领域，创造新的经济增长点，实现以新供给创造新需求、新需求推动新消费、新消费倒逼新产业产生的良性产业演进过程。一方面，减少对"僵尸企业"的无效"输血"，将节省下来的宝贵资源投向能够生产高品质投资品和消费品的企业；[②] 另一方面，促进简政放权迈向纵深，发挥市场优胜劣汰机制的作用，促进要素市场化程度提高，全面降低要素供给成本，让人口与劳动、土地与资源、金融与资本、技术与创新、制度与管理五大财富源泉充分涌流，从而激发经济增长潜力，引导生产要素加速流向新经济，使新兴需求和供给能力持续结合，强化中国经济增长的新动力。

创新是供给侧结构性改革的关键。一方面，让市场及时出清，化解过剩产

---

① 李克强．"新经济"的覆盖面和内涵很广泛［EB/OL］．http：//tech. qq. com/a/20160316/029949. htm.

② 陈小亮，陈彦斌．供给侧结构性改革与总需求管理的关系探析［J］．中国高校社会科学，2016（3）：67－78.

能，培育新的经济增长点；另一方面，通过创新驱动供给侧动力结构优化，强化技术创新、制度创新、产品创新、工艺创新和商业模式创新，以创新形成更高质量的有效供给带动新需求，拓展新空间。包括以消费升级引领产业升级，以供给创新形成新的生产力，满足并创造消费需求；通过技术进步和技术、产品、业态、营销、管理等方面的创新，不断提升产业链上产品和服务的附加值，推动产业转型升级和经济发展方式转变，实施对存量产能的优化；深化科技体制改革，通过打破人才的部门、单位、职业限制，支持科研人员进入市场参股入股、分享创新红利，以市场化方式配置科技资源等举措充分激发人才红利，释放创新潜能，促进人的要素流向新经济；通过加快多层次资本市场发展，多渠道推动股权融资，提高资本市场的效率，促进金融供给主体多元化和金融产品多样化，降低企业融资成本，释放社会资本参与新经济发展的活力。

参考文献

[1] [美] 约瑟夫·熊彼特. 经济发展理论 [M]. 北京：商务印书馆，1990.

[2] 贾康. 供给侧改革：理论、实践与思考 [M]. 北京：商务印书馆，2016.

[3] 吴敬琏等. 供给侧改革：重塑中国布局 [M]. 北京：中国文史出版社，2016.

[4] 周振华，肖林，权衡，等. 供给侧结构性改革与宏观调控创新 [M]. 上海：格致出版社、上海人民出版社，2016.

[5] 黄亚生，王丹，张世伟. 创新的创新 [M]. 杭州：浙江人民出版社，2016.

[6] [美] 威廉·曼彻斯特. 光荣与梦想：1932—1972 年美国社会实录 [M]. 广州外国语学院美英问题研究室翻译组译. 海口：海南出版社，2006.

[7] [美] 叶恩华，[澳] 布鲁斯·马科恩. 创新驱动中国 [M]. 北京：中信出版集团，2016.

[8] 藤泰. 供给侧的觉醒 [M]. 北京：化学工业出版社，2016.

[9] 李莲莲，蔡余杰，赵光辉. 供给侧改革：中国经济夹缝中的制度重构 [M]. 北京：当代世界出版社，2016.

[10] 徐康宁. 供给侧改革的若干理论问题与政策选择 [J]. 现代经济探讨，2016 (4)：5－9.

[11] 冯志峰. 供给侧结构性改革的理论逻辑与实践路径 [J]. 经济问题, 2016 (2): 12-17.

[12] 毛雁冰, 孙凯. 供需错位条件下供给侧结构性改革的路向 [J]. 新疆师范大学学报: 哲学社会科学版, 2016 (3): 83-88.

[13] 李佐军. "供给侧改革"为何是势在必行之举 [N]. 上海证券报, 2015-12-19 (1).

[14] 王小广. 供给侧结构性改革: 本质内涵、理论源流和时代使命 [J]. 中共贵州省委党校学报, 2016 (2): 82-87.

第二章　供给侧结构性改革的核心是强化企业的创新主体作用

1987 年诞生的华为，仅仅用了 20 多年时间，就从一家名不见经传的中国企业，成长为世界 500 强企业之一和全球最大的通信设备制造商。2013 年，华为全球手机销量跻身前三，紧随苹果和三星。2014 年，华为成为国际品牌集团“Top100 全球最具价值品牌排行”中首次上榜的中国品牌。2015 年，苹果向华为许可专利 98 件，但华为向苹果许可专利 769 件，这意味着华为已经开始向苹果收取专利费，颠覆了人们的认知。

华为为何能取得举世瞩目的成就？通过很多公开信息，我们可以发现华为的创新能力是其取得今日成就的关键因素。联合国机构世界知识产权组织公布的报告显示，华为 2014 年申请国际专利 3 442 件，在全球企业中排名第一；“过去十年，华为研发投入累计超过 2 400 亿元，2015 年华为投入 92 亿美元进行新技术和新产品的研发，占销售额的 15%，已经超过苹果 85 亿美元的研发投入”。[①] 华为副董事长兼轮值 CEO 胡厚崑在第 14 届慕尼黑经济论坛上表示：“创新是华为的核心竞争力，并已经成为华为‘基因’的一部分。”虽然巨额的投入拉低了华为的短期利润水平，但积累了核心技术的华为，将在未来赢得长期投资回报。华为董事长任正非在 2016 年 5 月 30 日召开的全国科技创新大会上的发言中提出一个充满雄心的目标：“华为在 2020 年销售收入将超过 1 500 亿美元”。

中国需要更多的华为。供给侧结构性改革应该催生更多的华为。党的十九大指出，深化供给侧结构性改革，必须把发展经济的着力点放在实体经济上，把提

① 贾伟．国际智库：中国企业创新日趋强劲［EB/OL］．［2016 - 03 - 18］．http：//scitech. people. com. cn/n1/2016/0318/c1007 - 28209268. html.

高供给体系质量作为主攻方向，显著增强我国经济质量优势。为此，必须加强对中小企业创新的支持，从建立以企业为主体、市场为导向、产学研深度融合的技术创新体系、倡导创新文化、培养高水平创新人才和团队、促进科技成果转化、强化知识产权保护等多方面强化企业的创新主体作用。

第一节　多元创新主体中的企业创新回归

一、从政府主导创新到企业创新

（一）不同创新主体的功能定位

创新是一项复杂的系统工程，既包括不同创新内容，又涉及多个创新主体。创新主体是具有创新能力并实际从事创新活动的人或社会组织，从形式上可以分为个体主体、群体主体和国家主体。从科技创新视角来看，在创新全球化的背景下，创新主体多元化和创新组织网络化的趋势日益凸显。国家创新系统理论一直强调多元化创新主体之间的相互作用，1997 年，经济合作与发展组织（OECD）在《国家创新系统》报告中提出："创新是不同主体和机构间复杂的相互作用的结果。"[①] 大学、科研机构、企业、政府、民间协会等都是创新的主体，在国家技术创新系统中，多元化的创新主体各自承担着特有的创新功能，都具有不可替代的作用。

各类创新主体在创新链不同环节有其不同的功能定位。创新型企业，是构建高水平研发机构，形成研发组织体系，集聚高端创新人才，系统布局创新链，提供产业技术创新整体解决方案的主力军；大学是加强基础研究和追求学术卓越，组建跨学科、综合交叉的科研团队，系统提升人才培养、学科建设、科技研发"三位一体"创新水平，形成优势学科集群和高水平科技创新的基地；科研院所

① Chris Freeman, LucSoete. Theeconomics of industrial innovation [M]. Cambridge, Mass: MITPress, 1997.

是围绕国家重大任务，整合优势科研资源，进行国际化、高水平、综合性的科技创新的中心，在基础前沿和行业共性关键技术研发中起骨干引领作用；面向市场的新型研发机构是围绕行业性、区域性重大技术需求，以多元化投资、市场化运作为特点的先进技术研发、成果转化和产业孵化的载体。创新发展需要激发各类创新主体活力，系统提升各类主体创新能力。

（二）企业是创新的核心主体

创新本质上是一个经济过程，是各创新主体出于竞争的需要，主动开展技术创新和制度创新，提高资源配置效率，以持续的创新活动获得核心竞争力的行为。根据哈佛大学创新经济学家的定义，发明是指技术突破，创新是指新技术的大规模商业应用。有此区分，在谁来创新这样的问题上就有了明确的定位。政府的职责不是在创新上，而是在发明上，政府应该关注的是基础理论的研究和基础的技术开发。观察工业革命以来历次重大的技术创新历史，从两百年前的蒸汽机到现在的互联网，都是市场竞争和民间创造力的产物。“互联网技术作为一项创新出现在市场上的时候，舞台上的主角都是谷歌、亚马逊这样的企业，在中国同样是腾讯、阿里巴巴、百度、京东这样的私人企业。”① 创新是高度不确定的试错过程，事先很难进行规划，相对而言，企业和企业家在市场上不断进行尝试是成功概率最高的，这决定了创新的机制一定是基于市场的风险投资，技术的商业应用也就是创新的核心主体毫无疑问是企业。政府直接充当创新主体，如通过政府机构掌握大量研发经费或政府机构直接从事大量研发活动；通过规定研发经费的支出方向，直接促进重点产业的发展；通过组建中介机构促进科技成果的孵化、转化与扩散。这种制度虽然在特定发展阶段有利于技术创新和经济发展，但随着生产力发展水平的提高和社会经济系统的日益复杂，其内在的冲突和矛盾也日益激烈，政府对创新的包办又导致微观经济主体创新激励机制缺乏和创新能力不足。

在创新领域中，创新主体应具有对创新活动自主的决策权，是具有创新动力和能力的经济体，是创新投入、活动和收益的承担者，企业的特性与创新主体的特征要求是最吻合的。首先，创新是一项与市场密切相关的经济活动，只有以企业为主体，才能坚持市场导向，反映市场需求。在优胜劣汰的竞争机制的作用

① 许小年谈去产能［EB/OL］. http://mp.weixin.qq.com/s/ACFyN5kuI9udLAEgWe1QLA.

下，企业最能洞察市场的风向，常常拥有“春江水暖鸭先知”的天然优势。在市场奖励创新、惩罚落后的激励和约束机制作用下，迫使企业从事创新活动。其次，创新是指生产要素的重新组合，这种组合只有企业家通过市场来实现，这个作用是其他组织和个人无法替代的。企业作为生产要素组合的载体，是科技和经济紧密结合的重要力量，应该成为创新决策、研发投入、科研组织、成果转化的主体。最后，创新需要很多与产业有关的特定知识，而企业恰恰是产业的主体和微观基础。传统产业向战略性新兴产业转化取决于每个企业自主的产业选择，在最大化自身利益的条件下，企业转换产业的成本、政府补贴的力度、竞争企业的策略行为等因素制约着传统产业向战略性新兴产业的转化进程。企业是当之无愧的最重要的创新主体，既是创新的需求主体，又是创新的供给主体，其他主体的创新活动最终只能通过企业来承载，来转化。深圳在发展过程中的一个重要经验就是培育“敢于冒险、崇尚创新、追求成功、宽容失败”创新文化和充分发挥企业创新主体的作用。在深圳，“90%的创新型企业是本土企业，90%的研发人员在企业，90%的科研投入来源于企业，90%的专利产生于企业，90%的研发机构建在企业，90%以上的重大科技项目发明专利来源于龙头企业”。[①] “十三五”规划建议明确提出要“强化企业创新主体地位和主导作用，形成一批有国际竞争力的创新型领军企业，支持科技型中小企业健康发展”。[②]

（三）充分发挥企业创新主体作用

创新驱动战略的成败很大程度上取决于企业创新主体地位能否确立，主导作用能否发挥。供给侧结构性改革的核心，就是要促进创新模式从政府主导向市场主导转变，更好地发挥企业这个创新主体的作用。创新活动不仅是采用新技术的过程，还包括市场创新、组织创新、管理创新、制度创新和质量标准创新。创新能力不仅表现在科研成果的产生上，更重要的是体现在成果转化上，即靠市场来检验能否直接或间接为创新主体带来收益。一项新技术占领市场，取得效益，赢得市场竞争力，才算创新成功。企业是创新成果应用于生产生活的绝对主导者，企业通过主动和持续的创新活动，运用新技术、新工艺，包括新的组织方式、新

---

① 解读深圳六个“90%”背后的发展动力［EB/OL］. http：//news. xinhuanet. com/2010 – 08/25/c_12484116. htm.

② 创新驱动发展战略：习近平与“十三五”十四大战略［EB/OL］. http：//news. xinhuanet. com/politics/2015 – 11/22/c_ 1117221776. htm.

的管理体制来获得创新收益，赢得竞争优势。企业在很多时候还主导着创新的方向，创新的源泉来自对市场变化的敏锐洞察和对客户需求的正确把握，如企业主导了手机从移动电话到智能终端这一创新路径。互联网经济中，“流量—变现”的商业模式，同样来自大量网络企业的创新。当前，社交网络的兴起，如 Facebook、微信等又将我们带向一个新的方向。

政府作为创新的需求者，其职责主要是：通过科研机构加大对基础科研的投入，加快基础科学的重大突破，为创新活动构建坚实的知识平台；提高科研院所、高等院校和各种社会中介组织的综合能力，培育创客和专业人才，激发其积极性和创造性；保护公民或组织的首创精神，尊重其创新成果，营造支持创新的社会政治氛围，让创新者充分发挥其才华；实施企业创新主体培育工程，通过开展高新技术企业倍增行动，科技型中小微企业培育工程，鼓励企业研发投入，激发企业创新活力，推动企业真正成为创新决策的主体、创新活动的主体和成果应用的主体。明确政府与企业在创新活动中的定位，才能有效促进企业与政府部门、大学、科研机构、中介机构、金融机构、民间协会多元化主体之间的连接合作，构建以企业为核心的科技价值链，更好地发挥多元创新主体各自的作用。

创新不仅需要个人的智慧，更需要极大的冒险勇气和对社会的奉献精神。中国人从来不缺乏创新力。往远处说，有冒着极大的风险，立下“生死状”，在土地承包责任书上按下了红手印的小岗村农民；有号称“中国第一商贩”的“傻子瓜子”创立者年广九，正是他们当年的创新，为中国的改革开放拉开了序幕。向近处看，阿里巴巴、百度、京东、华为、小米、海尔……这些在行业内异军突起并已成为或正在成为业界翘楚的企业，哪一个不是因为创新？不论是基于领导力创新、文化创新、战略创新、产品创新，还是基于技术创新、人才创新、商业模式创新，每一种创新的背后或许都是一条充满风险和挑战的成长之路，但这些创新，无疑又成为提升企业核心竞争力的法宝。企业创新的驱动力，除了来自企业内部的驱动与激励，来自政府创造的宽松的政治与制度环境也相当重要。纵观过去几十年的改革，我们不难发现一个规律：凡是政府支持民间创新，愿意为创新营造开放环境的地区，民间创新就活跃，经济发展也就充满活力。

事实上，企业家们的创新实践不仅仅在于创造了大量的就业机会，更在于激发了一个民族的创新活力，推动着现代商业文明的建设和整个社会的进步。政治经济学家约瑟夫·熊彼特曾指出，“创造性破坏过程”的主要领导者和贡献者是企业家。企业家与只想赚钱的普通商人和投机者不同，个人致富充其量只是他的部分动机，而最突出的动机是“个人实现”，即“企业家精神”。我们有理由相信未来会有更多基于企业家精神的企业创新，而这也需要我们的政府与社会给予企业家更多的支持与宽容。因为最终，我们每个人都将是企业创新与社会进步的受益者。①

二、政府角色：创新的设计者还是创新的参与者

（一）政府在创新活动中的定位

为什么市场上充斥着过多无人问津的产品？为什么厂家还在继续大量生产面临淘汰的产品？为什么那些品质优良、富有创新元素的产品少之又少，而且常常供不应求？从表象上看，这是产品的供给结构出了问题，但是透过表象从实质上分析，这是生产要素供给结构出了问题。当市场缺乏严格约束的时候，有可能使几乎所有的生产要素都被调动起来，缺乏技能的劳动力也能在市场上找到工作；所有的货币几乎都能转化为资本，至于这些资本投向是否能够创造价值，是否代表经济进步方向，没有人去关注；技术要素更是有“劣币驱逐良币”的市场效应，当市场充斥着一般技术和低水平技术的时候，真正创新的技术反而容易受到排挤，很少有企业真正做到创新，多数在急功近利地大量生产低质的产品。即便有少数企业愿意从长计议加大投入去从事创新，结果却是要么创新出来的东西立刻被仿制，要么市场等不及创新产品问世的那一天，要么根本就找不到能够杜绝仿制和与市场节奏同拍的创新人才。

创新环境的恶化，是政府在创新活动中的越位和缺位导致的。一方面，由于政府对市场主体干预得太多，市场体系不完善，市场活力没有得到充分激发，生产要素的供给通过规划、依靠计划制订出来，不能有效发挥市场机制的作用，根据优胜劣汰的规律使商品和服务的供给适应需求市场的变化；另一方面，由于政府对创新活动的权益保护缺失和激励方向偏差，企业商业性创新明显不足。

在国际专利诉讼方面有超过20年从业经验的美国众达律师事务所专利律师陈炽说，目前中国企业的专利数量虽然迅速上升，但是质量很差。政府对创新的鼓励是体现在专利申请而非成果转化及商业化应用的制度安排下，企业、大学和

---

① 牛福莲．拿什么激励中国企业创新［J］．商界导刊，2014（11）：32－33.

科研单位中的个人，往往是为晋升加分、获得现金奖励、进入某种“人才计划”而申请专利。对于很大比例的中国企业来说，企业创新活动集中于获得政府“高新”企业的认证，大幅度减少税负并得到政策性补贴是申请专利的首要动力。可以说，我国各级政府是用行政力量推动了论文和专利的数量增长，这种由非市场力量来推动的数量增长并没有导致创新质量的提升。在发达国家，通常用三个基于市场的判断标准来衡量一项专利的质量：一是在保护期内，该专利能否有效阻止竞争对手的同质化竞争，从而使创新者获得垄断利益；二是在出现侵权的情况下，该专利是否能作为创新者起诉侵权者的有力武器；三是该专利可以让创新者获得多少专利许可费。这些标准在中国强大的政府激励政策下被边缘化，许多科研人员的时间和精力消耗在低质论文和专利的生产中，而失去了进行重大创新的机会。不仅浪费了大量的纳税人的资金，还对创新环境造成实质损害。

在促进企业创新过程中，政府职能的定位和行为的有效约束是非常关键的。随着市场体制从不完善走向完善，政府在企业创新中的作用也将从主导逐步转向引导。职能的重点也将相应地改变，更加突出其在产业引导、规制制定、创新环境优化等方面的作用。当今世界具有代表性的创新国家如美国、以色列、芬兰等，政府在创新驱动方面发挥的作用包括：一是政府是一个国家教育的保证，而教育正是创新的基本土壤。创新源头上的人才、知识与活力依赖合理的教育体系。以色列在1948年建国时，强邻环伺，一穷二白，仍把义务教育当作政府的基本任务，从而为这个后来的“创新国度”打下了雄厚基础。二是政府通过完善的法治环境成为公平竞争市场环境的维护者，成为创新成果的保护者，从而为创新主体提供制度上的推动力。恰恰是美国健全的联邦法治成就了硅谷奇迹，先后催生比尔·盖茨、乔布斯、扎克伯格等创新领军人物。三是政府是创新活动的推动者，政府通过对基础科研的直接投资，对创新活动提供的风险投资支持、对产学研一体化创新活动的协调组织以及政府定向采购活动等推动创新，用PPP的方式提供共用技术和牵头组织产业联盟开发新技术。

在强调政府对创新起到推动作用的同时，政府作为的合理性、适度性必须引起高度注意。美国政府在硅谷发展中几乎总是以顾客身份出现而不是组织者身份出现。[①] 政府过度自信，把手伸得过长，甚至代替企业经营决策，势必对创新有

---

① 李军．美国硅谷奇迹的启示［EB/OL］．http：//www. doc88. com/p－1065424176586. html.

害。政府是创新的保护者，是创新环境的提供者，但绝不能越俎代庖，取代企业在创新中的主体地位。巴西政府曾经充当创新的主体，主导创新活动投入和方向。政府的研究开发资金是创新活动经费的主要来源，大学和国立研究机构是科技活动的主要承担者。由于政府主导创新活动的方向，创新成果与市场需求脱节，研究开发成果很难用于产业发展，虽然实施了大型产业技术独立开发计划，但是这些计划主要是跟随型的，因而技术创新水平落后。在适当的进口限制下，本国企业没有强烈的技术发展需求，对研究开发投入很少。由于上述政策的影响，巴西虽然早发展了10年，但由于长期没有形成有自主知识产权的产品，最终在技术经济上远远落后于亚洲新兴工业化国家和地区。①

关于政府和企业在创新活动中的功能区分，美国有一些好的经验值得借鉴。“二战”之后，美国通过30多年的发展完成了由农业社会向工业化的转型，出现了生产效率下降，产能过剩的问题。在这个背景下美国启动了供给侧改革，成立了国家产业竞争委员会，任命哈佛大学教授迈克尔·波特为主席，用定位来规划国家竞争战略。20世纪80年代初，美国的竞争力是远远不如日本的，波特的研究发现，日本人擅长把同样的事情做得比人家更好、成本更低、效率更高，并因此造就了日本的全球竞争力之最，日本是靠管理的创新实现了一国崛起。但是波特教授同时预见到日本的发展模式难以为继，波特认为，效率的提升只能靠两种方式：一种是做同样的事情，我比你做得更好、速度更快、成本更低；另一种是定位，做不同的事情，我做得与众不同。依靠低成本优势的日本竞争模式会遭遇组织重担和管理瓶颈而陨落，国家产业竞争委员会就是要通过定位来规划产业、规划国家定位、规划产业集群定位，做与众不同的事情。这也正是美国的供给侧改革的重要内容之一。1981年的通用电器有153个产业，美国人民方方面面的需求它都在满足，通用电器CEO杰克·韦尔奇上任的时候启动了“数一数二”战略，他宣布通用电器凡是在产业里不是第一、第二的都要关停并转，把资源配置到企业的优势产品方面，这个战略非常成功。20世纪80年代美国整个企业界都像通用电器一样，从一个追逐需求、满足需求的发展模式，彻底转型到企业能不能在顾客心中占主导定位。硅谷的崛起，整个集群的崛起，20年发展下来，美国压倒了日本。美国的供给侧改革给我们一个启示：政府是创新的设计

① 张荣峰，章利华．自主创新的理论、国际经验和模型构建［J］．世界经济与政治论坛，2006(4)：62－67.

者，负责规划、搭台；企业是创新的参与者，是主角。官、产、学三界联合互动，结果实现了美国反超日本，中国当下恰逢其时。

从知识进步和能力成长的角度看，政府和市场的作用是互补的。一方面，有用知识存量的增长及其应用的扩展主要应由企业承担，因为产生新知识、新技术和新技能的机制是通过市场竞争的分工和专业化实现的。但另一方面，任何单个企业都没有关于宏观经济的知识，没有关于经济体系应该向哪里发展的知识，这些知识都掌握在政府手里。所以，关于如何通过经济结构调整来化解基本社会矛盾（如能源、环境等）的责任应由政府来承担，政府应把精力集中于领导工业体系的演进上。“如果中国产业升级的实质是中国工业知识和经验体系的扩张和更新，那么这种扩张和更新就需要整体的方向：政府需要帮助这个‘知识和经验体系’克服其在扩张和更新过程中的瓶颈，需要鞭策和支持企业普遍走上自主创新的道路。因此，中国的产业升级需要政府的引导。这种引导不会阻碍市场机制的作用，它允许来自基层的创造性，并通过竞争检验结果，奖优罚劣。”① 中国改革开放40多年的历史已经证明了这种框架关系的有效性：只要政策的大方向正确，人民自会创造奇迹。

（二）建立政府引导、市场主导、社会参与的创新治理体系

创新活动不仅需要政府引导，也需要政府、市场、企业协同合作，发挥各自的职能。在市场经济中，按照使市场在资源配置中起决定性作用的要求，作为市场供给主体的企业，也应该是创新主体。这就需要激发企业、企业家、创业者等各类市场主体的创业、创新活力，充分发挥其在经济发展中的主体作用。同时也必须认识到，市场机制并不能自动实现均衡，而是带有一定的盲目性、自发性、滞后性的，需要政府对其进行合理的干预和调控。在创新活动中，技术创新具有外溢效应会降低企业研发的积极性，从而导致企业投资不足和市场失灵，此时需要政府弥补市场的不足，通过补贴政策来纠正这种外部性还原市场的驱动功能。② 当然，政府的作用要依靠市场，政府的补贴政策只有借助于市场的力量才能更好地发挥其引导作用，市场驱动机制运行得越好，政府干预成本相应的越小。一旦市场能够有效驱动企业进行产业转换，政府就应该将产业结构配置的权

---

① 冯志峰．供给侧结构性改革的理论逻辑与实践路径［J］．经济问题，2016（2）：12－17.

② 殷军，皮建才，陈旭阳．供给侧改革背景下的产业选择［J］．财经科学，2016（3）：58－68.

力交还给市场。

政府和市场的关系投射在创新治理体系上，就应该从政府引导为主，转变为政府引导、市场主导、社会参与的联合治理格局。由市场主体来主导创新方向、配置创新资源、选择攻关项目、组织创新行为、推进成果转化；政府主要定位于提供公共服务和改善发展环境，对于创新这样一个需要前期投入、具有较大不确定性的创造性活动，发挥好鼓励、保护、引导的作用；社会组织则在政府相关部门的引导和协调下，发挥比较优势，促进资源整合。通过建立政府引导、市场主导、社会参与的创新治理体系，促进有创新的产品和高品质的产品进入市场，逐步替代落后低质的产品，从产业引导、专利保护、市场良性秩序建立等入手，完善市场环境，激活一切创新的要素，尤其是技术要素、人才要素和制度要素，推动更多的企业有志于创新、成长于创新和得益于创新。

（三）充分发挥政府的创新引导作用

企业创新的动力在于公平竞争的制度环境所获得的竞争优势，没有良好的竞争环境，市场活力将无法释放，经济发展增速将会放缓甚至停滞不前。政府作为制度供给主体，通过制定各种规则、法律程序和行为规范等为企业及其他层面的创新提供基于公共利益的制度安排，为促进创新发展提供强大推动力。当前的供给侧结构性改革，从本质上讲是要处理好政府与市场的关系，在制度方面，实施市场化改革，以“放管服”改革为基本思路，在行政干预上多做“减法”，在有效服务上多做“加法”，将该放的放下去，加快清理不必要的证照和资质、资格审批，进一步放宽民间资本的准入限制，全方位为企业松绑；将该管的事管好，将该服务的服务到位，提供良好的法治环境和平等竞争的经营环境，真正做到有为的政府、有效的市场。

1. 制定创新战略

政府根据具体国情制定国家产业创新战略，通过创新体系的顶层设计，为创新保驾护航。明确国家除保留对基础性研究的组织和供给以外，在其他领域，企业才是整个技术创新体系的核心部分。通过实施并完善政府采购制度，发挥政府对于推进企业自主创新的引导作用。成立企业技术中心，推动国家技术创新体系建设，鼓励采用多种形式进行核心项目的产学研合作，加快科技成果商业化过程。成都编制的《“中国制造2025”城市试点示范实施方案》，提出走“工业2.0”补课、“工业3.0”普及、“工业4.0”示范的“并联式”发展道路，以构建制造业创新体系为主线，打造现代新型制造业体系，实施军民深度融合体制创新、技术成果转化机制创新、产业开放合作模式创新三个创新试点，健全人才支撑、政策支持、组织保障三大基础支撑，形成“1133”战略架构。① 这将对成都市的创新发展起到很好的引领作用。

2. 培育创新理念

创新理念的培育与普及需要政府凭借其强大的动员和宣传教育能力加以促进，为创新发展营造有利的社会氛围。倡导“大众创业、万众创新”，本质上是倡导一种认同创新、尊重创新、保护创新和参与创新的价值理念。2015 年 5 月四川省出台了《四川省人民政府关于全面推进大众创业、万众创新的意见》，明确了四川省将着力激活的创新创业主体，即由高校院所科技人才、青年大学生、海外高层次人才和草根能人组成的创业“新四军”；并提出了涵盖科技成果处置、成果转化收益分配、绩效工资总额限制、兼职取酬、大学生创业等方面 14 条利好政策。由此极大地激发了全社会创新创业活力，形成了想创、会创、能创、齐创的生动局面。

3. 整合创新资源

创新工作涉及资金、人才、技术等要素的互动集成，不同制度机制的协调对接，不同主体、层级与部门的协作配合。通过政府提供的各种制度安排，有利于促进创新要素的自由流动与有机整合，促进创新资源配置效率的提升。近 3 年，四川省财政投入 18 亿元、引导投入 200 亿元，组织实施新材料、生物医药、先进制造、国际合作、军民融合等领域 1 500 项重大成果转化项目，培育战略性新兴产业产品 702 个，累计带动实现产值 1.2 万亿元以上。电子信息、航空航天、核技术等领跑全国。目前，成都高新区正围绕国际知名大企业创新中心、国际知名高校研究中心、国际知名高层次人才创业项目，汇聚“三大国际性资源”，扩大科技开放合作，深化国际交流合作，在更高起点上推进创新创业。②

4. 激发创新动能

创新动机并非都是自发的，政府通过创设外部环境，如提供畅通的信息平台、完备的法制体系、有效的政策导向、方便的技术转移转化服务平台以及宽松

---

① 揭秘“成都智造”的三大创新战略［EB/OL］.［2016－11－29］. http://www.jc35.com/news/Detail/59414.html.

② 四川省：创新驱动正发力［EB/OL］. http://www.chinahightech.com/html/paper/2016/0926/345373.html.

的社会环境等，有利于充分调动人的积极性，发挥人的创造潜能。通过构建有国际竞争力的人才制度，有效配置与激励技术、人力资本、创新产品和创新业态，完善人才评价激励机制和服务保障体系，有利于有效配置并激励创新型要素，促进科技与经济的深度融合。

5. 保护创新成果

知识产权保护是创新成果不被随意模仿和抄袭，创新者的根本利益得到保障的必要制度安排。政府需要通过立法，对创新成果专有权利加以界定和保护，建立创新成果的使用、补偿与回报机制，切实保障创新行为得以持续。

创新驱动需要市场和政府两个引擎。利用好市场引擎，就是要让市场机制充分发挥引导资源配置的决定性作用，充分发挥企业作为创新主体的作用；发挥政府的引擎作用，就是要根据经济发展的不同阶段，与时俱进地改变政府发挥作用的重点和方式。①

第二节　供给侧结构性改革对企业创新的影响

一、供给侧结构性改革增强企业创新动力

（一）保护和促进创新的制度缺失影响企业创新动力

在日趋激烈、瞬息万变的国际化市场和技术竞争环境中，没有任何人否认创新对企业发展的重要性。普华永道和中欧国际工商学院的《2014 中国创新调查》报告认为，中国企业设立海外创新中心的主要目的是寻求技术和人才，即创新能力。调查显示，“68% 的中国企业是为了获取或追踪前沿技术，59% 的企业是为了获取创新人才；而 90% 的跨国企业在中国设立创新中心是为了捕捉顾客需求，63% 的企业是为了降低创新成本。42% 的中国本土企业、31% 的海外中国企业都

① 李杨．创新驱动战略中政府的作用［N］．光明日报，2015－11－26（15）．

将创新列为头等大事”。①

“世界知识产权组织发布的‘2015 年全球创新指数’显示，我国内地的创新排名是第 29 位；世界银行发布的 2015 年全球营商便利指数中，我国内地的排名是第 84 位。”② 就技术创新领域来看，中国企业普遍存在缺乏核心技术、自主创新能力不强、R&D 强度不高，科技成果的拥有量与转化率、产业化率不匹配等问题的根本原因在于制度安排和制度体系构建不合理。

1. 竞争性市场制度

由于我国市场竞争制度不健全，以及非正式制度等辅助性制度的缺失、滞后或低效，没有为相互竞争的各市场主体提供公平交易、机会均等、公平竞争的市场环境，不利于企业创新长效机制的形成。典型的如法定垄断、行政垄断企业可以凭借其掌握的特有资源和强大的力量，攫取巨额的垄断利润，因而缺乏创新动力。“权力寻租”现象导致一些企业千方百计通过各种公关手段争夺政府订单，无暇或不屑花费精力进行创新。此外，名目繁多且不公平的补贴政策让许多企业对创新无动于衷。通过这些非市场的方式也能获取利润，企业必然减少创新这种风险较大的行为。

2. 知识产权制度

当前，我国有关知识产权的法律法规体系已经建立，但实际运作效率却比较低。由于技术创新中各行为主体功能的定位不准，创新成果的供求双方联系较为松散，导致科技成果的供求脱节，每年产生的上万件科研成果被束之高阁；由于产权界定不够明确，无法对各种技术创新主体产生有效的激励；由于产权保护费用及转让交易成本高，而侵权成本低，阻碍了知识产权的使用和分配，导致专利被放弃的比例非常高。由于法律执行力不够，很多侵犯知识产权的侵权人得不到严厉的制裁；知识产权相关法律之间存在制度安排“真空”或冲突的问题。

3. 企业的人力资源激励制度

由于企业目标没有考虑人力资本的价值及其实现，其制度安排使企业人力资本所有者难以享有企业的剩余，不利于人力资本所有者创造能力的发挥，进而影响了企业的持续成长和竞争优势的形成。

---

① 国际智库：中国企业创新日趋强劲［EB/OL］．［2016 - 03 - 19］. http：//3g. k. sohu. com/t/n122943443.

② 杨朝英．“十三五”民企发展新机遇来临［N］．人民政协报，2015 - 11 - 20（3）．

4. 技术创新成本分担制度

企业创新除了支付人力、财力、物力等实际费用，还承担了巨大的信息成本、风险成本等。现代科学技术不再局限于某个领域，而是向跨学科方向发展。一项新发明新技术的产生，往往需要多学科的知识，需要各学科专家学者的合作研究。任何一个企业，都不可能在其内部获得它们所需要的全部技术，同政府、大学、科研机构或其他企业进行研发合作成为其必然选择。同时，一种新发明新技术也可以应用于多个领域。企业创新的群体性及创新成果的扩散性需要政府与企业共同分担创新成本。我国现阶段，由于科研机构创新效率不高、风险基金市场不发达、信息发布及交易制度不完善，缺乏有效的技术创新成本分担体制和机制，导致企业技术创新缺乏持续动力。

上述制度缺失从本质上阻碍了企业创新动力机制的形成，并直接影响了企业创新的主动性、积极性，在创新动力不足的环境中，企业自身创新能力的培育和提高也失去了基础。

（二）企业创新动力机制的塑造需要供给侧结构性改革

创新的动力机制是创新的动力来源和作用方式，是在经济运行过程中为适应外部环境变化的要求与实现创新持续不断的内在要求重新组织各种生产要素的互动关系的总和。企业创新动力机制具有三个特点：一是能动性。积极主动的创新意识是不断创新的前提，企业作为创新的主体，具有积极、主动、持久的创新要求和创新冲动，从而形成强烈的创新意识。二是整体性。动力机制的形成和运行以各动力要素的动能为基础，如政府支持因素、合作创新因素和技术人才因素等，又有赖于各动力要素之间相互联系、相互制约的整体协调。三是相关性。创新活动的开展会使动力要素间产生反馈效应，动力要素之间相互联系和作用会放大单个动力要素功能，从而推动创新的持续进行。

创新道路上举步维艰，我国企业或因体制保护无心创新，或因要素制约无力或无处创新，没有强有力的动力机制，创新就会出现“肠梗阻”。一般来说，企业创新由市场拉动、科技推动和政策激励三种动力推进，这三种推进力量都需要通过供给侧结构性改革加以提升。

市场拉动是指由于市场需求和市场竞争的影响而导致创新。当市场要素稀缺导致该要素相对价格提高时，会诱致能节约该要素或寻找替代要素的创新；当独具慧眼的企业家发现新的市场机会时会诱发开发新产品、占领新市场的创新；当激烈的市场竞争给企业造成实际威胁和潜在威胁时，会迫使企业进行创新，通过创新战胜竞争对手，获得持续生存和发展。通过市场拉动企业创新需要健全的竞争性市场制度，竞争性市场制度通过价格机制和竞争机制传递市场供求信息，在配置资源方面有着非常高的效率，企业立足于生产、生活应用方面的技术创新的动力很大一部分来自有竞争性的市场。

建立健全竞争性市场制度恰恰是供给侧结构性改革的任务。一是改革企业产权制度。建立有效的创新动力机制，需要厘清产权关系和产权运行规则，这是创新活动投资到位、权力到位、责任到位、利益到位并激发企业创新强大动力源泉的前提条件。供给侧结构性改革促进企业建立产权清晰、权责明确、管理科学的现代企业制度，在“自主经营，自负盈亏”的机制条件下，以市场为导向，紧紧跟随当今世界技术进步日新月异的浪潮，自主地组织研究开发和各种创新。二是改革政府管理体制。简政放权，改善对行业准入、环保、安全等的规范化监管，建立科技资源、公共技术平台、公共科技基础设施等政府资源的竞争性使用评价制度，改变与创新活动密切相关的科学知识及其普及等政府公共产品供给不足的状况。三是完善市场规则。建立健全相关法律法规，打破部门垄断和地方保护等，维护市场竞争秩序。严格执法，有效限制侵权产品涌入市场，保护企业技术创新的积极性，保障企业应得的创新收益。四是促进要素市场的发展。供给侧结构性改革涉及土地、资本和劳动要素市场的深化改革，全面放开要素生产准入，优化组合，降低创新成本，同时消除对要素的扭曲，全面提升要素生产率，这将极大地改善企业创新的金融支持和智力支撑条件，为企业创新增添动力。五是促进资源的流动。供给侧结构性改革重拳出击“去产能”“去库存”，下决心淘汰一批“僵尸企业”、对过剩产能的企业狠下刀子，清除供给冗余。这一方面会减少资源成本，促使资源往新产业、新经济领域流动；另一方面去产能的制度安排和时间要求会给企业带来极大的压力，不转即死的压力转化为创新动力，促使身处产能过剩领域的企业积极行动，倒逼企业加快创新和转型升级，在提高全要素生产率的同时，提升产业核心竞争力。

仅有市场需求，没有科学技术的保障，企业创新是无法实现的，科技发展是推动企业创新的另一个决定性力量。科技的日新月异改变着世界，科技的发展进步影响着我们的生活，越来越多的先进科学技术直接服务于经济领域，从而促使企业不断采用先进科技进行适用性创新。供给侧结构性改革就是要突破束缚科技创新活力的体制机制障碍。一是通过产权制度改革、简政放权激发企业家、创新型地区或园区、互联网创业者、创新科研院所和高等院校、创新型政府等主体的积极性和创造性。如把财政资金以股权方式与民间股本一起，组建支持科技企业特别是小型科技企业的产业基金。这种基金将财政资金和民间资本、社会资金合在一起，形成一个非常清晰的、现代企业制度的、风险共担的产权结构，实际上就是混合所有制的结构。政府这种政策性资金导向降低了民间企业的投资“门槛”，风险因素得到了对冲，财政资金由消耗型变成了循环型，将有效改变财政支持科技创新的资金“撒胡椒面”式的、绩效很难追踪的现状，也有利于把“政、产、学、研”方方面面的相对优势结合在一起，加快实现科技上的突破和成果的转化。二是通过创新环境营造、专利保护和资本市场支持等多个层面精准施策，统筹规划，不断提升创新主体的地位和创新激情。2015 年 9 月中共中央、国务院出台了《深化科技体制改革实施方案》，把增强自主创新能力、促进科技与经济紧密结合作为根本目的，以改革驱动创新，强化创新成果同产业对接、创新项目同现实生产力对接、研发人员创新劳动同其利益收入对接，充分发挥市场作用，释放科技创新潜能，打造创新驱动发展新引擎。

政策激励是指企业通过制定各种激发员工创新积极性、鼓励员工创新的政策和措施来推进企业不断创新发展。企业家是创新活动的主要倡导者、决策者和组织者，企业家精神就是企业家所具备的能敏锐地发现和接受新事物，敢于并善于先人一步、超人一等的创新和创业精神。供给侧结构性改革，简政放权，优化服务，进一步增强企业的市场主体地位，有利于企业家精神的凝聚和实现。进一步看，竞争性市场制度的健全也有利于企业自主决策，建立激发创新意识的人事管理制度、工资奖金分配制度和鼓励员工勇于创新的其他激励制度，并在企业中营造出一种强烈的创造性氛围，人人崇尚创新，争创新高，形成以创新为特色的企业文化。

二、供给侧结构性改革提升企业创新能力

（一）中国实体经济“高成本”，导致企业创新能力不足

此处讨论的企业创新能力，不是指在技术上，企业将科学的概念、成果转化为用户需要的产品，并且生产、制造和提供给用户被用户认可的能力，而是指企业在创新活动中能否有效地管理这一过程，并获得一定的资金回报的能力。创新

并获利是企业持续发展的基础，但我国企业面临的“高成本”压力，正在侵蚀这一基础。

目前，我国制造业劳动力成本是印度、越南、柬埔寨等国家的3倍左右。而综合劳动力成本、税费、能源价格、房租等因素，我国制造业成本甚至已达到了美国制造业成本的90%。[①]

企业生产成本主要包括劳动力成本、自然环境成本和技术进步成本等。在劳动力成本方面，2012年以来我国劳动年龄人口数量连续下降，劳动力成本逐年上升，导致人口红利逐步削减。“2014年末我国老龄化率已达到15%左右，高出发展中国家平均水平约5个百分点，用工短缺，劳动力成本逐渐上升，国际金融危机以来，我国城镇单位就业人员平均货币工资年均增长13.2%，农民工工资年均增长13.5%，高于同期劳动生产率（按现价计算）年均增长11.1%的水平，劳动力成本增长已快于劳动生产率增长。”[②] 在自然环境成本方面，随着国家日益加大对自然环境的整治力度，企业治污成本、安全成本大幅增加，特别是高污染、高能耗制造业资金压力骤增。在技术进步成本方面，“企业为应对成本上涨，往往会加大设备和技术投资”[③]，通过提高劳动生产率来实现产品更新换代。但这种生产方式的成败与否，取决于企业技术进步的有效性。企业为应对生产成本上涨，通常会提高商品价格；又会出现因为产品价格过高，缺乏竞争力而“滞销”的不良局面。

经过40多年的高速发展，特别是工业化、城镇化的快速推进，支撑我国经济增长的生产要素成本全面上升，劳动力价格、资本价格以及税收、社会管理成本等多方面的因素，造成目前国内企业生产成本居高不下。过去企业的竞争力优势之一——低廉的人工成本伴随着“人口红利”的消退而消失。资本价格因存在严重的融资壁垒呈现出两极分化，部分企业有政府隐形担保享受“刚性兑付”，几乎没有融资压力，尽管这些企业盈利能力并不十分优秀，杠杆率也并不在“健康”的范围内；没有政府增信的企业特别是小微企业普遍面临的问题便

---

① 李毅中. 2015年4月在“中国进出口企业年会2015暨中国对外贸易500强俱乐部年会”的演讲[EB/OL]. http://www.china.com.cn/cppcc/2015-04/27/content_35425864.htm.

② 楼继伟. 中国经济最大潜力在于改革[EB/OL]. [2016-01-05]. http://www.cntheory.com/zydx/2016-01/ccps1601058TNG.html.

③ 刘延平，周开让. 加快技术进步是应对劳动力成本上升的根本出路[J]. 经济纵横，2013(9)：8-11.

是“融资难”“融资贵”，中小企业能以贷款基准利率或上浮5~10个百分点的利率水平获得贷款的比例不到20%，且主要集中在中小型企业中的“大”企业。小微企业贷款利率通常在基准贷款利率基础上上浮30个百分点以上，如果没有可变现的抵押物和担保，贷款利率上浮更高，中小微企业平均融资成本占融资总额的12%，远高于基准利率。[①] 我国企业所得税税率为25%，在全球主要经济体范围内来看属于中等偏上，但中国企业的整体税负则超过40%，在全球范围内名列前茅。[②] 税率过高使很多“边缘”企业无法生存，同时还打击企业的投资和产出，降低可以征税的税基。行政垄断的存在增加了企业的市场准入成本，效率更高的企业无法进入市场参与竞争。而已经存在的垄断企业因为缺乏竞争而效率不高，使整体的行业成本高企。中国现在能源管理体制和能源定价机制相互关联、相互交织，用电市场化价格形成机制不健全，企业不能通过市场机制对这些成本进行讨价还价，导致企业用能成本居高不下。我国不少产品普遍面临高流通成本，如由于经营场所使用费即市场租金过高、流通环节过多、流通主体组织化程度低，规模效益差、物流成本高等原因，一些建材家居市场产品的售价甚至达到出厂价格的5倍以上[③]；农产品价低伤农和价高伤民同时出现。由于中间环节过多，效率太低。中国社会物流总费用与GDP的比率在16%以上，物流费用占企业主营业务收入的比重至今未低于8%，这些指标均高于同期的美国、日本等国。[④] 在现有社会保障制度下，大部分企业所负担的社会保险费和住房公积金缴费比例占总缴费比的一半以上，过高的社保成本负担制约了企业资金流动性和使用效率。地方政府在土地供给政策上，往往以鼓励企业建厂投产为目标，企业产值越大，政府越倾向于降低土地供给的成本，小企业的土地成本往往高于大企业，租赁土地、房产的企业更因价格飞涨而不堪重负。

当企业面临是否进行创新的决策时，一般都要对成本—收益进行比较。中国当前“高成本”问题已经严重挤压了企业利润，影响了企业的积累能力和创新

---

① 中国企业真实负担调研出炉：中介收费比政府还高［EB/OL］. http：//business. sohu. com/20160828/n466375259. shtml.

② 张家瑞. 求解实体经济企业降成本［EB/OL］. http：//news. 10jqka. com. cn/20160828/c593144758. shtml.

③ 苏纶. 流通成本高建材家居市场何去何从［EB/OL］. http：//www. zgswcn. com/2015/0910/657520. shtml.

④ 邱海峰. 时间表确定降成本中国再出8招［EB/OL］. ［2016-08-27］. http：//finance. jrj. com. cn/2016/08/27044921378696. shtml.

的财务能力。

（二）供给侧结构性改革“降成本”，提升企业创新的财务能力

从“高成本”的成因来看，既有经济发展到一定阶段劳动力成本上升的必然性，更有政府与市场功能边界的混淆，地方政府对简政放权调整滞后、以垄断性银行机构为主形成的金融抑制，直接融资类型的金融市场发展滞后、能源价格形成的市场机制发展不足、土地财政依赖体制、地方政府利益驱动下的市场分割等体制原因。“降成本”是促进企业创新、维持经济可持续增长的战略举措，也是供给侧结构性改革的任务之一。

“开展降低实体经济企业成本行动，优化运营模式，增强盈利能力。限制政府对企业经营决策的干预，减少行政审批事项。清理和规范涉企行政事业性收费，减轻企业负担，完善公平竞争、促进企业健康发展的政策和制度。”① 这既是对未来一个时期构建我国经济发展新体制的重要部署，也是推进供给侧结构性改革、提高企业供给能力的重要举措。2016 年以来政府已出台了一系列减税降费措施。从两次降低电价到阶段性降低社保公积金费率，从全面推开“营改增”试点，派发超过 5 000 亿元人民币的减税“红包”，到落实小微企业所得税优惠、为民营企业砍掉不合理收费，取得了一定成效。四川省推进供给侧结构性改革政策措施的 17 条措施中有 6 条瞄准了“降成本”。通过落实“营改增”全面扩围等结构性减税政策、实施资源税从价计征改革、落实行政事业性收费减免、下调社会保险缴费费率、探索“园保贷”融资增信试点、发展产业投资引导基金等举措，为企业减负助力。

供给侧结构性改革多举并重“降成本”，有利于提高企业创新能力。供给侧的质量和效率偏低，既与结构性矛盾有关，也与企业成本过高直接相关，与企业没有能力去改善供给质量与水平、提高供给的效率和效益直接相关。降低企业的要素成本，让企业可以以更低的价格租借资本和土地、雇佣劳动力，对应实际政策中的降低市场利率、降低社保缴费标准等，可以切实改善企业创新回报，帮助企业摆脱当前困境、保持竞争优势；便利的资源和宽松的成长环境，有利于提高创新者的存活率和创新产品的转化率，促进企业创新发展。企业创新发展进一步

① 中央“十三五”规划建议要点摘编［EB/OL］．［2015 - 11 - 03］. http：//cpc. people. com. cn/n/2015/1103/c399243 - 27772773. html.

促进企业配置要素模式更新，使用更少的要素或者更有效的要素组合，使单位产品的平均要素数量下降，或者生产更加多样化的产品而使企业实现范围经济。

三、供给侧结构性改革释放企业创新活力

随着国家创新发展战略的推进，制约创新的部分因素得到了明显改善，但也有一些因素不容乐观。大多数企业家认为“创新人才缺乏”依然是制约创新的最重要因素。① 供给侧结构性改革转变政府人才管理职能，破除体制性壁垒和政策性障碍，推动人才管理简政、放权、松绑，落实和扩大用人单位自主权，健全市场化、社会化的人才管理服务体系，有利于理顺人才管理体制，消除有形无形的“栅栏”，有效发挥人才的积极性，让人才放开手脚创新创造。马天琛曾在英国就读，后通过成都“高新区海外高层次人才创业计划”引进，在成都创办泰聚泰公司，打造的“中国版 Facebook”——面聊，是高校互联网社交平台，用户已过百万。毕业于美国罗切斯特大学、曾获 2004 年美国超声医学学会年度最佳新科学家奖的年轻才俊吴哲在回国调研时发现，在中国约 7 万余家乡镇卫生院级别的卫生机构和 64 万家村一级的卫生机构中，存在一个“痛点”：没有特别适合它们使用，价格、体积、效果兼优的超声影像设备。受此触动，他“转身”回国创业，凭借成都高新区符合预期的产业基础、投融资环境，以及本地高校匹配的人才资源，吴哲将几十斤重的超声设备，浓缩到手机大小、重 300 余克，被认为“满足了那些远未被满足的需求”。就成都航宇超合金技术有限公司来说，其以国家“千人计划”专家王立之博士为核心的技术团队，几乎都有着“成都人才计划”的“血统”，其中一大批长期从事航空发动机叶片相关技术研发的高层次人才，都引进自海外名校。截至 2016 年底，成都市持证工作（半年以上）的外国人才 3 023 人，近 5 年留学回国人员约 1.6 万人，其中国家“千人计划”专家 169 人，省“千人计划”专家 672 人，创办的企业超过 4 000 家，总投资 1 000余亿元。②近年来，四川省不断推动政策机制创新：2014 年出台《关于激励科技人员创新创业专项改革试点的意见》；2015 年以来实施海外引才“百人计

① 中国企业家调查系统：《2015 · 中国企业家成长与发展专题调查报告》。

② 2017 年成都市人才资源状况报告［EB/OL］. http：//mini. eastday. com/bdmip/171214053105115. html#.

划”，成立了80多个“2011协同创新中心”，打造成德绵“协同创新共同体”；2016年7月发布《中共四川省委、四川省人民政府关于深化人才发展体制机制改革促进全面创新改革驱动转型发展的实施意见》，着力构建人才引进支撑体系、人才培养支撑体系、人才激励支撑体系、人才储备支撑体系等，产生了明显的人才聚集效应。

供给侧结构性改革的根本性突破在于塑造公平正义的制度环境，规范地区之间、企业之间的竞争秩序，并强化市场对资源配置的决定性作用。人才发展体制和政策创新，优化科技资源控制权公平配置，营造人人皆可成才和青年人才脱颖而出的社会环境，有利于释放并提高广大劳动人民的主动性与创造性；降低市场准入门槛、解除金融抑制将为各类企业创新提供更多机会、更大舞台，充分释放企业创新活力。供给侧结构性改革突出税基优惠，放松价格管制，减少行政审批，并通过科教体制改革，从人才培养、产业培育等层面构建全方位的创新激励机制，有利于激发企业创新活力，提高市场与企业的信心。

参考文献

[1] 中国企业家论坛．破局：新常态下的企业创新之道［M］．北京：知识产权出版社，2016.

[2] 杨忠．赢得死亡游戏：破解华为的创新之道［M］．北京：机械工业出版社，2016.

[3] 刘昶．突破创新禁区［M］．北京：清华大学出版社，2012.

[4] 潘光辉．企业与政府在自主创新体系中的角色［J］．科学·经济·社会，2007（2）：46－49.

[5] 张杰，宋志刚．供给侧结构性改革中“降成本”的战略内涵与具体途径［J］．经济体制改革，2016（6）：5－11.

[6] 发挥政府在推动创新发展中的作用［EB/OL］．http：//theory. people. com. cn/n1/2016/0104/c49150－28007638. html.

第三章　四川省企业创新创业现状调查

科学技术的发展和提高是一个国家和地区经济发展的根本驱动力。从古代中国的四大发明，发展到近代西方的三次工业革命，每次变革都能促进社会的进步，从而给人类社会带来巨大的影响和变迁。以蒸汽机为标志性发明的第一次工业革命，使机器生产代替了手工劳动；以电气的发明和利用为主要标志的第二次工业革命，推动人类社会走向了电气时代；以新型能源和大型计算机为代表的第三次工业革命，大大地促进了人类社会的发展，同时，也进一步拉大了发展中国家和发达国家之间的距离。从整体上来说，工业革命最主要的助推力量就是科学技术和技术创新。党的十八大报告中强调要坚持走中国特色自主创新道路、实施创新驱动发展战略，明确提出："科技创新是提高社会生产力和综合国力的战略支撑，必须摆在国家发展全局的核心位置。"

众所周知，中国通过40多年的发展，国内生产总值已经上升到世界第二位的水平，同时，我国经济的发展也面临着许多新的挑战，存在大量靠资源、消耗、廉价劳动力、处于产业链下游等问题。一些研究人员把一个国家经济发展和增长的周期划分为模仿—创新—世界知名品牌三个进程。如果按照这样的发展进程，目前，我国经济发展的水平相当于第一个发展阶段，创新性产品很少，世界知名产品更是少之又少。2008年世界金融危机以来，许多发达国家的经济处于缓慢或停滞不前的阶段，这也使得仅依靠进出口贸易为主要增长方式的发展模式不能持续，必须转变经济增长和经济发展模式。我国经济已经进入转型期，许多大型企业一贯运用的投资驱动、靠扩大生产规模、直接出口初级产品的发展方式发生了重大变化。由于我国经济长期采用高投入高耗能低产出的发展方式，劳动力成本、自然资源成本、环境治理成本等都在上升的阶段，旧的发展模式不能适应生产力的发展。面对这样的发展状况，更应该改变原有的经济发展模式，提高经济发展和经济增长的质量，减少对能源、自然资源的依赖。

一个国家竞争力的高低、一个地区经济实力的强弱都取决于创新能力的高低。在经济全球化过程中，因为创新促进众多的区域崛起，这些区域开辟了个性化的发展道路。我国经济的差异性和个性化，得益于各个区域创新能力的不同，这种差异性和个性化在从较大范围的流域经济、省域经济到县域经济乃至更低层次一级区域经济的范围内展开。各省经济的发展壮大，直接影响我国整体经济的发展壮大。而省级经济发展的强力“引擎”和“推进器”来源于省级企业创新。省级企业创新能力也成为区分各省经济发展水平的重要标志。这主要有五个方面的缘由。

第一，省经济增长的永恒动力来源于省级企业创新。以知识为最基本的生产要素的知识经济和以资本为最基本生产要素的工业经济以及以土地为最基本生产要素的农业经济有着明显差异。以稀缺的自然资源为基础发展起来的传统的农业经济和工业经济，受限于收益递减的基本经济规律，其经济发展必然存在极限，更为重要的是假如没有新的替代资源，伴随不可再生资源的减少，必将导致其增长动力枯竭。然而以知识和智力资源为基础壮大起来的知识经济却有显著差异。知识资源能够无尽开发和创造，这就规避了传统经济的种种缺陷，而这得益于知识本身所具有的可再生性与无穷性等特征。知识经济的增长主要依托知识的生产、应用和传播，持续不断的技术与知识就是知识经济的根本依托，这就是知识经济和传统经济依靠大量生产要素的投入推动经济发展的差异所在。所以，创新是知识经济增长的原动力。知识产品的成本在创新驱动下随着产品数量的增加而减少，知识越使用价值越大，产生了收益递增的属性，这就突破了收益递减的传统经济规律。创新主体具有无限创新能力，逻辑上存在着创新主体的创新产品也可以是无限的。以其为基础知识经济的发展空间也就具有无限性。由此我们可以说，省级经济增长的永恒动力就是企业创新。

第二，企业创新增进了省级经济发展的品质。一般而言，省级经济发展的源泉来自要素投入的增加和要素使用效率的提高两个方面。经济增长模式有以主要依靠要素投入的增长来推动的粗放型经济增长方式和主要依靠要素使用效率的提升的集约型经济增长方式两种。在粗放型经济增长方式下，经济增长速度是省级经济发展关注的重点，但忽视质量；与此相反，省级经济发展在集约型经济增长方式下却可以达到速度和质量的协调。而集约型经济增长方式下效率的提高是通过技术创新来完成的。很明显，技术创新能够促使省级经济采用集约型的发展方式，来减少省级经济发展中的物质消耗，进而增强省级经济发展的质量。所以，技术创新是提升省级经济发展质量的有效手段。

第三，企业创新助推省级产业结构的跃升。产业结构升级，主要内容包括改造传统产业、淘汰落后产业和创立新兴产业。客观上，多种因素制约和影响省域产业结构的改变，比如技术创新、国民经济增长水平、市场需求、投资结构、劳动力流向、资源条件、经济政策等。这些因素的相互作用推动了省域产业结构的升级，其中关键的因素是技术创新。管理大师约瑟夫·熊彼特认为，技术创新就是引入一种新的生产函数，进而能够大幅度地增加潜在的产出水平。随着生产社会化程度和技术进步的提升，产业结构作为资源转换器的效能和效益亦得到提升，从而促进省域产业结构升级。产业结构跃升的决定性措施就是技术创新。

第四，创新能够促使省域经济的可持续发展。可持续发展是指在不损害子孙后代满足其需要的能力的前提下满足当代人的需要的发展。技术创新通过有效扩大资源供给、解决环境问题、推动社会文明变革等方面发挥作用推进经济可持续发展。技术创新不但可以产生经济效益，同时也能产生生态效益和社会效益，从而达到社会、生态和经济的全方位协作发展。

第五，创新有助于创新区域内的中小企业得到范围经济。范围经济是指当两个或多个产品生产线联合在一个企业中生产比把它们独立分散在只生产一种产品的不同企业中更节约时，就存在范围经济。省级中小企业获得范围经济的前提就是在这个区域的创新。众多创新型中小企业因为创新而在一定地域范围内聚集成群，通过构建网络连接，产生创新区域。在创新区域内，因集聚而在创新区域内形成的众多的共用要素得到企业的充分利用。一方面，众多创新型中小企业正是由于这些共用要素在创新区域内的广泛存在和充分利用，从而获得内部范围经济，这些企业不但可以为满足个性化和多样化的市场需求生产两种或者多种不相关产品还能节约成本；另一方面，通过创新区域内企业间广泛的合作生产多样化产品，以更加便宜的价格打入市场，这样不但节约成本还能提升竞争力，进而取得外部的范围经济。

对于四川省而言，从省内社会经济发展的实际情况出发，从各个角度加大技术创新的投入是能够增强企业技术创新能力的，更加深入地了解四川省内企业的技术创新的现实状况，及时发现问题并提出切合实际的建议，为企业提供更好的创新环境，从而促进四川省企业的技术创新能力总体水平的提升。

第一节　四川省企业创新创业的基本情况

四川省是我国的人口大省，也是西部经济比较发达的省份，本节首先对四川省企业的创新创业现状做一个比较深入的分析和说明。评判结果可信、准确的前提是原始资料真实和客观，保证研究分析评价顺利进行的重要条件是科学的调查方法。为了保证分析的准确性和真实性，本节中有关数据主要来源于四川省统计局《四川省统计年鉴》。为了更好地评价四川省企业的创新创业能力和发展情况，本节将从资金运作能力、创新资源的投入能力、创新环境的保障能力与企业创新成果的产出能力等主要方面来分析四川省企业的创新创业现状。

一、资金运作能力

一个企业要想更好地生存和发展，必须有足够的资金作为支撑，同样，企业的创新活动也需要有足够的资金作为物质基础。有了创新活动所需要的资金之后，企业应该把得到的有限资金合理运用，从而提高资金运用的效率，使企业更好地进行创新活动。

从表 3 -1 可以看出，四川省各类企业的资金运作能力正在逐年上升，同时还可以看出，多项指标的增长速度都比较快，所有这些条件都为企业开展创新活动提供了资金保障和资金支持。2005 年四川省各类大中小型企业数量是 11 427 家，到 2010 年四川省各类大中小型企业的数量增加到 13 706 家，再到 2016 年四川省各类大中小企业的数量增加到 13 819 家。与此同时，四川省各类企业的总产值从 2005 年的 19 864. 74 亿元增加到 2016 年的 42 330. 3 亿元。四川省各类企业的主营业务收入从 2005 年的 21 098. 69 亿元增加到 2016 年的 41 529. 25 亿元。更进一步说，四川省各类企业的总利润从 2005 年的 1 387. 07 亿元增加到了 2016 年的 2 339. 82 亿元。

通过表 3 -1 的数据可以得出结论，四川省各类大中小型企业正在稳步发展，资金运作能力在稳步加强，这为企业奠定了开展自主创新活动的良好基础。

表3-1 四川省各类企业的资金运作能力状况

年份	企业单位数（家）	总产值（亿元）	资产总计（亿元）	主营业务收入（亿元）	利润总额（亿元）
2005	11 427	19 864.74	20 764.64	21 098.69	1 387.07
2006	13 706	23 147.38	22 564.76	23 062.82	1 661.85
2007	10 709	11 047.04	11 690.21	10 611.52	700.05
2008	13 725	14 761.86	15 589.47	14 286.43	844.56
2009	13 267	18 107.65	17 986.99	17 486.41	1 123.48
2010	13 706	23 147.38	22 564.76	23 062.82	1 661.85
2011	12 085	30 485.09	26 113.61	29 887.91	2 197.84
2012	12 719	31 033.22	30 362.89	31 427.16	2 333.76
2013	12 998	35 328.55	36 239.56	35 686.14	2 328.99
2014	13 267	38 358.62	38 359.92	38 063.87	2 237
2015	13 525	40 616.41	40 401.38	38 645.91	2 171.26
2016	13 819	42 330.3	41 514.58	41 529.25	2 339.82

资料来源：四川省统计局《四川省统计年鉴》。

二、创新资源的投入能力

从一个企业正常的生存和发展的角度来看，如果期望良好的产出，那就必须有必要的、良好的创新能力；如果期望增强企业的创新能力，就需要在物力、财力、人力方面加大进行创新活动的投入力度。

从表3-2和图3-1可以看出，近年来四川省各类大中小型企业创新费用稳步增长，研究和开发研发经费的投入强度有所增强。2009年四川省的地区研究和开发经费投入为2 144 590万元，企业研究和开发经费投入为1 037 607万元，研究和开发占地区生产总值比例为1.52。到2016年四川省的地区研究和开发经费投入增加到5 614 193万元，企业研究和开发经费投入增加到2 930 224万元，研究和开发占地区生产总值比例增加到1.72。这些数据都表明，近年来四川省的研究和开发经费的投入为企业提高创新能力提供了必不可少的物质保障。同时，值得注意的是，从研究和开发投入强度这一指标上来看，这是目前国际上通用的衡量企业研发投入强度的核心指标（即研究和开发经费支出占主营业务收入的比重），2009 年四川省各类大中小型企业的研究和开发经费投入占主营业务收入的比重为 1.2%，而同样的计算方法，到了 2014 年四川省各类大中小型企业的研究和开发经费投入占主营业务收入的比重增加到了 1.8%。但是用国际通行观点来看（研究和开发经费占主营业务收入的比重低于 1% 的企业将难以生存，研究和开发经费占主营业务收入的比重低于 2% 的企业仅仅能勉强维持现状，但是想要在市场上具有更强的竞争能力必须将研究和开发经费占主营业务收入的比重提高到 5% 以上），截至 2014 年底，四川省研究和开发经费占主营业务收入的比重仅为 1.2%，从这个数据可以看出，四川省研究和开发经费的投入严重不足，这就成为四川省各类大中小型企业进一步增强竞争力的重要影响因素。虽然，20 世纪 90 年代以来四川省的企业创新研发投入一直保持着较高的增长速度，但是，从世界的角度看，四川省企业创新研发所需要的研究和开发经费投入强度依然处于落后范围，同创新型国家的标准相比，还存在很大差距。

从行业分布来看，研究和开发经费投入分布不均衡，主要集聚在中高技术产业。包括通信设备计算机及其他电子设备制造业、黑色金属冶炼及压延加工业、化学原料及化学制品制造业、电气机械及器材制造业和饮料制造业等行业，相比而言，其他行业研究和开发经费的投入严重不足，这些都成了制约四川省企业进一步增强创新能力的因素。

通过对表 3－2 的数据和图 3－1 的变化趋势进行分析可以得出这样的结论，在创新资源的投入能力方面，四川省各类大中小型企业的研究和开发经费投入强度在不断增强，投入力度也在不断加大。但是，研究和开发经费的投入结构并不合理，尤其是研究和开发经费投入的行业分布不均衡，这些都需要花费很长的时间进行改善。同时，还需要持续不断增加研究和开发经费投入的强度，这才能使四川省各类大中小型企业具有更强的市场竞争力。

表 3－2　四川省各类大中小型企业创新资源的投入状况

年份	研究和开发人员（人）	地区研究和开发经费投入（万元）	企业研究和开发经费投入（万元）	研究和开发占地区生产总值比重（%）
2009	85 921	2 144 590	1 037 607	1.52
2010	83 506	2 706 452	1 136 088	1.57
2011	82 485	2 941 010	1 354 653	1.40
2012	98 010	3 508 589	1 673 956	1.47

续表

时间	研究和开发人员（人）	地区研究和开发经费投入（万元）	企业研究和开发经费投入（万元）	研究和开发占地区生产总值比重（%）
2013	109 708	3 999 702	2 001 899	1.52
2014	119 676	4 493 285	2 217 779	1.57
2015	116 842	5 028 761	2 439 994	1.67
2016	124 614	5 614 193	2 930 224	1.72

资料来源：四川省统计局《四川省统计年鉴》。

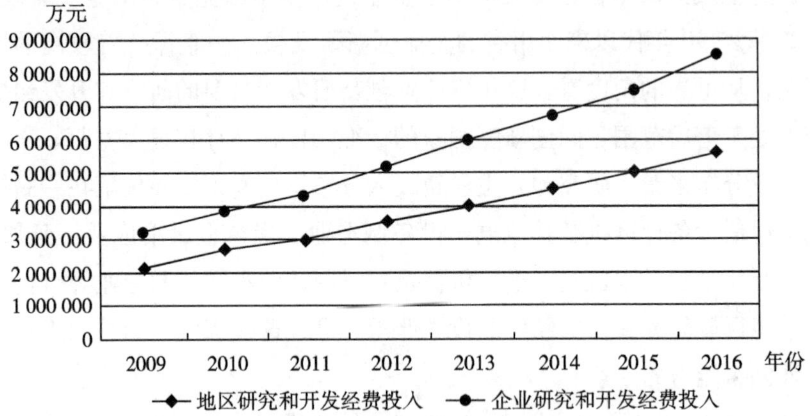

图3-1 四川省各类大中小型企业创新资源的投入状况

三、创新环境的保障能力

从1996年开始，四川省陆续颁布了《四川省技术创新工程实施方案》《中共四川省委、四川省人民政府关于加强技术创新，发展高科技，实现产业化的实施意见》《四川省企业自主创新条例》。2015年5月初，四川省政府又出台了《关于全面推进大众创业、万众创新的意见》等一系列指导性文件和法律、法规、政策。这些政策的相继颁布，能够有效地确立企业创新投入的主体地位，有效加快企业自主创新的步伐，积极引导企业不断地增加研发投入，进一步确保企业创新成果的产出，从而提高各类大中小型企业的创新能力，在激烈的市场竞争环境中立于不败之地。

从表3－3中可以看出，从2010年到2016年的7年时间里，四川省的专利申请量和专利授权量都逐年增加。更重要的是，在专利申请量和专利授权量中，工矿企业所占的比重最大，这也说明，企业在创新发明方面有更多的优势。并且从近年可以看出，四川省的工业企业家中有10.4%拥有大学专科及以上学历，由于整体素质逐渐提高，企业家们也更加深刻、全面地了解了企业的自主创新，也更加深切地认识到自主创新对企业的重要性。企业家们越来越体会到要在市场竞争中占有一席之地就必须创新。这种对创新的正确认识强化了企业家们的创新意识，并且身体力行在实际工作中推行，从而活跃了各类大中小型企业的创新活动，创新活动在企业中得到广泛而深入地开展。

表3－3 四川省各类大中小型企业专利申请量及授权量

单位：件

年份	全省专利申请量			全省专利授权量		
	科研单位	工矿企业	机关团体	科研单位	工矿企业	机关团体
2010	817	16 105	218	581	11 612	133
2011	1 768	26 130	647	710	15 523	221
2012	1 795	37 742	893	1 408	24 183	459
2013	1 997	51 429	889	1 093	28 334	506
2014	2 436	58 770	704	1 173	34 153	610
2015	3 565	71 181	1 410	1 469	45 042	999
2016	4 052	91 647	2 022	1 854	41 064	1 133

现在，四川省各类大中小型企业携手与国家科研机构开展创新活动，一部分企业脱颖而出成为产学研的“领头羊”，四川省的攀钢集团公司就是其中的一例。该集团联合清华大学和四川大学等多所高等院校以及科研院所进行合作科技攻关，并且成立的攀钢集团研究院有限公司是攀钢集团的核心研发机构，是中国最具影响力的以钒钛为主的国家级综合性研究开发机构。现有员工572人，其中科技人员400余人，包括外聘院士、知名教授，国务院特殊津贴专家等50余人；博士、硕士研究生209人；高级技术职称人员197人。研究院具有以国家级技术中心、钒钛资源综合利用国家重点实验室为核心的技术研发平台；拥有以国家钒钛质检中心、CNAS、CMA为代表的分析检测平台；拥有以钒钛磁铁矿资源综合

利用产业技术创新战略联盟、四川省院士工作站、博士后工作站为代表的智力共享平台。获得国家、省（部、行业协会）、市等各级科技进步奖1 000余项，其中国家级成果25项、省部级成果261项。获得专利权900余项，其中发明专利600余项、国际专利56项。① 四川省的长虹集团公司携手电子科大学、西安交通大学共同构建了长期战略合作伙伴关系，由长虹集团公司出资金创建了多个联合实验室，与此同时还分别在成都、上海、北京、深圳组建了研发分部。绵阳新晨动力机械公司与西华大学全面合作、华神集团与成都中医药大学共建技术中心等。

四川省企业的产学研合作具有两个特征：一是从合作对象看，四川省企业与多个不同的院校开展长期的合作；二是从合作的空间范围看，四川省企业合作的高校与科研院所不囿于省内。目前，四川省133家省级以上企业技术中心基本上都设置创建了产学研合作关系，12家国家级技术中心组建了50家产学研合作关系，完成了产学研合作项目72项。通过产学研合作，有力地加快了高校和科研院所向企业的技术转移，大大提升了企业的自主创新能力和核心竞争力。

通过以上的分析和说明，四川省的各类大中小型企业应该进一步加强与各类高等院校和科研院所的深入合作。从而能够快速、高效地把科研成果转化为实际的生产力，增强企业的创新能力和竞争能力，最终能够有效地提高企业的经济效益。

四、企业创新成果的产出能力

2010年四川省各类大中小型企业的专利申请数40 230件，其中发明专利申请数8 342件，专利授权量为32 212件，发明专利授权量为2 204件。2014年，各类大中小型企业的专利申请数为91 167件，其中发明专利申请数29 926件，专利授权量为47 120件，其中发明专利授权量为5 682件。2010—2014年，这几项指标的增长率分别为126. 61%、258. 73%、46. 28%、157. 80%。这些数据说明，在创新过程中四川省各类大中小型企业尤其重视汲取国内外先进的技术成果，与此同时重视消化和吸收引进技术，从而大大加速了企业推行创新进程的步伐。四川省各类大中小型企业创新成果的产出能力状况如表3－4所示。

① 攀钢集团研究院有限公司简介［EB/OL］. http：//www. panyan. cn/gsgk. aspx.

表 3－4　四川省各类大中小型企业创新成果的产出能力状况

单位：件

年份	专利申请数	发明专利申请数	专利授权量	发明专利授权量
2010	40 230	8 342	32 212	2 204
2011	49 734	11 808	28 446	3 270
2012	66 312	16 368	42 220	4 455
2013	82 453	23 510	46 171	4 566
2014	91 167	29 926	47 120	5 682
2015	110 746	40 437	64 953	9 105
2016	142 522	54 277	62 445	10 350

除此之外，四川省各类大中小型企业的新产品的产值、新产品的销售收入等指标都有提高，但同时也应该看到企业的发展仍参差不齐。截至 2014 年，四川省各类大中小型企业对创新重要性的认识都有大幅度的提高和改善。各种类型的企业都通过加强创新投入力度并且引进更先进的技术，促进企业产品的换代升级，促进经济的发展，也提高了企业的竞争力。同时，也应该看到，只有专用设备制造业、交通运输设备制造业、通用设备制造业、计算机、其他电子设备制造业、橡胶制品业和通信设备行业的新产品产值占工业总产值的比重超过 1/3。具体表现为新产品产值和新产品销售收入的分布在各行各业中存在着严重的不均衡现象。

在四川省各种类型的企业中，主要是依靠大型企业或者高科技产业从事创新活动，从事创新活动的小型企业数量非常少。因此，应该进一步加强对小型企业的支持力度，加大资金投入力度，鼓励中小型企业从事创新活动。

五、企业创新资金来源

任何一个企业要想更好地生存和发展，必须有足够的资金作为支持和保障。四川省各类大中小型企业从事创新活动所需要的资金来源主要包括政府资金的投入、企业资金的投入、境外资金的投入和其他资金的投入四种不同的来源。企业创新所需要的资金来源如表 3－5 所示。

从表 3－5 和图 3－2 可以看出，四川省各类大中小型企业从事创新活动所需的资金主要来源于政府的资金支持和企业自身的资金支持，相比而言，境外资金和其他资金的比重相对较小。更进一步说，企业自身所投入的用于创新活动的资金增长速度非常快。同时，2012 年其增长的速度已经超过了政府所投入资金的增长速度。

另外，可以看出，虽然近年来，境外资金的投入量有了大幅度增长，但是，四川省各类企业从事创新活动所需要的资金来源中，境外资金所占的比重非常小。这也在一定程度上说明了企业在从事创新活动中，吸引外资的能力存在缺陷。因此，在今后的创新活动中，企业应该加大宣传力度，进一步吸引外资投入企业的创新活动中去。同时，企业应该优化创新资金的投入渠道，构建多元化的投资和融资渠道，从而能够从多个方面解决企业创新活动中投资不足的问题。

表 3－5　四川省各类大中小型企业从事创新活动所需的资金来源构成状况

单位：万元

年份	政府资金	企业资金	境外资金	其他资金
2009	1 044 100	1 037 607	3 533	59 349
2010	1 512 529	1 136 088	5 958	51 878
2011	1 501 274	1 354 653	9 175	75 902
2012	1 711 959	1 673 956	10 908	111 765
2013	1 527 764	2 001 899	12 320	457 719
2014	1 932 330	2 217 779	13 838	329 338
2015	2 302 223	2 439 994	12 915	273 629
2016	2 404 210	2 930 224	10 611	269 147

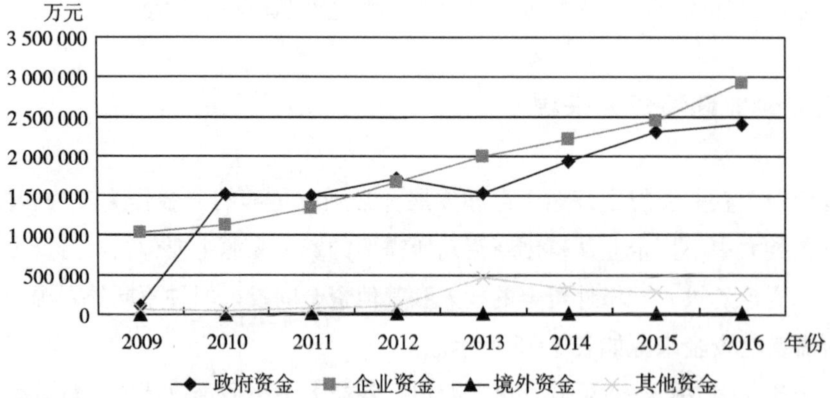

图 3－2　四川省各类大中小型企业从事创新活动所需的资金来源变化情况

通过以上有关统计数据的分析可以看出，目前，四川省企业创新的现状总体上可以从以下几个方面进行概括和说明：一是四川省各类大中小型企业发展速度稳健，资金运作能力在加强，为企业开展自主创新活动打下了坚实的基础。四川省企业资源运作能力进一步增强，同时各方面发展良好。二是四川省各类大中小型企业的研究与开发经费投入力度在持续增加，投入强度也在持续加大。但是，相比之下，研究与开发经费的投入结构不合理，尤其需要指出的是研究与开发经费投入的行业分布不均，这些都需要花很长的时间慢慢地进行改善。三是四川省的各类大中小型企业应该进一步强化与各类科研院所和高等院校的深度融合合作。四是在四川省各种类型的企业中，主要是依靠大型企业或者是高科技产业开展创新活动。开展创新活动的中小型企业数量非常少。因此，应该进一步增进对中小型企业的支持力度，提供更多的资金支持，鼓励引导中小型企业开展创新活动。五是四川省各类企业从事创新活动所需的资金主要来源于政府的资金支持和企业自身的资金支持，境外资金和其他资金的比重相对较小。更进一步说，企业自身所投入的用于创新活动的资金增长速度非常快。同时，2012 年其增长的速度已经超过了政府所投入资金的增长速度。

第二节　四川省企业创新的特征

四川省各种类型企业的创新能力在不断增强，创新活动所需要的资金运作能力也越来越强，企业从事创新活动所需的资金基本可以得到保障。本节主要是从四川省当前企业创新活动的现状出发，总结和探讨企业创新活动所表现出的几个方面的主要特征。

一、从资金的运作能力方面看

四川省企业的各种创新活动都需要有足够的资金作为基础和支撑。企业得到足够的资金之后应该更好地加以利用。企业应该提高资金的使用效率以便能够更好地从事创新活动。根据上节的数据可以看出，四川省各类企业的资金运作能力正在逐年上升。四川省企业的数量在逐渐增加，总产值在不断增长，企业的主营业务收入也在逐年增加。这也说明企业从事创新活动的能力在不断增强，企业通过创新活动所带来的经济效益不断增加。

目前，四川省重工业对总产值的贡献率比轻工业对总产值的贡献率多1倍以上。同时，大中型企业对总产值的贡献率比小型企业对总产值的贡献率多1倍以上。更进一步说，有限责任公司和股份有限公司等企业类型对总产值的贡献率比国有企业和集体企业对总产值的贡献率多1倍。

在资金运作能力上，四川省不同类型的企业对资金的利用率和对资金的使用效率不同。许多小型企业不能很好地利用所获得的资金，资金的运作效率低下，企业开展创新活动所需要的物质和资金得不到很好的提供和保障。相反，许多大中型企业对总产值的贡献率都很高，能够为企业从事创新活动提供更好的物质基础。

二、从企业创新资源的投入能力方面看

近年来，无论是人力资源、物质资源还是无形资源，四川省各类企业都加大了对创新资源的投入。结合有关数据可以看出，近年来四川省各类企业用于创新活动的经费投入量都在逐年增加。但是，从创新所需的经费投入强度来看，四川省各类企业从事创新活动的经费投入占主营业务收入的比重远远低于国际平均水平。2014年底，四川省研究和开发经费占主营业务收入的比重仅为1.2%，这严重影响了企业从事创新活动，不能为企业从事创新活动提供物质保障。

从企业创新活动所属的行业看，研究经费投入的分布严重不均衡，高新技术产业的研究经费投入量非常大。研究经费投入量大的行业主要包括通信设备计算机、电气机械及器材制造以及化学制品制造业等。其他的行业如煤炭行业、食品行业以及轻工业制造等的研究经费投入量明显不足，这都成为制约各类企业提高创新能力的关键性原因。

从研究与开发经费的实施部门分组情况可以看出，企业的研究经费投入量明显偏高。相比之下，科研机构和高等院校研究经费的投入量相对较低。这也说明，四川省各类企业更加重视创新活动，许多企业都在增加研究经费的投入量，为企业从事创新活动提供物质基础。更进一步说，企业应该更加注重科研院所和高等院校的合作，增加研究经费的投入量，从而能够进一步促进企业更好地从事创新活动。

三、从企业创新环境的保障能力方面看

近年来，四川省政府颁布了很多指导性的文件和法律法规政策。这样一来，能够有效地促进各类企业加大从事创新活动的投入，政府主要是为企业更好地进行创新活动提供一个良好的外部环境。通过政府制定的各项法律法规和政策规定能够有效规范企业的行为，从而能够更好地净化市场的竞争环境。

从政府颁布的有关政策可以看出，四川省政府重点支持高新技术产业和大型企业从事创新活动。呈现出这种特点的原因，一方面，由于高新技术产业具有很好的先天性优势，自身有雄厚的资金和技术作为保障；另一方面，政府通过政策上的大力支持有助于这些行业迅速发展，增强整个行业的竞争能力，从而能够有效带动中小型企业从事创新活动。

从技术环境的保障能力方面看，四川省的专利申请量和专利授权量都在逐年增加。同时，工矿企业在专利申请量和授权量总量中所占的比重最大。工矿企业从事科技创新活动具有更多的优势。各类企业中职工的受教育程度越来越高，所占的比重也越来越大。同时，在小型企业中职工的平均受教育程度相对较低，受过高等教育职工的比重相对较低。

从科技环境的保障能力方面看，近年来，四川省许多高科技企业和一些国家级的科研单位和高等院校都逐步建立了深入的合作关系。这些企业和科研机构之间建立了产学研一体化的模式。当前，四川省企业和科研单位之间的合作关系呈现出两个方面的特色：一是许多企业和不同的院校进行合作，随着时间的推移，这种合作关系不断深入，逐步建立了长期性的战略合作伙伴关系；二是许多的大型企业和省外甚至全球的知名大学和科研单位展开了更加广泛和深入的合作。通过不同形式的合作，许多科研成果能够转化成实际的生产力，从而有效提高企业的生产能力、生产效率和企业的竞争能力。

四、从企业创新成果的产出能力方面看

近 5 年来，四川省企业的专利申请数、发明专利申请数、专利授权量、发明专利授权量等方面的指标都有明显的提高和改善。同时也应该注意到，四川省的企业在从事创新活动中也更加注重推陈出新、批判继承，不断吸收国内外企业从

事创新活动中的优点和特长，提高自身创新的效率。

四川省的企业发展存在着巨大的不平衡。许多重工企业和大型的机械制造业的新产品的产值非常高。相对而言，许多轻工业行业、副食品加工制造业、新兴的服务类行业新产品的产值相对较低。这也体现出新产品的收入存在着地区分布不平衡的问题。

更进一步说，四川省的企业在创新活动中，主要依赖于大型企业，从事创新活动的中小型企业数量非常少。因此，应该进一步加大中小型企业的支持力度，为中小型企业从事创新活动提供资金和政策等各方面的保障。

五、从企业创新活动所需要的资金来源方面看

目前，四川省企业从事创新活动所需要的资金主要来源于政府的资金投入、企业自身所拥有的资金投入、外商企业的资金投入和其他资金的投入。在以上四种资金投入的方式中，政府资金的投入比重从2009年至2014年分别占资金投入总额的48.68%、55.89%、51.05%、48.79%、38.19%和43%。同时，企业资金的投入比重从2009年至2014年分别占资金投入总额的48.38%、41.98%、46.06%、47.71%、50.05%和49.36%。除此之外，其他两种资金投入方式之和每年所占的比例在50%左右。这充分说明，四川省企业在从事创新活动过程中所需要的资金主要来源于政府资金投入和企业自身的资金投入。

同时，从《四川省统计年鉴》中还可以查阅到，从2009年至2016年，四川省每年研究与开发经费的支出占四川省地区生产总值的比重分别为1.52%、1.57%、1.40%、1.47%、1.52%、1.57%、1.67%和1.72%。从以上数据可以看出，四川省在研究与开发经费的投入中处于稳定状态，每年投入资金的变动幅度不大。同时，每年四川省对于研究与开发经费的投入都没有超过2%。

第三节　四川省企业创新的制约因素

近年来，四川省的企业创新创业能力得到了明显的提高和改善，截至2014年底，四川省各类企业的主营业务收入总额达到38 063.87亿元，比2013年增

加6.67%，比2007年增加8.6倍之多。这也充分体现了四川省各类型企业获得了迅速发展，从而能够实现经济效益的健康发展。同时，也应该看到四川省各类企业在创新创业道路上还有很长的路要走。总体来说，四川省各类企业在创新创业中面临着创新人才短缺、创新资金来源单一、创新环境不完善、创新内在动力不足、资源错配以及科技成果难以转化等突出问题。

一、企业创新人才短缺

绝大多数企业都认为“创新人才缺乏”是制约创新工作的最重要因素。《四川省统计年鉴》中有关数据显示，2014年四川省各类企业中的就业人员4 833万人，其中在自然科学技术领域中从业的人员有14 014人，在社会、人文科学技术领域中从业的人员有1 101人，在科技情报和文献机构中从业的人员只有720人。这些统计数据显示，四川省从事科研工作人员的数量非常有限，这也使企业创新型人才的数量非常缺乏。许多中小型企业中受过高等教育的员工非常少。相比较而言，在一些高科技企业中员工的受教育程度比较高。因此，中小型企业应该更加注重高科技人才的引进。从地理区位上看，许多大学的主校区都位于成都市区，这使高素质和科研型人才大都分布在成都市区内，其他地区的高校数量不多，高素质人才的数量相对较少。高等院校是培养创新型人才最重要的地方。由于四川省高等院校分布的地理区位不均衡，导致创新型人才的分布不均衡。这种地理结构的分布不均会导致一些偏远地区的企业很难引进高素质和创新能力强的人才，最终企业的创新能力不强，使企业在市场竞争中处于不利地位。

另外需要注意的是，四川省许多经济欠发达地区的政策和法律法规制度不健全，政策落实不到位，导致了这些地区吸引高层次人才进行创新活动的动力不足，最终导致企业无法获得长足发展所需要的高素质人才。

通过以上分析，在以后的地区经济发展过程中，应该进一步加大对高素质人才引进的支持力度。合理配置人才资源，进一步改善高层次人才地区分布不均衡的问题。同时，中小型企业应该更加注重提高员工的素质，注重自身创新能力的提高。

二、企业创新资金来源单一

目前，四川省企业从事创新活动的资金来源仍然比较单一，大多数企业从事创新活动所需要的资金来源仍然以自有资金为主，其他资金来源主要是从政府得到的资金资助和从境外得到的资金投入，相对而言，通过资本市场获得从事创新活动所需资金的渠道仍然不顺畅。

通过对现有数据具体分析可以看出：一是四川省内的企业利用自有资金从事创新活动所占的比重从 2009 年的 48.38% 上升到了 2016 年的 52.19%，这些数据可以说明四川省内的企业依靠自有资金从事创新活动的比重有了很大的提高。二是四川省内的企业利用外商投资从事创新活动所占的比重从 2009 年的 0.16% 提高到 2016 年的 0.19%，出现这种情况说明企业从境外获得投资的资金并不多，而且获取资金的难度越来越大。从这可以看出，从境外获得的投资对企业从事创新活动的贡献度在下降。三是利用政府资金支持从事创新活动的企业从 2009 年的 48.69% 下降到 2016 年的 42.82%，这表明政府资金在支持企业从事创新活动方面的作用有所减弱。

从不同地区看，四川省中部和西部地区的企业利用政府资金从事创新活动的比重一般要高于四川省东部地区的企业；相对而言，四川省东部地区的企业利用自有资金从事创新活动的比重一般要高于四川省中部和西部地区的企业。从不同企业的规模来看，大型企业在获得政府资金、境外资金等资金从事创新活动的难度要远远小于中小型企业。相反，一般小型企业从事创新活动的风险要比大型企业从事创新活动的风险小。一般大型企业利用自有资金从事创新活动的能力要比中小型企业强。

从创新的模式上看，目前，四川省内的大部分企业都是以渐进式创新模式为主，从事突破式创新模式的企业所占的比重非常少。企业所运用的良好的创新战略能够保障企业进行充分的投入和取得良好的创新成果，企业运用不同的创新战略会给企业带来不同的经济效益和不同的绩效。目前，四川省大部分企业都采用渐进式的创新战略，很少有企业采用突破式的创新战略。一些高科技企业会选择突破式创新战略，主要从事一些高科技产品的研发。相对而言，一些中小型企业大都会选择渐进式创新战略。另外也有一些企业创新战略的选择不是非常明确。总体来说，四川省的企业以渐进式创新战略为主，只有少数企业以突破式创新战略为主。

三、企业创新环境不完善

一个企业的创新活动不仅需要优秀的创新型人才和足够的资金投入，也需要良好的创新环境。目前，整个社会都普遍存在着为了追求眼前利益而放弃长远利益，热衷于搞形象工程的现象。由于许多的法律法规制度不完善，如反不正当竞争法、行业监管制度、知识产权保护法等，执法体系也存在着严重的不健全。导致市场上经常出现侵犯知识产权、核心技术泄密、生产并出售假冒伪劣产品的行为。尤其是导致很多高科技行业为了更好地从事创新活动投入了更多的人力、财力和物力，最后由于不公平竞争或者是其他因素导致企业创新活动的失败，白白浪费了大量的资金。

同时，由于恶性竞争的存在，许多高科技行业的顶尖人才被挖走，导致企业核心技术流失。由于高端人才的流失，这些高科技企业在残酷的市场竞争环境中处于不利地位。另外，由于环境保护法律制度、自然资源保护法律制度等法律和法规制度不完善，许多企业趁机“钻法律的空子”，存在浪费资源和破坏自然环境的行为，这也导致企业需要投入更多的资金去治理环境，以便能够更好地维护企业的良好形象。

除了制度环境不健全外，政府的政策环境也存在问题。一方面，政府财政对企业创新的投入力度有了较大程度的提高和改善。但是，能分配到支持企业从事创新活动的经费投入仍然非常少，政府政策支持的力度有限，这使得对企业创新活动的投入引导性作用不大。另一方面，政府对市场的监管力度不够导致存在恶性竞争，企业浪费了大量的资金。

四、企业创新内在动力不足

企业的创新活动是一种投入极高、周期非常长、风险极高、在短时间内一般很难看到效果的一种经济活动。一般情况下，企业的创新活动应当具有相当强烈的内生驱动力。只有企业有了强烈的内生动力驱动，企业才会投入更多的人力、物力、财力开展创新活动。通常情况下，企业的外在动力和内在动力相互共同作用引致其从事创新活动。外在动力是企业开展创新活动的辅助动力，而内在动力才是企业从事创新活动的最主要动力。一般情况下，外在动力是通过内在动力发挥作用，内在动力在企业从事创新活动中占据主要地位、起主要作用。一方面，如果缺乏内在动力引导，外在动力不仅不可能对企业的创新活动形成积极助推作用，反而会伴随着企业外在动力的持续增加，导致企业的创新能力被挤掉或者是被挤垮；另一方面，外在动力必须在内在动力的作用下才能发挥实质性的作用。所以，与其说四川省企业缺乏创新能力，还不如说是四川省企业创新内在动力缺乏，这就是四川省企业缺乏创新能力的实质原因，也就是说，企业从事创新活动原动力不足。

（一）从原生性内在动力来看

原生性内在动力是企业从事创新活动内在动力的一个维度，是企业开展创新活动所发生的驱动力，这种驱动力是企业为了生存发展需求和利益分配需要二者互相影响而产生的。一般情况下，企业的利益分配是由企业资产的所有权和由其派生的地位所决定的。这种利益分配制度和投入技术创新的努力及所创造的绩效之间相差非常大，最终会导致企业从事创新活动的内在动力严重缺失。

1. 企业内在的利益分配机制和企业自身所拥有的创新动力机制背道而驰，严重影响企业从事创新活动的内在动力

从一个企业主体来看，企业内部各个不同部门之间在创新活动中具有不同的职能，各自都发挥着不同的作用。高层管理者是企业从事创新活动所需资金和信息等资源最重要的投入者。从企业内部分工来看，企业的低层员工主要开展企业创新活动的实际操作工作，企业中层经营管理者是企业开展创新活动的执行者和管理者；而企业高层管理者的主要任务是制订企业的发展战略和经营决策。由此，企业内部每个部门对企业的创新活动所起的作用产生了企业创新的动力机制，一个企业所从事的创新活动是企业内部各个不同职能部门之间共同作用的结果，他们为企业最终创新的成功都贡献了自己应有的力量。那么，企业内部各个部门期望能够从创新活动成功后的利益中得到属于自己应有的一部分，这样的要求也是合情合理的，这样一来，企业内部不同的部门就会分享企业创新活动所带来的经济利益和经济效益。从另一个角度来说，企业现有的利益分配机制是：企业高层管理者拥有对企业资产的管理支配权。因此，高层管理者在利益分配体系中有绝对的优势地位，企业的高层管理者能够得到最大化的经济利益；企业的经

营管理者以代理人的身份在利益分配体系中处于相对有利的地位，得到了一个相对比较满意的利益；企业的普通员工是企业的雇员，在利益分配体系中处于最薄弱的地位，仅仅是得到了工资和比较少的福利待遇等一些最基本的薪酬。企业的这种利益分配机制不仅是在事实上不公平，而且和企业从事创新活动的动力机制的内在要求相违背。因此，这种利益分配机制也大大减弱了企业团队协作的精神，这也使员工失去了工作激情，这种利益分配机制最终会抑制企业创新内在动力的发挥。

2. 企业内部创新活动的激励机制不完善，抑制了企业各个部门从事创新活动的积极性和创造性

一方面，企业所进行的物质激励是根据不同部门主体对企业的贡献度所确定的。一个企业的高层管理者对企业的效用目标是资本保值增值，一个企业的经营管理者对企业的效用目标是提高管理企业的技能和提高企业的经营绩效，企业的普通员工对企业的效用目标是努力工作从而提高劳动效率。这种以效用目标为导向的物质激励仅仅是表现出了物质资本和工作特性的差异，并且从实质上来说，这种差别是劳动市场上的一种歧视，是社会上某些群体对另一类群体的社会偏见。因此，这种效用目标导向不会产生非常好的激励效果。另一方面，企业主要采用的是精神激励的方法，其手段主要是奖惩、物质诱导、责任感、使命感、职位晋升。从一定程度上来说，这些激励手段是企业从事创新活动所必需的，也会带来一定的激励作用，但是这些激励手段主要是关注企业不同部门主体过去的工作努力程度和已有的人力素质，对潜在的人力素质与绝大多数员工的工作努力程度并没有得到认可和回报，特别是对每个人存在的不足和问题没有给出说明。因此，这种奖励措施不会激发人的创新精神，更谈不上从深层次挖掘部门主体的创新动力。

（二）从再生性内在动力来看

再生性内在动力是企业从事创新活动内在动力的又一个维度，企业的这种再生性内在动力是由企业的创新精神所形成的进行创新活动的力量源泉。一个企业的高层管理者和普通员工的创新精神是从事创新活动不断追求和探索的精神。因此，创新精神使企业对创新活动产生非常高的一致性和持久性，结果使企业保持了持续的创新能力和动力，改变了企业在从事创新活动中后期动力不足的问题。目前，就四川省各类企业的创新活动现状而言，企业缺乏创新精神，直接导致企

业再生性内在动力的不足。主要表现为以下几个方面：一是各类企业内部到处弥漫着浮躁的风气，这会使企业失去从事创新活动的持久性的动力。很多企业的高层管理者一味地追求发展的高速度、盲目地进行企业投资扩建、追求急功近利、做事情急于求成，这样一来导致许多企业从事低水平的重复性生产劳动，不愿意从事新技术和新产品的研发活动。许多企业宁愿生产同质量的产品，也不愿意投入资金去研发新产品或者是提供个性化服务；宁愿引进一些雷同的技术模仿，也不愿意去深入学习先进的技术。二是有些企业高层管理者盲目进行多元化的经营和管理使自身失去了竞争的优势，这样企业从事创新活动更是无稽之谈。有些企业认为引进先进技术的成本非常小，就不愿意去开发新的技术，长此以往，整个企业就失去了从事创新活动的欲望和动力。三是一些企业现有的高层管理者任用制度使许多管理者为了获取当前利益而放弃长远利益。结果，企业出现了在有限的生命周期内主要靠引进外来技术，以保障企业能够创造出短期良好的业绩，很多企业内部决策者的主张和观点是：与其把资金、人力等稀缺资源投入带有很大不确定性的创新活动中，不如集中投入引进和规模扩张，从而能够在自己任职期间获得更好的业绩，得到更丰厚的薪酬，这样一来企业就失去了从事创新活动的动力。

五、企业资源错配、科技成果难以转化

从以上分析可以看出，目前四川省内的企业从事创新活动的内在性动力不足导致企业没有持久的创新能力。由于利益分配机制不合理导致企业资源配置不当。高层管理者会凭借对企业资产的所有权获得很多的经济利益，相对而言，企业的职工只能凭借付出的劳动获得很少的一部分工资和薪酬。这样，企业的人力、物力、财力等从事创新活动所必需的资源配置不当。所有这些影响因素使企业创新能力低下，企业也会失去持久的发展动力。

近年来，四川省各类企业内部从事研究和开发的人员和经费投入量都有显著的提高和改善。相比之下，新产品的销售收入增长率相对较低，这也说明每年有很多的科研成果不能有效地转化成生产力，从而有效地给企业带来经济效益。一是企业内部科技成果的转化是一个复杂的流程，转化过程中会涉及很多部门，从产品的研发部门到生产部门再到销售部门，每个部门之间必须相互协调才能保证科技成果顺利地完成转化。二是科技成果从研发到最后转化成实际

的产品需要经过技术的研发、消化吸收、技术的测试等许多个环节，并且需要不同资源相互协调、有机结合才能完成整个转化过程。但是，四川省内的许多企业，尤其是中小型企业内部各个部门之间的分工不明确、权责界限不清导致部门之间相互扯皮，这会使科技成果很难完成转化，科技成果的利用效率低下。

参考文献

[1] 饶雨平．抓住技术创新的机遇迎接下一轮经济高涨［J］．现代工业经济和信息化，2012（10）：9－10，18.

[2] 刘刚．当前我国企业管理创新特点分析［J］．经济问题探索，2008（6）：85－88.

[3] 李树业．企业持续自主技术创新内在动力缺失的成因与对策［J］．软科学，2008（6）：126－128，144.

[4] 刘佳．山西省规模以上工业企业科技成果转化效率评价及对策研究［D］．太原：太原理工大学，2016.

[5] 王巧苗．四川省中小企业发展问题及对策分析［J］．经济研究导刊，2013（31）：17－18.

[6] 饶军．四川省中小企业技术创新体系现状、问题与对策［J］．资源开发与市场，2010（12）：1111－1113.

[7] 许小君．网络时代中小企业创新机制特点分析［J］．经济与管理，2014（7）：78－81.

[8] 杨思思．探索网络经济新模式：实名社交网站发展内容服务平台可行性研究［J］．中国记者，2012（5）：103－104.

[9] 张向阳，钟新波．广州基于网络经济的网络创新、创新与服务性产业融合路径研究［J］．科技管理研究，2012（9）：108－111.

[10] 于本成，朱作付．徐州市企业创新发展对策分析［J］．价值工程，2015（4）：212－213.

[11] 杨继明．企业技术创新的战略研究［J］．时代经贸，2014（3）：317－318.

[12] 陈伟，张昊一，杨彩霞．我国企业自主创新的现状及问题分析［J］．科学技术管理研究，2010（10）：78－101.

[13] 陈兵．中心城市对促进科技创新的作用研究［J］．中国发展，2008（3）：111－115.
[14] 邸勍，张立莉，常思敏．中小企业创新环境问题与对策：以云南省为例［J］．经济研究导刊，2016（15）：23－28.
[15] 王欣．技术创新对经济周期的多重效应［J］．商业时代，2007（9）：10－12.

第四章　识别创新发展的主要趋势

面临危机，我们该怎么办，如何减轻危机的影响，如何更快地走出危机？千百年的危机历史给了我们忠告：转变经济发展方式并升级产业是唯一有效的出路，而经济持续增长和产业升级的内生动力是什么呢？那就是科技创新。

一个国家或是经济体追求的主要宏观目标不外乎低失业率、稳定的物价、经济增长以及国际收支平衡，其中最关键的目标是稳定而又持续的经济增长。然而人类的总体经济活动总是呈现出扩张和收缩交替性规律，这就是经济周期。在众多的经济周期理论中，美国经济学家认为企业家精神和伟大的创造发明是作用于一个国家经济并引起波动的根本要素，这就是约瑟夫·熊彼特的技术创新周期理论。熊彼特认为由于各种创新活动的非连续性和非均衡性，从而导致经济周期。由于创新提升了生产效率，生产效率的提升增加了创新者的利益，招致后来者效仿，继而产生创新潮流，这就扩张了银行信用，使资本品的需求增长，这就繁荣了经济。随着创新越来越普及，企业家的创新精神便开始减退，继而投资机会越来越缩减，这就缩减了银行信用，使资本品的需求降低，引致经济衰退，直到产生下一次创新。

20 世纪末，信息产业技术的创新，使美国经济蓬勃发展了 10 多年，但之后，延续网络革新的新技术没有出现，最终引起信息产业经济泡沫在 2000 年左右破灭。海量的资本从信息产业中撤出后，进入易于承受泡沫的不动产市场。由于人性的贪婪，以及金融监管的原因，导致 2008 年美国次贷危机，使全球爆发金融海啸，世界经济急剧下滑。大幅度的经济衰退席卷了全球主要经济体，何时能走出低谷还遥遥无期。

从长远看，要摆脱这次危机，只有催育新的技术革命。生物技术和清洁能源成为多数国家应对这次危机促进经济增长的热点举措。清洁能源技术的开发创新成为各发达国家发展低碳经济的国家战略措施。这必将加快清洁能源技术的升级换代，而国家间就新能源技术研发和产业化的竞争也会越发激烈。欧盟计划将投资沿海风力发电项目5亿欧元，此外，为应对气候变化、再生能源等安排投资5亿欧元。美国前总统奥巴马一就职，就首次准许将胚胎干细胞应用于人类疾病的治疗。各种迹象表明，经过了长时间的科技累积和酝酿后，生物科技和新能源领域极有可能成长为新一轮技术变革的引导产业，为全球经济增长注入强大动力。

第一节　新技术、新产品与创新机遇

当1987年北京计算机应用技术研究所发出中国第一封电子邮件时，互联网通信还是极少数技术专家的特权，根据中国互联网信息中心（CNNIC）发布的第37次《中国互联网络发展状况统计报告》，截至2015年12月，中国网民数量已经达到6.88亿人次，这在当时是无法想象的。当1997年第一只克隆羊多利在英国诞生时，有人惊呼生物技术的新纪元到来了，但由于涉及伦理问题，其研究和应用依然颇具争议，至少目前还看不到克隆技术明确的商业化前景。新科技以其独一无二的革命性催生着新行业、消灭或改革着老行业，也以其闪烁多变的不确定性，使谋求它的企业或成或败，让探寻它的学者或惊或叹。

20世纪60年代，美国国防部为了在战争中保证计算机系统工作不中断组建了阿帕奇网，这个网络在当时只在军事领域使用，而它今天却出人意料出现这种燎原之势，红遍全球。

现代生物技术从1953年发现了DNA双螺旋结构，1973年完成了DNA重构和转化，到现在生物技术已经过了半个多世纪的大发展，而该项技术的商业运用在制药领域也不过20多年。当前，全球受益于从运用生物技术制作的药物和疫苗的人群已经有近3亿。自20世纪90年代以来，由于科学技术工作者的不懈努力，生物科技和生命科学基础研究取得了持续的巨大进展，夯实了生物技术原始性创新的基础，正产生以生物技术为重点的第四次科学技术变革潮流。国际知名科学杂志每年选评的“十大科学进展”中，连续多年引领第一位的都是与生物技术和生命科学有关的研究成果。这当中包括被誉为人类科学技术历史上的第三个里程碑的人类基因组序列“工作框架图谱”研究成果（前两个是指原子弹和人类登月）。近20年，在发展中国家中，中国的生物科学技术水平一直处于领导地位。进入21世纪以来，生物科学技术的发展迈入了崭新的进程，这主要得益于新兴材料技术、信息技术等其他新兴技术和学科的交叉和融合，催生了诸如生物信息、干细胞研究、生物芯片和组织工程等新兴技术。面对即将是21世纪全世界最大产业的生物技术产业，全球各个国家、企业都在奋起直追，希望能在这个欣欣向荣的产业中有所作为和收获。

一、创新的主要源泉

成功的创新通常都是开发和利用变化的成果。根据德鲁克的观点，创新产生或起源于企业或者产业内部，它们产生或者来自企业或产业以外的改变，创新主要来自以下七个方面：一是出乎意料之事。如意想不到的外部变化、失败和成功三种情况。二是产业和市场构架的革新。在重新构架市场和产业变化的过程中，市场常常会出现重大机会。三是流程中的需求。通过改善现实的工作流程或者完善原先的薄弱地方，或者对原有的生产流程应用新理论重新设计，或者添加或者删减流程中的一些环节以提高效率等，来实现企业发展进程所需的创新。四是不和谐的现象。事物的现实状态与其“应有”或想象状态之间存在差异就出现不和谐或不一致，不协调主要有主观不协调和客观不协调。具体来讲，不协调主要包括事物发展过程中内部节拍或规律上的不协调、产业现实和主观预计之间存在很大的差别、产业（或者服务业）中现实的不协调、产业贡献和客户对其价值和预期之间的差异。五是全新知识。知识性创新需要耗费大量时间，同时还表现为综合性，这是知识创新与其他创新显著区别的特征。六是认知或者理念的改变。理念的改变是指对事实给予了全新的含义或者看法，它并不改变事实。七是人口变动。人口的教育程度、规模、组成成分、年龄构成、就业状况以及收入等方面的变动是人口变动的主要内容。

二、技术、高技术和新技术

需要特别说明的是，新兴技术肯定不是高技术或新技术的简单重复，而是一个具有特殊含义的术语。规范地说，新技术、新兴技术、高技术是既有一定的关联，在内涵和外延上却又存在显著差异的概念。①

（一）新兴技术的概念

宾夕法尼亚大学沃顿商学院的乔治·S. 戴（George S. Day）和保罗·J. H. 休梅克认为，在科学基础上的创新或应用就是新兴技术，新兴技术具备潜力去创建一个新兴行业和改造先前行业。

新兴技术主要包含两个方向的技术：一是如生物治疗学、微型机器人、数码相机、高温超导体、笔记本电脑等从基础性创新中获取的不连贯技术，即间断技术；二是通过对如核磁共振成像、高清晰度电视、传真、互联网集、电子银行等以前分散的研究成果而产生的改良技术，即渐进式创新。具体而言，其技术知识在不断发展，比如从 3G、4G 到 5G 的移动通信技术以及互联网技术等。

市场正在成长或者形成新的市场。技术并没有改变还是原有的技术，但是却创造或开发了新的市场。比如微波技术，目前用微波能从物质内部加热的机理，把普通的纸浆经过微波内部加热生产出环保的发泡纸浆包装充填原料，用以消灭白色污染，而微波技术以前主要在通信领域使用。

国内学者对新兴技术有一种较为完全的界定，这个定义从功能属性、时间属性、发展属性、内容属性等方面定义：新兴技术是基于生物技术、信息技术与其他科学进步之上，其产业远景具有潜力，其需求、发展和管理具有高度风险性，正在涌现并且可能变革竞争以及管理思维、产业、企业、业务流程、组织结构、经营模式的技术。

（二）新兴技术应具备的要素

必须同时具备以下三个因素才能称新兴技术：一是这种技术正在产生或者发展之中，大部分是刚刚产生的技术。比如正在产生的生物芯片、纳米电池、纳米机器人等。互联网技术也被称为新兴技术，尽管这种技术已经出现了一段时间，但是因为这种技术处在持续的发展过程中。二是这种技术是区别于传统技术的高新技术，并且也不是传统概念上所说的新技术。新兴技术必须具备非常高的技术含量，是高技术的典型。三是新兴技术能显著影响经济结构或者行

① 银路. 新兴技术管理导论［M］. 北京：科学技术出版社，2010.

业进展。

尽管新兴技术只是最近才产生的高技术当中的一小部分，人们高度关注，是因为这部分技术本身和它产生的市场、产业和管理的改革代表着趋势、未来和希望，这种技术将会对经济结构、行业进展，经济的持续发展产生巨大的作用。

由于新兴技术可以产生丰硕的市场机会，会使拥有新兴技术的企业能够具有巨大的竞争优势，获得丰厚的利润。如果面对新兴技术迟疑不决、行动缓慢的企业，必将错失良机。不断涌现的新兴技术，为国家和企业提供一个个完成跨越式发展的良机。

管理者探求一个新技术时，需要将眼光聚焦于这个技术的最终潜力上，而不必困惑于当前的现象、感觉或者市场。

三、技术创新趋势

经济增长的主要动力之一就是技术创新。[①] 自美国次贷危机引发的金融危机以来，世界的技术创新浪潮日益活跃，中国要更好地完成本身发展并在世界经济增长中提升地位和主动权，必须系统筹划布置好信息技术深度运用、传统产业升级转型和新兴产业引导的关系，从而抓住世界技术产业竞争局势革命的机会。

目前，世界正处在信息技术深度运用和新一次技术变革孕育时期，日益活跃的技术创新，必会催生众多新模式、新业态和新产业，经济增长将面临新的机会。

（一）世界技术创新日益活跃

金融海啸之后，世界技术创新活动经过短时间的低落后得到快速修复。从国际专利授权增长率和全世界企业研发投入看，这两项指标于 2009 年跌入低谷，但 2010 年就出现回升。其中，数字通信技术和计算机技术已经成为全球专利申请最快和增长幅度最大的领域。有专家认为，即将变革 21 世纪的技术会是大数据、智能制造和无线革命技术。另外，人工智能技术和 3D 打印技术等交叉融合技术形成研发热门；可再生能源技术实现新突破、页岩气技术取得了巨大进展；材料、生物等领域正在孕育众多有重大潜力的新技术。

① 王忠宏．把握全球技术创新的机遇［N］．经济日报，2013－09－13（11）．

（二）技术创新蕴藏了经济增长新机会

新技术的众多进展和交融连动将催生新业态、新模式、新产业。有关部门预计，大数据一年就可以替欧盟公共部门管理节约开支 2 500 亿欧元，可以为美国医疗服务业减少支出 3 000 亿美元。至 2030 年，生物技术对农业领域的贡献达到 50%，对诊断产品与药品领域的贡献达到 80%，对化工和其他工业产品领域的贡献将占到 35%。从 2010—2020 年的 10 年时间，全世界将有约 2 万亿美元投资于节能事业。超过 1.3 万亿美元将在未来 10 ~ 15 年投资于纳米相关产品市场。

不过，信息技术短时间内对经济增长的拉动作用可能有限，其深层次运用和产生新的经济模式还需一个过程，但经历稳定提高阶段之后，就有望迈步发展的“黄金期”。

面临新一轮的发展机遇，由于发达国家要保证其经济和科学技术的领先优势，同时新兴国家也需要赶超，那么发达国家和新兴国家都必然将技术创新定为国家发展战略的核心，这必将引致未来各个国家愈加剧烈的技术竞争，而竞争必将聚焦于抢夺产业链主导权、人才和技术标准等领域。

第一，以美国为代表的发达经济主体在创新上位于领导地位。由于遭遇国际金融危机的重大打击，在全球创新投入上发达经济体的比重连续下滑，不过它们的自身恢复能力强大，仍然具有巨大创新潜力，特别是美国的创新产业生态、高额创新投入及独特的创新机制，在将来相当长时间其全球创新的领先地位都不可能被动摇。联合国教科文组织发布的《2015 年科学报告：面向 2030》数据显示，从 2007 年到 2013 年的 7 年时间，全球用于研究与发展的国内总支出从 11 320亿美元上涨到 14 780 亿美元，增长幅度高于同期全球国内生产总值的 11 个百分点，尽管这期间全球经济还经受过 2008 年经济危机的冲击。

第二，中国有望进一步缩小与发达国家的技术差距。2015 年全球用于研发的投资，美国排名第 1（用于研发的投资占全球 28%），中国排名第 2（20%），超过欧盟（19%）和日本（10%）。中国的专利申请数量高居世界第一，显著缩小了与发达国家的差距。在领导将来研发方向的 10 大关键性领域中，中国有 8 项进入研究开发领先国家前 5 位，其中，在信息与通信、农业和食品生产、能源生产与效率、军事航天、国防安全 4 个领域位列前 3。中国科学院预计，将来 5 ~ 10 年我国在量子通信、信息产品自主可控、高性能钢铁、干细胞整体研究等基础原材料和大飞机、高铁、核电等重点工程的关键材料自给等研究和运用等方面可能取得重大科技进展。可以预期经过 5～10 年时间中国将成为全世界一个重要技术创新中心，前提是要能把握住世界产业竞争格局革命的机会，加速革除不适宜创新的机制体制，依靠科技人口改革红利、宏大的市场应用空间和稳健的经济发展，从而突破技术创新。

四、2016 年度全球新兴技术

经世界论坛的新兴技术跨界理事会编译、由《科学美国人》杂志合作出版，并在天津夏季达沃斯论坛上发布了“2016 年度十大新兴技术榜单”。从榜单上能找到若干已经闻名多年、至今才达到成熟水平，并且形成重大影响的技术，主要是因为理事会把“某技术的发展是否以 2016 年为重要转折点”作为遴选榜单时很重视的一个标准所致。[①] 另外与往年挑选的新兴技术比较起来，今年在挑选新兴技术时，既要考察各技术给人类带来的好处，还要更多考量其对环境的影响，所以生物科学方面就特别突出。还有一个考量尺度，就是此项技术经由实验室推广市场的可行性，专家们希望这些革命性技术更快的变成现实，这正好契合“跨越学术和商业应用间的障碍，使普通百姓和行业能快速获取这些技术”的理念。

论坛通过搭建辩论平台，探讨各项技术在被普及运用之前，这些技术大概能为环境、社会、经济和人类等方面引来多大的风险以及担心。保护地球生态、能够改进人们生活和促进行业革命等技术集中入围了这次榜单。

有些世界经济论坛的技术先锋成员认为，在发布的十大新兴技术中，“开放的人工智能生态系统”的商业化应用更具吸引力，这是因为人工智能具有的用户友好性，人们不需要专门的知识和技能学习就可以流畅交流，使人们在运用过程中越加便捷自然。

另外，从技术的交换角度看，一方面新兴技术越来越多元，另一方面中国科技和投资界也越来越开放，两者将合力促进技术交流和发展，以往仅有外国资本打进中国的科技产业的情况将发生改变，现在中国资本格外活跃，中国资本进入外国科技产业的逆向运作将越来越多，不同国家和地区间的技术整合也将变得越加容易。

---

① 林嘉文.2016 年度十大新兴技术出炉，你最看好哪个？［EB/OL］. http：//news. hexun. com/2016－06－29/184645412. html.

多元化的突破性技术不久就能应对全球最为迫切的挑战。能为一个村落供给电力的电池、新一代太阳能电池板和拥有“社会意识”的人工智能等就是这类前沿科学技术。

（一）区块链技术

2015 年有超过 10 亿美元风险资金投资于区块链行业，区块链技术将对经济、社会、市场和政府工作方式产生革命性的影响。而在此之前，区块链技术早已广泛运用于记录比特币的分布式电子交易账本上。

（二）新一代电池

由于近年来运用铝、锌和钠电池储存电能技术获得新的进展，这就可以建造一个为村落提供既可靠又清洁电能的小型电网，从而克服可再生能源在使用中的匹配供求关系失衡的重大障碍。

（三）纳米级别物联网与纳米传感器

预计到 2020 年物联网将有约 300 亿个接连装置，而纳米传感器可以加入人体循环系统或者被添加到建筑材料中，一旦这些设备连接起来，构建起纳米级物联网必将深刻影响未来的药物制造、建筑、医药和农业。

（四）2D 材料

在众多的单原子层材料中，石墨烯是其中的“明星”。二维材料的广泛运用能够大幅降低生产成本。这些材料能够运用于电池、净水器、空气净化器和新一代的可穿戴设备等领域。

（五）器官芯片

研究人员通过器官芯片建立一个只有存储卡大小的人体器官微缩模型，就能用亘古未有的方法验证生物行为和机制，从根本上变革药物制造和医学研究。

（六）无人驾驶车

无人驾驶车在改善老年人生活质量、节能减排、挽救生命和促进经济发展等方面有无以伦比的潜在优点，已经使相关的重大技术先驱开始高速发展，尽管眼下在全球大多数国家无人驾驶车还没有彻底合法化。

（七）光遗传学技术

运用光和色记录神经元在大脑中的活动技术已经成熟，该研究最近又有新的突破，通过光进入大脑，可以对大脑疾病进行更好的治疗。

（八）人工智能生态系统

通过同时提高社会认知算法和自然语言处理，加以前所未有的海量数据，使智能数字助理很快为人们生活的各个方面服务，比如帮助挑选衣服、健康管理以及家庭理财等。

（九）钙钛矿型太阳能电池

钙钛矿型太阳能电池从三个方面革新了当前的硅太阳能电池，这种电池的特点是更加易于生产制造、可以在任何地方运用并且发电效率持续不断。

（十）系统代谢功能技术

在进化工程学、合成生物学和系统生物学方面的研究进展，使替代化石燃料成为可能，因为这些技术可以用更加低廉的植物燃料来生产品质更优的化学品。

第二节　企业管理简洁化、柔性化

一、现代管理发展趋势

（一）管理思维的发展进程

管理实践与经验概括总是伴随人类社会活动的出现而深化。随着人类社会生产力水平的持续提升，管理思维和理论也得到升华。有学者将管理思维从历史的维度划分为四个进程。

第一，起源于19世纪末以前的初期管理思想。在中国就出现了诸子百家管理思想，尽管在该时期还没有管理词汇出现，但是人类已经开始进行了许多管理实践和管理思想的总结。

第二，见于19世纪末和20世纪30年代的科学管理思想（即古典管理思想）。经过以法约尔与泰勒等为代表的古典管理学家的努力，研究对象集中在物与事，目标是怎样提升生产效率，自此管理便经由经验升华成科学。

第三，形成于1930—1945年的中期管理思想。此阶段以梅奥和巴纳德等杰出管理学家为代表，他们把研究对象集聚于人，不再像古典管理学家把研究对象局限于事和物，并引用西方社会学与心理学领域的研究成果，产生了通过协调人与人之间关系和改进劳动条件等措施以达到劳动生产效率的提升。

第四，出现于第二次世界大战后的现代管理思想。在这个时期，管理研究生机勃勃，出现了百花齐放的局面，各个学派从多角度探索管理，从而渐渐建立起了宏大的管理学科系统。

（二）现代管理发展的特点

第二次世界大战之后，信息技术引导了包括生物、电子信息、空间、新材料、海洋、新能源等领域高科技的变革，并获得了众多的巨大突破与改进。随着这些重大技术成果经过多年的产业化，到现在人类迎来了知识经济时代，而新一轮的管理革命已经拉开帷幕。如何使异构网络和异构电脑互操作、互联等难题，由于互联网络技术的发明与成功运用，这些难题现在也迎刃而解了。通过卫星远程通信和光纤等技术，以指数增长的海量信息流得以借助互联网链接起了千千万万个企业和组织，使新知识和新技术更加快速地流传、普及和运用，加速了全球经济融合的进度。由此，网络时代成为知识经济时代的别名。从初期的教育科研范畴到目前的商业领域，互联网以每年增加百万用户的速度覆盖整个世界，并以每秒一网页的速度高速扩张；另外，随着个人电脑性能日益增强和价格的连续降低，优越的性价比使千千万万的普通老百姓也能买得起。个人电脑使网上购物成为时尚习惯；信息家电的发明，使电视机和电脑的界限变得日益模糊……互联网还能为消费者提供如图书、汽车、鲜花、计算机、软件、投资咨询等各种各样的商品和服务。互联网将人类置于数字化的生活空间，深刻影响着人类的生产方式、产业结构以及生活方式，人们不仅能从互联网搜索信息，还可以从事服务、娱乐、电子商务、交易等活动。

由此，知识经济时代，知识与信息资源的管理就自然成为企业管理的焦点。得益于丰富、精准、快速流传并能广泛共享互联网信息，使企业极大地减少了经营管理中的盲目性和风险，提升了应对千变万化市场的决策能力。通过高速成长的网络通信和电脑技术，如网上搜索引擎、数据仓库、Web 技术、数据挖掘工具、多媒体技术等，使用者能够便捷地阅读、获得和剖析信息。另外，除了土地、资本和人力传统生产资源外，信息和知识也越来越重要，成为主要的生产资料。原因在于企业竞争越来越激烈，商品逐步经劳动密集型向知识密集型进化，在这个进程中人的作用愈加重要，只有依靠人才去创造产品，经营企业，才能在竞争中赢得优势。正因为如此，智力也被纳入管理的范围，产生了知识管理，典型的案例是施乐公司的知识数据库，公司杰出技师把他们处理现实障碍的诀窍记载下来并交由专家组审核之后存放在公共知识数据库中，其他技师从网络上就可以获得这些随时更新补充的诀窍，从而提高了效率。

管理信息系统从内外两个方面提高了企业的效率。从企业内部来看，企业的人力资源管理系统、实物资产管理系统和财务管理系统，在以前的单独管理方式中各自闭塞无法链接，通过管理信息系统打通它们的关节形成统一的系统结构，使企业内部各单元能共有企业全部数据资源，从而提升了企业资源的综合营运效率和实力。从企业以外的整个供应链来看，企业可以通过网络互联技术分享供应链上其他企业的外部资源，形成开放型的管理信息系统，这种系统把内外资源集合统筹管理，实现供应链上各企业间取长补短协调合作。比如 Web 技术，Web 技术的一个重要特点就是与系统平台不关联，能够运用于各种不同的网络与操作系统中，能够便捷地扩展到外面与其他协作企业和客户，形成一个简洁、廉价和标准界面的客户端，相对于过去专用主机系统管理模式，其成本得到大幅度的下降。

企业组织架构呈网络化、扁平化趋势。相比大型组织模式，工作小组方式具有反应迅速、灵活机动以及工作效率高等优点。凭借群件技术，工作小组能够迅速安排、高效整合、重新调整工作重点去适应瞬息万变的市场需求，在完成任务之后即可及时撤销。有了网络技术支持，企业信息的传播方式由传统垂直方式变革成网络环境中的纵横交错的网状模式，使高层管理者可以和操作层直接交流，从而弱化了中间管理层，企业的组织架构日渐扁平化。这就增加了操作层自主权力，操作层能够随机应变主动决策，其积极性也得到充分调动。甚至未来企业的内外边界也将趋于模糊，经由网络整合资源并且相互结盟形成“虚拟企业”，其规模可以根据客户的情况扩张或者收缩。

管理学家西蒙认为“管理就是决策”，而信息是决策的依据和基础。是什么因素在影响企业的成败呢？有研究揭示：资金、用户、通信、协作以及 IQ（指应用技术和知识创新制造高附加值产品的能力）这 5 个核心要素是现代企业成败的关键，它们都需要信息技术的支持。企业资金运作速度由于电子征税、电子转账和电子报关等信息技术使用而大大提高；企业间协作速度、广度和深度大大拓宽，因为互联网能够提供迅速组合不同地域的职员和合作伙伴形成虚拟团队的技术支持；企业和客户间凭借网络互换信息、供给和产品有关的技术支撑，通过一对一的精准匹配实现量身定做，从而契合了网络经济世纪用户需求日渐个性化和多元化的特征。

二、现代管理的创新

工业文明时期，西方国家创立了众多领先于世界的管理科学理论，成为我们追赶的榜样，知识经济时代开辟了管理领域的新纪元，也为我们提供了千载难逢的历史机遇，只要我们发挥聪明才智创立适应新时代需求的管理模式，我们就有可能实现超越。

数字化管理模式将是管理创新的方向。这种建立在网络技术和数字化基础上的管理方式，能够在降低交易成本、增加覆盖面积，将从便捷性、价格、速度与服务等方面彻底颠覆用户的观念。阿里巴巴、亚马逊、eBay 等网络型公司的出现并大获成功，预示了数字化管理模式的美好前景。

关于数字化管理，一种观点认为，将来企业存在的基础形式就是数字化公司，这种公司的关键工作就是通过经管和筹划全球网络供应链来提升企业价值，达到增长，而怎样获取资源工作并不是其主要任务，其经营和管理的界限已经模糊。数字化管理模式把管理划分为消息管理与对象管理。其运作原理是：根据全球网络供应链的运作法则组合管理信息与管理对象形成数字管理网络，当收到电子订单时，管理网络随即作出回应，遵照先设法则各工作中心和生产中心施行、管理订单，一直延续至用户，用户亦可回馈其信息到管理网络，这样周而复始。研究揭示，数字化管理模式主要有三个重要特征。

（一）聚焦用户，信息推动

通过用户的电子订单引发生成特定的管理讯息，各个生产和工作中心遵照先设法则传输订单，各种相应的管理讯息在各生产和工作中心互相确定、传输，最后得以实施完成，这样迅速响应市场的机制就通过管理网络形成。数字化管理模式的信息推动原理相似于在多任务操作平台上通过鼠标点击开启新任务一样：企业与协作伙伴、客户、供应商等借由企业内外部网络以及万维网紧紧联系在一起，达到对整个业务流程（包括搜寻和购买原材料、展示订购出售贮藏产品以及通过电子支付货款）的自动化、一体化即时管理。也就是说，企业依托信息流驱动全部业务活动。

数字化管理模式要求摒弃过去生产什么就卖什么的观念，因为在知识经济时代，个性化、多元化随时变化的市场需求要求企业聚焦用户，根据用户的需求去构造筹划和灵活制造，强调事前掌控能力，提升对市场变换、产品品质和用户满意程度等要害问题的即时辨析能力，以期降低库存缩减成本，并且对企业战略根据市场的变化做出快速调节。例如，不同地方的企业可以借助信息流重新整合各自资源和人力实行大合作，为同一个新产品构建一个新的生产系统等。电脑制造商戴尔公司其库存天数只有 8 天，产品的生产时间仅仅 4 个小时，交货时间控制在 3 ~ 5 天，戴尔公司之所以能赢得客户获得成功，主要归功于公司的互联网在线出售电脑系统。

（二）蕴含持续探求创新的动力机制

为什么数字化管理模式能够最先运用新技术制造出新产品、提供前所未见的全新服务，从而赢取垄断利润而占尽竞争先机呢？这是因为创新就是知识经济的根本内涵，创新是数字化管理网络的生命力。在数字化管理模式下，缩减了产品的市场生命周期及产品从研发到市场的时间，持续探求创新，变成数字化管理模式有计划的常态。

这种模式下，人成为关键因素，员工的才智及创造性将是企业所有贡献中最为重要的。数字化管理模式实现无纸化自动化办公，极大地提升了经常业务的效率，员工的工作重心从处理收集数据转向为用户提供增值服务和支持；组织架构变得有序变动、动态集合，不再是僵化的等级制，极大地降低了对员工的束缚，开阔了员工的眼界，大大解放了员工，使员工更有可能进行创造性工作。将筹划设计好的产品交由其他生产厂家制造并给网络销售商经销，这种无工厂经营模式是否能够成功，取决于是否能提供真切实现顾客需求的独特创意，而不是企业拥有有形资产的多寡。

数字化企业最完美地实现了知识管理。在数字化管理网络中推行、共享杰出职员的灵感和经验，网络中优良的工具和机制，比如知识的搜集、整理、筛选和分析等，可以高速整合各个渠道的分散的知识结晶，形成系统的团体智慧，从而赢得竞争优势。

（三）企业管理和经营活动相互交融、相互贯通

数字化管理将管理决策系统、制造控制系统与业务处理系统汇集于一个天衣无缝的管理网络中，形成全球网络供应链的一个有机节点，从而显著提高了企业综合营运能力，管理成为企业营运活动的内在动力。具体的营运活动蕴含管理活动：规范化、标准化的管理制度嵌在数字化管理网络之中，传统的依靠经常性监管单位的随意、粗略订单管理模式被摒弃，订单递送按照管理法则由对应的管理层级完成；由于业务处理规则与管理规则这些商业逻辑规则置于用户/服务器机构三层构架的中间层，使管理法则的变化相对独立，变得简洁方便。因为在数字管理模式中，管理规则因外界环境变化需要改革时，只用重新改动相关管理法则的程序就能实现管理规程的更改。

在数字化管理模式中，安全管控规则事先设计并蕴含于商业法则，这些规则将在数字化管理网络运行中得到忠实遵守和执行。比如，即时记录企业营运过程中产生的相关数据、完好存储实施商业法则活动进程中的核查线索，可以帮助权限不同的各层级职员同时存取共享数据库中准确记载，规避讯息的反复搜集与多余数据，这为高层级的管理者提供了完美决策的基本信息；错误的产品代码订单将被系统自动屏蔽，相应的无效率工作与安全隐患大大降低；对过往交易信息数据的分析处理，归纳总结经验教训，增强了企业对成败的记忆力。

三、十大企业管理创新趋势

（一）合作方式从传统的一般协作模式向多样化的其他模式转变

通过网络组织、供应链合作、虚拟组织和国际战略同盟等新型网络协作方式，现代企业需要扬长补短，充分整合其他有利的优势资源，弥补自己的短项与局限，集合企业本身的核心能力和技术诀窍，形成协同竞争优势。

（二）从传统利润最大化为企业最高目标向全面提高企业的营运能力转变

过去企业失败的最根本的原因是把最大利润作为企业管理的唯一目标，如今，知识、产品和技术等创新速度日新月异，可持续性的发展变成比经营效率更加紧要的管理主题。

（三）从过去传统以要素为主的竞争向以企业营运能力为主的竞争转变

这种转变主要体现在：数字化管理企业的组织系统，通过集合企业内外的相关资源，其资源的竞争优势得到创造和释放；从管理方面来看，数字化管理企业能够将管理活动聚焦于领导、支持、信赖和激励；其制造系统能够根据用户订单，随意整批生产产品并提升服务水平；而其营销系统，更能够专注于将用户价值的丰富、个性化产品的制造与服务集合。

（四）超越客户导向理念

知识经济时代，企业不能只关注目前的市场份额，应更加重视将来的市场与挑战，这就超越了客户导向、以产品为核心的经营战略，产生新的竞争理念。据此理念获得成功的典型企业有苹果公司、微软公司以及英特尔公司等。

（五）现代企业管理新的主流方向是管理创新

激励创新思维、引领创新新坐标、奖励创新举动、提倡创新精神、提高创新能力，成为新时代升华改革和管理创新的主流趋势。

（六）企业的运行模式因为信息技术的使用而全面变革

凭借现代信息技术，企业可以更有效地集中、调配、整合内部资源，并能有效管理与组织内部资源外的整个供应链资源，也能通过剥离业务信息，解决处理好以前没办法协调的分散和集中的矛盾。

（七）员工的智慧、技术与知识是企业最宝贵的财富

知识经济时代，与资金、人力资源同样重要的是知识。现代企业必须将知识管理与协作和企业现在的知识、组织、员工与流程紧密结合，最大限度地通过知识管理、组织学习与增强合作能力去迎接新经济的全新挑战。

（八）从关注自身利益向履行社会责任转变

企业优良的社会责任表现不但能够赢得社会赞扬和支持，而且还能改进风险管理，提升企业信誉，获得更多的商业利益。通过由片面关注企业自身利益向更加关注履行社会责任的转变，从而处理好社会、经济、环境的关系，达到三者和谐协调发展。

（九）从传统的考查单一绩效向管理全面绩效转变

全面绩效管理的显著特征是：将公司战略与绩效管理结合在一起考量，改变过去静止的考核方式为动态管理，而传统的单一绩效考核方式，无法保证改善绩效的组织手段，而且只是通过奖惩工作结果来管理，缺少过程管控。

（十）企业管理创新迈入新阶段

新时期，管理创新和制度创新一同进行，管理创新和技术创新协作发展。

第三节　新模式、新业态与产业组织新特征

这次新的产业变革发端于2008年美国次贷危机引发的全球金融海啸，受到全球主要国家的严重关切，主要包括互联网通信、智慧化数字化生产和可再生能源等领域的变革。① 中国应该主动迎接挑战，深刻研究这次产业变革的作用机理，加快产业组织创新，从而增强我国产业在全球的竞争能力。

一、产业组织革命的作用机理

（一）产业革命推进产业组织变革的路径

一般而言，产业组织的变革是通过两个途径由产业革命促进实现，一个途径

① 杜传忠，王飞．产业革命与产业组织变革：兼论新产业革命条件下产业组织创新［J］．天津社会科学，2015（2）：90－95.

是自组织，另一个途径是他组织。前者是一个间断的积累性非线性、不可逆转的变动进程，其实现主要依托组织主动获取知识和创新，是产业组织系统内部的动力体系，主要通过系统内部企业的流程再造、技术研制、协作竞争购并重组进驻退出行动形式、产业聚集和市场集中促进产业组织产生全局性变革。后者是产业组织外部动力系统，主要通过外部环境因素以及它们之间互相关联构成，比如制度变革、专业化与分工、技术提高、市场需求变化、政府干涉和生产形式变化等。

以上两种路径互相穿插，一起促成产业组织变革。不同国家和地区产业组织变革的主导力量各不相同。例如，在第二次产业变革阶段，亚洲国家产业组织变革的动力主要来源于他组织的外部动力，通过国外投资、国际贸易、专利技术转让及产业承接等形式引起国内规则环境和技术的变革。而这个时期的美国，其产业组织变革的驱动力主要来源于内部，因为当时美国已经打破重大技术障碍，获得了重要技术创新，通过产业内企业的重组、并购、退离和进入实现整个产业组织的跃迁。需要引起我们重视的是，在第三次产业革命阶段，由于信息和互联网技术的进步，掌握核心技术的企业竞争、并购和协作这些自组织行为已经越过了国与国的界限，蔓延到外围国家，成为外围国家的他组织变革的推动力量，从而缩短了外围国家的产业组织变革周期，这也使产业革命的内外两个动力源泉很难区别，由此形成了由跨国公司主导的全世界产业组织网络。

（二）产业组织变革的基本规律

产业组织变革一般伴随外部环境情况（主要是市场、规则和技术等）的变化表现为四个阶段性的改变，即渐进、骤变、涌现和衰退，也就是说像一般经济变革一样，产业组织变革并非以平稳增速形式演进。而且产业变革的内涵规律会因处于不同进程而表现出非常大的差别。

1. 产业组织变革处于渐进期的演化逻辑

在这个阶段，产业组织变革的基本性动力源于技术进步他组织系统。老产品通过技术创新得以改进产生全新的产品，改变了原来的制造形式。一些企业为顺应行业性技术进步和提升效率开始摸索组织形态变革，随着整个市场类似的制度性调整，就开始产生新的产业组织形态和商业模式。

2. 产业组织变革处于突变期的演化逻辑

在这个阶段，虽然产业组织变革的动力仍然源于技术进步的他组织系统，不过其动力源泉已经演变成技术、市场需求和制度等众多元素相互作用，而不仅是渐进期唯一的技术因素。这个时期里，已经扫除了渐进期制度性原因约束产业组织变革的障碍，创建了新制度，并且产生了技术创新集群，新的商业模式与形态开始涌现，为以后自组织进行协作与并购等内部企业活动打下了坚实基础。

3. 产业组织变革处于涌现期的演化逻辑

在这个阶段，产业组织变革的主要动力源于自组织系统。随着新的制造技术的日益成熟，其市场占有率得到更大的提高，市场分工越来越细，专业化水平也越来越高。这些新组织、新技术和新分工催生了新兴的产业业态，打破了一些传统产业组织形态的稳定，企业竞争行为与竞争外界环境也由于市场结构的变革而产生了转变。企业通过大范围的并购、重组、协作、退出和进入等战略行动以赢得新的竞争先机。新的产业组织形态因企业这些行为的动态累加得以加速衍生形成。

4. 产业组织变革在衰减期的演化逻辑

在这个阶段产业组织变革的重要动力源于自组织系统，产业组织变革迈进了产业革命的末期。在这个阶段里，产业组织变革动力开始衰减，新的产业组织形态已经成形，在经过市场扩张、技术突破、分工与专业化深化、制度创新和大范围企业的并购、协作、重组、进入及退出等行动后，不再像前面时期那样激进，只是在小范围对已经成形的产业组织做部分调整。这时，下一个产业组织变革的重要推动力量就这样形成了：微观企业创新活动，如进入、退出及自调节等自组织活动成为这个阶段产业组织变革的主要推动力量。

二、三次产业革命中产业组织变革的过程和特点

德国联邦教育及研究部发布的《德国工业 4.0 战略计划实施建议》将历史上三次产业革命分为三个时间阶段：第一阶段始于 18 世纪末到 19 世纪 60 年代，其象征性事件是资本主义机械化大工厂制度的创建、蒸汽机技术和纺织产业的出现；第二阶段始于 19 世纪末到 20 世纪 70 年代左右，其象征性事件是电气化与纵向一体化产业组织的产生；第三阶段始于 1970 年到 21 世纪初，其象征性事件是信息通信技术与产业组织的垂直瓦解。

（一）第一次产业革命

在资本主义萌芽时期，早期的产业组织是手工工场作坊形态，这种产业组织形态在当时欧洲占据了整个制造业的统领地位，其特征是规模较小、市场分散，具有区域性，比较闭塞。这种产业组织形态越来越无法满足市场的要求，其原因是产业组织变革导致原子型企业组织结构离散以及缓慢的技术创新。

1765 年涌现了技术创新潮流，其标志是手摇纺纱机的发明，这为初期工厂打下了技术根基，也是开启第一次产业革命的象征。接着发明了以水为动力的织布机和纺织机，加上蒸汽机于 1785 年成功运用在纺织产业，使工厂制度得以产生、发展。这个时期产业组织变革的动力主要源于技术创新的他组织系统。接下来的 18 世纪末到 19 世纪初，社会分工伴着涌现的新兴技术以及新兴技术的普及扩展而更加深化，人与机器、机器与机器之间产生了较为单一的分工与协作，并且借由合伙制的资本组织方式，新兴工业产生了勃勃生机。产业聚集区（比如英国奥尔德汉的粗纱产业和布登地区的细纱产业区）开始涌现，这主要是由于交通运输的革命性变化（比如英国近代大规模公路、铁路和运河建设），为分散的市场搭起了桥梁，快速增大了市场规模，催生了集聚经济。在这个阶段，以企业活动主导的自组织动力逐步取代了以技术创新主导的他组织动力成为产业组织变革的主要动力源泉，并且这两个动力的交互影响更为深入。第一次产业革命于 19 世纪 20 年代迈进最后时期，这个以机械化大生产居于统治地位的产业组织形态的明显特点是：产业组织变革是一个纷繁复杂的技术和产业创新进程，前一次产业革命的中后期往往孕育了后一次产业革命的先导性技术，由此，在时间上各次产业革命会出现交错重合。由此我们可以得出，这个时期产业组织变革的动力主要源于企业兼并、重组、退出和进入等自组织活动。当时最为发达的英国经过第一次产业革命的洗礼之后，其产业聚集度、市场规模和一体化都得到大大提升，并为第二次产业革命打下了产业组织根基。

（二）第二次产业革命

这一时期产业组织的变革和演进动力主要源于企业的并购、组织结构调整等自组织活动。在第一次产业革命将要完成时，一方面，股份制公司与风险投资等新型投资模式使企业的经营规模有了前所未有的突破，越来越剧烈的竞争挤压了小公司的生存空间；另一方面，从技术积累上看，产生了电解铜工艺、电力照明以及染料工艺等技术。随即象征第二次产业革命开始的技术创新集群第一座转炉钢铁厂和第一座直流发电厂分别于1875年和1882年建成。汽车工业凭借内燃机的运用和大规模石油开采而迅速兴起，成为当时的经济支柱。同质化、大规模市场由于电报和铁路这些通信与运输方式的出现而产生，从而满足大规模生产的需求条件。职业经理人因为管理权与所有权分离而成为新的阶层。泰勒科学管理革新大大提高了生产效率。所有上述元素共同作用促使社会分工进一步深化。

这一时期，分工、技术以及需求发展变革了生产组织形式，成为促使产业组织一体化的巨大推动力量。大规模生产方式出现的象征性事件是福特汽车公司于1913年流水生产线建成，垄断组织诞生的象征性事件是于1879年成立的美孚石油公司。接连不断的技术创新与日益激烈的市场竞争催生了各种各样的垄断组织，比如在工业国家英国、德国、法国等产生了散布于化工、采矿、运输、水泥以及烟草等行业的辛迪加、卡特尔、康采恩等组织形式。股份制于19世纪80年代后盛行，这为企业完成纵向、横向一体化提供了强有力的资金支持。19世纪末20世纪初期，寡头垄断的市场结构在西方发达国家基本形成。到了20世纪开端，企业为顺应一体化生产组织形式，等级式职能组织结构就取代了原有的直线职能式组织结构。从20世纪20年代起，美国事业部制组织结构模式盛行，同时企业规模由于股份制与流水线生产方式而大幅扩大，纵向一体化的超大型企业成为最主要的组织形式。

（三）第三次产业革命

20世纪70代末80年代初，第三次产业革命已初见端倪，其象征性事件是在工业领域大范围使用计算机技术。这一期间产业组织变革的动力源于市场需求与技术创新双重撞击。M型组织是这个时期的主要企业组织结构形式，这种组织的主要特征是：规模经济和范围经济明显、股份制资本组织形式、系统性和集成性技术创新、出色的分工合作能力和高效率。全球经济由于布雷顿森林系统土崩瓦解和石油危机而陷入危机，加上消费市场饱和生产过剩，标准化产品为主的大规模市场遭到程度不一的伤害，市场需求转向个性化多样化。

到了20世纪90年代，企业凭借综合运输系统（由航空运输、远洋船舶和洲际铁路组成）和互联网络技术能够在世界范畴追求最大化利润、配置资源，这样逐步产生了基于全球分工的超大型跨国公司。另外，企业迫于越发快速的全球化进程和加剧的市场竞争，不得不剥离非核心业务以求在核心业务保持竞争优势，这导致垂直一体化的产业组织瓦解。“核心—外围”型网络组织是由生产商与供应商经由层级分包机制引发产生的新型组织形态，这种网络化组织使技术创新原来由大型公司领导的突破性创新为主的技术创新方式转变为持续性创新方式；传统的产品分工、产业间分工、社会分工方式向产品内国际分工和产业内国际分工转变；企业竞争关系由简单的企业间竞争关系向竞争合作关系转变，中间组织企业集团、战略联盟由此产生。在空间地理上形成一定的空间聚集结构，产业集群重新在全球复兴并得到迅速壮大，更重要的是，垂直解体的产业组织在不同生产环节上分离了所有权。

三、新产业革命条件下的产业组织变革

近些年新一轮的产业革命（主要包括新材料、新能源、互联网、数字化及智慧生产）的孕育兴起必将引起产业组织的深切变革，主要包括以下几个方面。

（一）在组织结构形态上，趋于扁平化、网络化

企业借助数字化、智慧化生产技术、服务网以及物联网等新产业革命的成果，把其生产机器设备、存储系统融入物理信息体系当中，在不改变所有权的情况下，在工厂和企业之间通过嵌入式制造系统完成业务流程的纵向、横向及贯穿整个价值链的端到端的工程数字化集成。因以智能生产为核心的全球生产网络使社会生产表现出网络经济特色，由此导致产业生态主导型产业组织形态将逐步代替大企业主导型和供应链主导型产业组织形态。

（二）从企业规模和边界看，将出现规模两极化和边界模糊化

信息技术、数字智能技术以及新能源技术将会随着新产业革命的深化而大幅度提升生产效率，企业借由扁平化组织结构和离散合作的制造形式能够充分利用全球化的资源，大批量制造出更低成本、更个性化量身定制产品。全球化生产网络的范围经济与外部规模经济将进一步弱化企业内部的规模经济。初创企业和中小企业会因降低规模壁垒获得新的发展良机。但是需要注意的是，经济社会不会重新折回到以小企业为主的组织形态。这是因为，新产业革命的一个主要内容就是将传统生产系统利用新型智能化、数字化、可重构生产系统进行升级改造，对此小型企业在资金、品牌和市场上和大型企业相比都没有办法取得优势，大型企

业在获得生产网络集成时的动态资源以及引入新技术能力方面占尽优势，况且，在网络化生产过程中专注于核心能力的大企业能够持续扩大其规模。这个阶段的企业出现两极化：一是进一步凸显小企业功能，二是进一步强化大企业优势。二者之间的关系将由“平台企业”与“支撑企业”代替原来的竞争、协作关系。市场交易效率和资源利用率由于互联网通信技术的进步和发散式、分布式的网络化生产方式而大幅度提升，同时也极大地减少了交易费用。企业得以网络协同方式参与社会生产，从而跨域约束边界。然而新产业革命条件下，企业必须跨越边界，主动联系外部市场，实现协同发展，来满足异质、快速多变的市场需求。

（三）从企业间的关系看，竞争合作关系普遍化与企业组织网络化

传统的竞争模式由于新产业革命引起彻底变化的产业组织运行环境而不能顺应企业发展。一是工业经济时代的规模经济主要缘由是资产的专用性和不可分割性，而信息产品的共同分享是知识和网络经济下规模经济的主要缘由。社会生产因网络化生产组织（由数字化、互联网和智能化制造创建），表现出明显的网络外部性特征（即加入该网络的其他企业的数量决定连接网络的价值）。合作的行为策略是这种情况下企业的占优策略。二是买方市场下只有多个企业组成的合作体系才能以高质量、低成本的产品去满足客户的差异化、个性化和多变性需求这个目标。三是新产业革命推动了产品更新速度，要求企业必须有持续不断的创新同时，技术创新的高投入特性和高风险特性迫使企业采取全面合作的战略。由此我们可以预测，企业原有的竞争对手将基于技术、产品或业务的横向联系形成新型竞争协作关系网络。普遍意义上，企业关系将随着新产业革命的持续深入而日益趋向竞争合作一体化甚至全方位合作。

（四）从产业集中度来看，产业集中日趋下降而产业将加强深度融合

新产业革命深度融合各个产业，这种产业融合在现代服务行业与高端制造行业的变现尤其突出。服务行业与制造行业将在产业链上完成纵向产业交融，而且新产业革命也将重新组合产业链。即时、动态和自我组织的价值网络将因在生产体系中使用服务网络和物联网技术而产生，而且现实世界与虚拟世界的融合会进一步加深。伴随企业协作关系的变化、市场规模壁垒的下降以及众多的中小企业的加入，产业市场的集中度将降低，不过网络化组织会提高市场集中度将左右市场集中度下降的程度。同时，企业凭借互联网通信技术实现产业集聚虚拟化，削

弱了传统产业集聚对于地理空间位置依赖性，从而大幅度减少了交易成本。以用户需求引导的产业空间布局将逐步取代传统以要素主导的产业空间布局。“分散生产、就地销售”这种新的国际贸易模式将因分散协作制造网络成为可能。这种国际贸易新模式将深刻影响国与国之间产业竞争资源基础与比较优势条件，进而重新塑造国际产业分工局势与世界经济地理。

（五）从动力源来看，产业组织变革的根本性推进力量是持续性、开放式创新

企业将会因新产业革命全角度转变技术创新方式、创新主体以及创新方向。技术创新因其风险性和变动的市场需求使开放性、平台型、模块化与协作创新方式代替传统大企业引领的突破性、集成性创新方式，只有共享协作创新才可能取得成功。创新主体多元化。智能化数字化网络工厂（基于 CPS 和智能化技术核心）能够动态、即时、全过程监管全部生产环节，解放生产工人，使他们的精力从日常例行事务转向创新增值活动，成为除了研发人员外的新的创新力量，企业全员创新成为可能，从而产生出新型学习组织。此外，消费者可以通过个性化生产制造系统（3D 打印技术是其典型代表）加入产品和服务的创新进程，既是产品消费者又是产品创新者，变成另外一个至关重要的创新力量。未来创新方向，是以新能源、互联网、智慧生产与信息技术等领域为中心，将涌现众多的创新硕果。

总而言之，产业组织的产生和变革，一方面在深刻改变市场结构与绩效，另一方面企业和国家的竞争力与优势也受到重大影响。面对新产业变革的挑战，国家宏观层面的管理应顺势而为，确定产业组织变革创新主要方向为深度融合工业化与信息化以促进产业组织创新。加快改造和建设重构制造系统和智能化生产网络基础工程——互联网和能源网络，从广度和深度促进信息化和工业化融合。另外，要改进信息化智能化人才培养体系，完善创新系统，深化技术创新，为产业组织调整和创新打下坚实根基。

从中观产业层面来看，当务之急就是通过建立产业标准体系赢取新的竞争先机，如网络集成中商业安全保护法规和数据传输规则等颠覆性技术在新产业革命中将会形成企业对新规则框架的需求，同时为企业之间共享和协作提供保障而确立新的产业流程法律规则与标准。此外，在传统竞争优势逐渐弱化甚至丧失的情况下，推进先进制造业与现代服务业深度融合、塑造产品与标准双重竞争优势的关键在于积极建立新的产业标准。

从微观企业层面来看，必须树立互联网理念，完成生产制造智慧化。同样重要的还有，企业最终要实现资源管理和利用效率的提高，必须主动发挥互联网营销平台作用，以客户为中心，通过创新和设计能力提升实现产品的个性化、多样化，并且凭借互联网改造组织结构使之合理华、扁平化。

2015 年创业公司十大创新商业模式代表案例①。品途网收集整理了 2015 年各行业的创业企业中具有代表性的创新商业模式。

1. 深圳市大疆创新科技有限公司——消费级无人机市场的霸主

成立于2006 年的深圳市大疆创新科技有限公司（DJI - Innovations，DJI），是全球领先的无人飞行器控制系统及无人机解决方案的研发和生产商，拥有遍布全球100 多个国家的用户，其无人机市场占有率达到70%。

创新性：深圳市大疆创新科技有限公司是第一个将以前主要是应用在军事方面的无人机应用在商业领域并获得成功的企业。该公司的无人机目前已在军事、农业、记者报道等方面广泛使用，是可以“飞行的照相机”。

2. 滴滴巴士——定制公共交通

滴滴巴士成立于2015 年7 月15 日，是滴滴快车旗下继快车、顺风车之后的巴士业务。如今滴滴巴士已经有700 多辆大巴、1 000 多个班次在北京和深圳运行。

创新性：滴滴巴士是第一个依据大数据测算并推出城市出行新线路尝试将巴士进行多场景应用（比如旅游线路定制、商务线路定制等扩展了巴士出行的场景）的定制巴士。

3. 百度度秘——表面它陪你聊天，其实你陪它消费

度秘（duer）是百度为用户提供秘书化搜索服务在2015 年世界大会上全新推出的机器人助理。

创新性：百度度秘完美结合了搜索技术和人工智能技术，将人工智能带到了可以广泛使用的场景中，可以用机器不断学习和替代人的行为。

---

① 尹天琦 . 2015 创业企业十大创新商业模式案例［EB/OL］. http：//www. pintu360. com/article/19818. html.

4. 人人车——坚强活了下来的“九死一生”的C2C公司

人人车是通过C2C的方式来为个人车主和买家提供诚信、专业、便捷、有保障的优质二手车交易的公司。

创新性：人人车公司首创了二手车C2C虚拟寄售模式，消灭了交易中间环节，直接对接个人车主和买家。该平台仅上线在10万公里内的无事故且车龄为六年的个人二手车，买家可以买到经专业评估师检测的真实车况的放心车，卖家可以将爱车卖到公道价。

5. e袋洗——力争用一袋衣服撬动一个生态

有20余年洗衣历程的荣昌转型成立了O2O品牌——e袋洗公司，公司以社区为单位进行线下物流团队建设，采取众包业务模式，即在每个社区招聘本社区中40~60名人员作为物流取送人员。

创新性：e袋洗公司是第一个以洗衣为切入点进入整个家政领域的平台。其主要用户是“80后”。e袋洗的商业模式的核心和主导就是致力于提升幸福感，推出了新品小e管家，通过邻里互助去解决用户需求，满足居民幸福感。小e管家在小e管洗、小e管饭的基础上，将推出小e管接送小孩，小e管养老等服务，以单品带动平台，从垂直生活服务平台转向社区生活共享服务平台，以保证C2C两端供给充足。

6. 实惠App——团购不彻底，直接免费

实惠App是主打社区的生活服务类一款基于移动端App。用户通过入驻实惠App上自己工作、居住的社区或写字楼，可以与邻居交流、领取商家提供的优惠礼品，享用身边的便利商品和生活服务，让用户生活更加实惠便捷。

创新性：实惠App商业模式的创新之处是颠覆团购低价模式做免费的团购——直接0元团购。将商家提供的免费福利通过平台分发给中奖的用户。其客户主要是城市的上班族，通过录入在写字楼或者社区的附近位置的商家名称和商品的福利活动，并由趣味方式（如附近福利、免费抢福利、幸运老虎机、品牌大乐透等）推送给顾客，使顾客既能得到实惠又有良好的游戏体验。

7. 干净么公司——餐饮界的360，免费还杀毒

干净么公司是一个由商家、政府、媒体、用户等多方互动来进行监管的互联网餐饮安全卫生监管平台，通过移动互联网连接各个环节、各个部门。如今干净么App收集有15万家餐厅的食品安全等级评价、几百万条数据。

创新性：它是打食品安全仗的第一家互联网第三方平台，可以对餐饮商家、幼儿园、单位食堂、学校等进行测评、监管，为顾客就餐提供安全卫生等级信息。

8. 很久以前公司——给小费将成为习惯

很久以前公司是北京簋街一家店内推出的打赏制度的烧烤店。

创新性：很久以前公司是第一家用互联网思维改良的给小费形式的餐厅。打赏制度：打赏金额为4元，打赏人是到店里用餐的顾客，被打赏人是前厅员工，包括服务员、传菜工、保洁人员、炭火工。打赏规则：①前厅员工可以向顾客介绍打赏活动，但只能提一次；②前厅员工不能向顾客主动索取打赏。展现形式：店内、餐桌展示牌及员工胸牌上印有活动内容——“请打赏：如果对我的服务满意”，吸引顾客眼光。

9. 多点（Dmall）——不是多点少点，而是快点

多点公司是一个以日常生活消费和生鲜产品为切入口的O2O生活服务平台。

创新性：多点公司的创新点是它与商超之间完成系统上的对接：可以通过深度整合的系统动态地获取商超库存价格等重要数据，同时，多点通过数据分析及供应链控制能力，将C2B模式引入商超可以解决其生鲜进销问题。同时，多点自建物流，有自己的配送员。在用户下单后，多点会和合作商家一起分拣货物，然后送货上门。

10. 云足疗——上门服务中的垂直环节

云足疗于2015年1月正式上线。用户通过云足疗App或微信、电话预约，可以随时随地享受足疗、修脚、理疗服务。用户可以根据云足疗平台上项目、价格、距离、籍贯等信息，选择符合自己要求的服务项目、服务师傅。

创新性：云足疗是第一家上门足疗的O2O平台。云足疗让技师和顾客实现无缝对接，不仅解放了长期局限在足疗店的技师们，让他们获得了比同行更高的

薪资，同时也让顾客体验到低价便捷的优质上门养生服务。云足疗率先实现了上门足疗服务的标准化，平台通过面试、实名认证、技能考核、系统培训等严格筛选，来保障上线技师的专业技能和高服务水准。

通过分析这些商业模式，我们可以将其分为两大类别：一类是基于产业价值链分解和融合的商业模式，另一类是依托突破和创新技术的商业模式。这两类商业模式之所以能获得成功，是因为二者在不同的产业价值链和领域贡献了创新。各个成功商业模式有共性也有个性。其共性就是企业的盈利能力、协作能力、风险控制能力、行业领先地位以及持续发展能力等竞争优势是通过创新方式有机整合企业内外部资源、变革经营机制和盈利方式实现的。其个性表现为某个商业模式的成功不是一蹴而就的，需要持续的创新投入，并且也不是一成不变的，是一定内外条件、环境下的成功。总之，商业模式的核心智慧就是恒久创新。

参考文献

[1] 吴迪．科技创新加快经济发展方式中的金融支持探究［J］．中小企业管理与科技，2013（9）：133－135

[2] 王云．现代企业管理的发展趋势与创新［J］．经济与管理，2004（8）：36－37.

[3] 周利国，王晓明．数字化管理，企业管理发展新趋势［J］．山东经济，2001（3）：61－62.

[4] 车秀文．企业管理创新的十大趋势［J］．冶金企业文化，2011（2）：59.

[5] 徐国良．企业管理创新探析［J］．北方经贸，2008（7）：143－144.

[6] 王海婷．企业管理创新浅析［J］．中国市场，2014（20）：26－28.

[7] 许珍华．企业与管理进化论及其对中国企业管理改革的启示［J］．中共福建省委党校学报，2002（9）：52－56.

[8] 熊钟．企业管理现代化的发展趋势分析［J］．现代管理科学，2005（5）：99－100.

[9] 李小龙．《老子》与企业文明（之十一）企业之神：创新［J］．企业文明，2015（11）：51－54.

[10] 中国十大成功商业模式大揭秘［J］．青年文学家，2015（28）：44－45.

[11] 李惠，顾新，赵长轶. 四川省产学研创新联盟的发展现状、问题与对策研究 [J]. 科技管理研究，2015 (22): 97 -97，111.

[12] 王德禄，徐苏涛. 商业模式研究的理论与案例 [J]. 科技创新与生产力，2011 (4): 4 -7.

[13] 陈云. 产学研合作相关概念辨析及范式构建 [J]. 科学学研究，2012 (8): 1206 -1210，1252.

[14] 周俊. 企业持续竞争优势研究 [D]. 苏州: 苏州大学，2005.

[15] 宋艳. 新兴技术的形成路径及其影响因素研究: 基于中国企业实际运作调查 [D]. 成都: 电子科技大学，2011.

[16] 高骞. 甘肃 DC 自动化有限公司管理改进与提升的对策研究 [D]. 兰州: 兰州大学，2010.

第五章　开拓企业创新路径

从一个产学研综合体说起——四川大学：产学研深度融合，一所大学联姻三千企业。四川大学现有13个国家重点实验室、国家工程实验室、国家工程技术研究中心及国家地方联合工程实验室等；11个教育部重点实验室和6个教育部工程研究中心，3个卫健委重点实验室。在这些实验室背后，是15名院士的卓越研究成果。

在中国科学院和中国工程院院士名单中，有50多位曾在四川大学求学；单是2013年，四川大学就有4项研究成果获国家科学技术奖；现在，学校有15名院士和4个国家重点实验室……这些数字，简单地勾勒了四川大学强劲的科研实力。

这些科研成果并没有停留在“象牙塔”里——四川大学是全国最早成立国家技术转移中心的高校之一，现已与50多个省市的3 000多家企业建立了校企合作关系，尤其是把与成都的合作置于首位。可以说，四川大学以在全国名列前茅的学科数量，扮演着成都“人才引擎”和“创新高地”的角色，为成都的科技成果转化提供了取之不竭的原动力。

在四川大学，产学研实现了深度融合，川大科技园是国家最早批准的15个国家大学科技园试点之一，已孵化包括1家上市公司在内的科技企业50余家。“学校一直重视与地方政府合作，特别把和成都市的合作置于首要地位。”四川大学常务副校长李光宪曾表示，依靠厚实的学科基础，四川大学在先进材料、化工化学、生物医药、电子信息、智能电网、新能源、智能交通、节能环保和低碳技术等领域都积极推进了产学研合作和成果转化。目前，四川大学已同全国3 000多家企业建立了合作，并成立了近百个高水平的产学研合作平台，而且此产学研平台取得了傲人的成绩。

比如由四川大学游志胜教授领衔的川大智胜软件股份有限公司，已成为我国空中交通和地面交通管理领域具有自主知识产权的大型软件和设备供应商。另外，四川大学团队和美国加州大学圣地亚哥分校团队利用3D打印研制了一种肝脏仿生的新型解毒装置。四川大学生命科学院副院长王红宁带领研究团队，用了12年进行产学研合作攻关，建立了猪、鸡病原细菌的菌种库和耐药数据库，使猪鸡抗生素用量减少了30%～70%。钟本和教授联合工程单位以“交钥匙”方式实现“料浆法磷铵装置”和“磷酸净化装置”整体技术转移，引领我国磷化工行业持续发展。这个产学研综合体给予我们很多启示。

第一节　引入创新文化理念，注重创新价值观的维护

创新文化是一种能够激发人们创新意识和创新激情、增强创新动力的文化环境或者文化模式。创新文化对创新的影响提供了有利于开展创新的外部环境。

让我们先来回顾一下过去40年“财富1 000强”的榜单，几乎每10年一次大换血，而且换血的速度越来越快。1973—1983年，35%是新上榜公司，有350家被替换掉，新崛起的高科技公司替代了很多传统公司；1983—1993年，这一数字是45%；1993—2003年，60%都是新上榜公司；2003年到2013年，也就是《拜杜法案》颁布后的30年间，有712家公司都下榜了，新上榜的公司无疑更具有科技含量，如谷歌、Facebook。当然也有很多硬科技公司，如埃隆·马斯克的火箭公司、基因测序公司Illumina，这些公司背后无一例外都有大量从高校转让过来的知识产权支撑着其科技产品的发展。这说明，没有创新的公司是没有前途的。

耐克公司从20世纪60年代以来到现在一直长盛不衰，这也是和其所具有的创新文化分不开的。从1964年发明现代运动鞋开始，耐克一直是一个极佳的创新案例研究对象。先是与摩城唱片在同一领域进行了一系列创新，后又发明那款“华夫底鞋”，但耐克并未放慢创新的脚步。2013年又推出了可穿戴腕带和轻量化跑鞋。耐克的经营成果随着创新也屡创新高。那么耐克如何能够进行目标明确的创新，说到底就是因为其创新文化。在耐克，创新已经刻入基因，它们的文化

口号是“总是给点儿新玩意儿”，可见耐克的文化就是崇拜创新，这样可以规避一成不变，持续地颠覆自己。正因如此，耐克在2013年度被评为最具创新力的公司。

科技部原部长徐冠华曾表示：“观念的创新、科技的创新、体制的创新，无不回归于文化的创新，这不仅是逻辑的必然，也是历史发展的必然。因为文化是民族的母体，是人类思想的底蕴。要实现体制和科技上的创新，必须把建立创新文化当作一个重要的前提。这不仅是历史的经验，也是现实的迫切需要。”① 从以上可见企业的创新气质必须有相应的创新文化配合。硅谷之所以成为创新创业者的天堂，一个重要的原因就是它允许失败的文化。创新文化包含以下四个特质。

一、风险文化

创新就会有失败的可能，即使是大公司在创新的时候也会面临失败的风险，失败其实只是探寻成功过程中的基本要素。WD－40，万能保养剂的领导品牌，其名字中的40就是其产品开发实验室失败的次数。比如我国互联网的领军企业腾讯、百度在电商事业上失败了，Facebook 在产品 Facebook Home 上失败了，Uber 在中国市场失败了，大公司创新失败的例子不胜枚举。

所以不管创业公司多么快速地取得成功，关键还是要看其如何面对属于它们的一系列失败。最聪明的创业者应该是用最低的成本、最快的速度去到达瓶颈期。也就是说，失败了以后怎么办？一种是从失败中学习经验教训，调整战略开始下一次尝试，从头再来；另一种就是没有精神和精力继续尝试，因为已经没有了信心。所以我们要鼓励创新，就应该允许失败，因为很多成功的经验都是从失败中学习的，只有允许失败才会让更多的人或企业成长。比如创新圣地硅谷最重要的一个精神就是奖励失败。“失败是成功之母”的古训在硅谷得到了认可。创新失败了会得到鼓励甚至奖励：你失败了，投资者会认为你积累了经验，下一次更愿意相信你。

前东京大学教授、日本失败学大师畑村洋太郎也认为，在企业进入成熟阶段后，分析“错误示范”，绝对比一味模仿“正确示范”更加能够刺激创新，拉出

① 徐冠华．大力构建有利于创新的文化环境［J］．中国软科学，2001（3）：3.

新的成长曲线。因此，如何预防失败、管理失败，并从失败中寻找创新因子，日益成为企业管理领域的主题。

二、放下过去，面向未来

过去是很好的老师，但也是个可怕的怪物。如果一个企业总是墨守成规，那么企业会逐渐失去想象力，很多商业行为就掉进了这一陷阱。有些企业经常为墨守成规而辩护，认为历史总是在重复，过去有效的未来也一定有效。然而企业所面临的环境日新月异，商业规则也许刚好截然相反。所以企业要做的是放下过去以便更好地面向未来。放下过去是指过去能给企业一个经过武装的头脑、资源、品牌、价值作为起点以便让企业投入下一场战斗。

放下其实并不容易，尤其是当一切还不错时。斯隆在 1921 年接管通用汽车时正处于经济大萧条时期，公司处于崩溃的边缘。福特公司仅凭借黑色 T 型车就占据了美国汽车市场 60% 的份额，通用汽车靠 8 种车型才拥有大约 12% 的份额，而在这 8 种车型中，只有 2 种赚钱，其他 6 种都亏损。斯隆仔细考虑后，提出一项计划，即用 5 种车型满足市场。其中 2 种是现有的车型，其他 3 种是全新的车型。这 5 种车型中，每一种车型的性价比都不一样：在价格较便宜的车型中，它是最贵、性能最好的；在价格高一个档次的车型中，它又是最便宜和最简单的。这 5 种车型，每一种在市场上都与众不同，而且它们的目标是在同档次车中成为领军产品。这项计划令通用汽车在 5 年内成为美国最主要的汽车制造企业和最赚钱的汽车制造企业之一。

这个放下“计划”在今天看起来似乎很平常，但在当时实际上是非常激进的——通用汽车的同事用了好几年的时间才接受它，但明显的是，它取得了极大的成功。

而面向未来是指企业在进行创新时的焦点应该是在未来，企业需要洞悉趋势，以及竞争环境的变化，需要以前瞻的市场为目标。因为如今我们正处在一个多变的世界，新事物的到来比历史上任何一个时间段都要快。新的科学突破、新的规则、新的竞争对手以及新的创意等。

三、逆向思维

逆向思维，其实就是求异思维，是“反其道而思之”的一种思考方式，对已成定论的事物和观点或者司空见惯的现象反向进行思考，从问题的对立面进行深入探索，创造新形象，树立新思想。

纵观历史，一些伟大的突破往往是创新者反其道而行之的结果。那些成功的领导者往往敢于在他人进行转变时掉头行驶。苹果公司的口号是“Think Different”（非同凡“想”），其实就是要与众不同，只有这样才有机会脱颖而出。另外，巴菲特也有一句名言：别人贪婪时我恐惧，别人恐惧时我贪婪。其实这是逆人性的，因为大多数人买股票都是追涨杀跌，所以他们都成不了巴菲特。对小公司来讲，由于品牌知名度、资金及资源实力等都远不及大公司，如果要和大公司硬拼肯定不行，所以，小公司要做大，就要颠覆现状，要从大公司看不起或者看不见的地方入手。大公司其实也一样，如果大公司没有把握住市场机会，那么市场主流很可能就被其他公司通过颠覆式创新所占据，大公司如果想要再夺回失去的市场，即使投入再多的资金、资源，在大多数情况下都很可能遭遇失败。比如诺基亚手机曾经红极一时，但是由于没有抓住智能手机这一个创新的时机反被苹果公司赶超，从此再也没有翻过身来，最后将手机业务出售给微软，而微软在2016年5月又以3.5亿美元的价格将手机业务出售给富士康。

英特尔一直是大家公认的中央处理器的王者，AMD一直在与英特尔竞争但却从未超越，因为AMD一直在跟英特尔比谁的计算能力更强。但是另外一家名叫ARM的公司却没有这么做，它不和英特尔比计算能力，却专注低端市场，专注不起眼的手持设备中谁的功耗低。因为手持设备最怕的就是发热、耗电。当手机、机顶盒等手持设备流行起来时，由于里面都是轻量级的中央处理器，ARM就在市场上火起来了。ARM这种小公司无法投资英特尔那样的10亿元级别的大工厂，所以它就输出所有的设计方案，如苹果、三星、华为都是靠ARM的授权来做自己的芯片，结果英特尔反过来要跟ARM学习低计算能力和低功耗，ARM最终在另一个层面上打败了英特尔。

所以与其在“红海”中拼个你死我活还不如试试其他路径。可以将企业从常规的预期中释放出来，进行头脑风暴，尝试各种方法。去探索一个未知的领域，就要远离企业的安全区，最终会探寻到强有力的使业绩增长和创新的方式。

四、协作精神

协作在创新文化中主要体现为整个创新团队的向心力和凝聚力。如今科技创新表现出越来越明显的多元性、关联性和协同性。创新成果的取得更多地依赖集体智慧。单枪匹马的英雄主义在科技创新中越来越没有市场。1901—1972年美国的286位诺贝尔奖获得者之中，有185人是与他人进行合作而获奖的。2013年9月，普华永道在世界经济论坛上公布了一项题为“突破性创新与增长”的调查研究，研究显示，与内部和外部合作伙伴的协作对创新而言至关重要。

以华为为例，20世纪90年代末，华为面对的主要问题是如何突破核心技术，如何缩短与欧美国家之间的技术差距。欧美巨头已经在电子通信领域摸爬滚打了数十年，无论是技术、管理还是资本、人才积累等方面都远远超过当时的华为。华为要想赶上它们，加快研发速度，在追赶过程中尽量缩短时间就显得十分重要。当时华为采取了与高校、科研机构等外部组织合作的方式，以资源互补和共享、风险共担为基础进行合作创新，大大加快了研发速度。任正非曾在《华为的冬天》这篇文章中指出，华为“要适当地和竞争对手展开合作，降低研发成本。……如果我们和竞争对手联合起来搞研发，共同研发一个产品，研发成本降低了一半，我们的成本就降低了一半”。① 正是这种协作创新的精神让华为顺利地度过了“冬天”。

随着新经济时代的到来，协作创新的含义又有所变化。原来的经济形态是以跨国企业为特征，而现在新的经济形态以拥有先进科技且经验丰富的企业家为特征。这些企业家是企业的核心，通过他们企业组织到各种资源，使企业达到指数级增长的速度，如许多独角兽企业，两三年的发展便能达到估值几百亿美元，而那些老的跨国企业也许需要上百年才能达到这样的规模。这些新兴企业的生产方式是“积木式创新”，外部协作资源像乐高积木一样即插即用，所以不管企业的规模有多大，都是由一堆小积木组成的。过去跨国公司的协作模式更多的是基于钱和货的关系，但是未来这些先进的科技公司协作的程度可能会越来越深，如股权的协作以实现利益长期共享。如今参与协作的企业生态系统人数越来越庞大。

① 任正非．华为靠什么［M］．北京：中信出版社，2014：179.

比如 Facebook 上市时有 3 400 名员工，服务于 9 亿多用户，其实这 9 亿多用户也是 Facebook 的生态协作者之一，每个人其实都是它的合作伙伴，都在 Facebook 上贡献价值。这种广泛的协同会对原有的企业造成新的颠覆。

所以，我们说现代创新是一个平等竞争、开放协作的协同进化系统，它既离不开不同专业人才的学习与交流，也离不开全球的信息交流与合作，还离不开多学科的共享与交叉，当然更离不开各部门的协作和配合。

第二节　实施有效的产学研合作

产学研合作是指企业、科研院所和高校由于共同的利益和市场需求联合起来，按照市场机制，采取多种方式在研发、生产营销、咨询服务等方面所进行的经济合作活动。不可否认，科研机构、高等院校和企业都是创新主体，但从创新能力和功能定位来看三者还存在一定的差异。其中，高等院校和科研机构是创新的源泉，也是科技知识与技术创新产生的摇篮。企业固然也会进行研发，但大多以应用性技术开发为主。正是因为定位不同、市场目标各异，所以企业与科研机构、高校之间不存在明显的利益冲突而有着较强烈的合作意愿与现实需求。这样的产学研合作可以有效配置资源，并且可以通过技术创新来提高科研机构和企业的竞争力。

从我国现阶段的实际情况来看，当前我国大多数企业的研发能力比较弱，研发投入也比较有限，而高校和科研机构积累了大量人才、科研设备等研发资源。因此，借鉴国际先进经验，积极推动产学研三者建立研发联盟、共同开发产业关键技术和战略技术是提高我国研发效能、减少重复研发弊端的一项至关重要的制度安排。

一、四川省产学研合作现状

2009 年以来，在政府政策和市场的推动下，四川省的产学研合作有了较大发展。产学研的合作解决了一批技术难题，企业、高校、研究机构间的知识转移速度加快，知识的价值在市场上得以实现。

（一）产学研合作基础较好

作为西部科教大省，四川省科教资源丰富，是西部第一个国家技术创新工程试点省，有“两院”院士61人，各类专业技术人员287万人，高等院校109所，国家重点实验室13个，各类研发机构1 759个，拥有国家级国际科技合作基地14个。2015年，四川省高新技术产业总产值达1.5万亿元，同比增长25%，科技创新对经济增长贡献率超过50%。2015年6月，国务院发文批复同意成都高新区建设国家自主创新示范区，成为西部首个、全国第8个国家自主创新示范区。截至2016年3月，成都高新区区内新设立各类企业6 624户，同比增长105.27%，新增注册资本381.82亿元，同比增长215.71%。2015年9月7日，四川省同上海、广东等地区一起被列入全面创新改革试验区。2016年3月，成都菁蓉国际广场正式启用，这里已引进18家国内知名新型孵化器，如3W咖啡、36氪、赛伯乐投资集团、阿里百川等，载体面积共计6.6万平方米，入驻科技创业企业600家以上，菁蓉国际广场正在成为西部最大的创新创业孵化平台。而2015年开始修建的创新要素的集聚区、创新发展的先行区——成都科学城也已经有不少企业及项目入驻。一类直接入驻科学城的天府菁蓉中心，如诺基亚全球技术中心、电信云计算中心、北大光华管理学院成都分院等；另一类是征地自建，如北航西部国际创新港、中铁轨道研究院、中科院成都研究中心等。综上所述，无论是硬件实力还是软件实力，四川省都已具备较好的产学研合作基础。

（二）政府出台多项政策鼓励产学研合作

近些年，四川省一直从政策上推动产学研合作的发展。2009年，四川省《关于开展产学研创新联盟试点的通知》中指出，要以四川省高新技术产业、“7+3”优势培育产业发展以及高新技术战略产品、重点产品开发的技术创新需求为导向，以形成核心竞争力为目标，以企业为主体，围绕产业技术创新链，运用市场机制集聚创新资源，实现企业、大学和科研机构等有效结合，共同突破产品开发、产业发展的技术瓶颈，推动形成利益共同体。[①] 2014年10

① 四川省科技厅．关于推动四川省产学研创新联盟构建的指导意见［EB/OL］，http：//www. scst. gov. cn/info/detail. jsp? infoId = B0000255692009 - 11 - 10.

月，四川省又推出五大举措推进产学研协同创新，分别是：推进制定一批产业技术路线图；支持攻克一批产业关键技术；支持建设一批产学研创新平台；支持培育一批产学研合作创新团队；选择一批院所高校企业开展改革试点。① 2016 年 6 月，“成都新十条”——《促进国内外高校院所科技成果在蓉转移转化若干政策措施》以前所未有的改革力度和含金量正式对外发布，实现了多项先行先试的改革突破，更大程度打破了高校院所的科技成果在成都转化的制度藩篱，激发科技人员融入经济发展“主阵地”，力促成都深度打通产学研协同创新通道，促进经济提质增效。在这些政策的推动下，四川省的产学研合作得到了一定的发展。

（三）综合科技指标有所提高

从专利申请情况来看，2017 年四川省专利综合实力排在全国第 6 位。四川省专利申请及授权量高速增长，新增专利申请 167 484 件、增长 17.51%，其中发明专利申请 64 642 件，增长 19.1%；获得专利授权 64 006 件，其中发明专利授权 11 367 件，增长 7.39%。

另外，据 2015 年全国各地区科技进步统计监测结果显示，四川省 2015 年科技进步环境指数位列全国第 14，比 2014 年下降 1 位（见图 5－1）；科技活动投入指数位列全国第 17，比 2014 年上升 1 位（见图 5－2）；科技活动产出指数位列全国第 9，比 2014 年上升 2 位（见图 5－3）；高新技术产业化指数居全国第 6 位，比 2014 年下降 1 位（见图 5－4）；科技促进经济社会发展指数居全国第 19 位，比 2014 年上升 1 位（见图 5－5）。从以上各创新及技术转移指标来看，四川省有所提高，但和先进地区相比仍然存在一定的差距。

二、产学研合作存在的主要问题

（一）科研投入与产出不匹配

在市场作用和各种政策的推动下，近年来我国的创新投入呈现不断增加的趋

① 四川省科技厅．四川省五大举措推进产学研协同创新［EB/OL］，http：//www.scst.gov.cn/zhuzhan/stdt/20141011/4021.html.

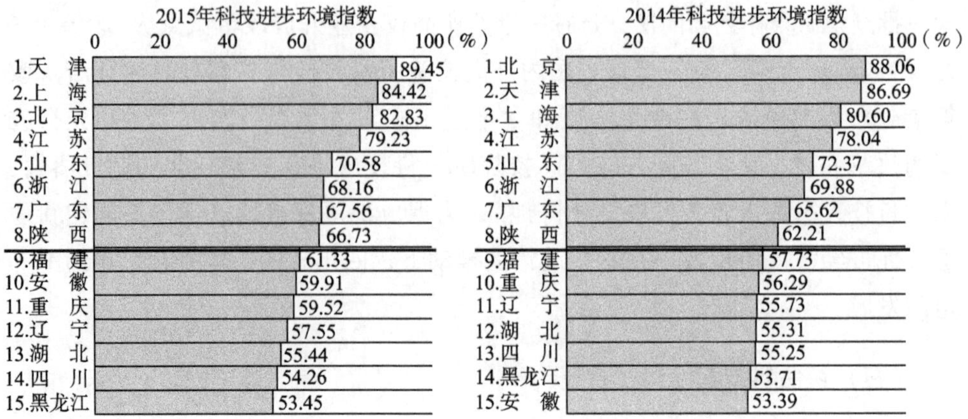

图 5-1　2014 年和 2015 年全国及各地区科技进步统计监测结果

资料来源：中国科技统计网站，下同。

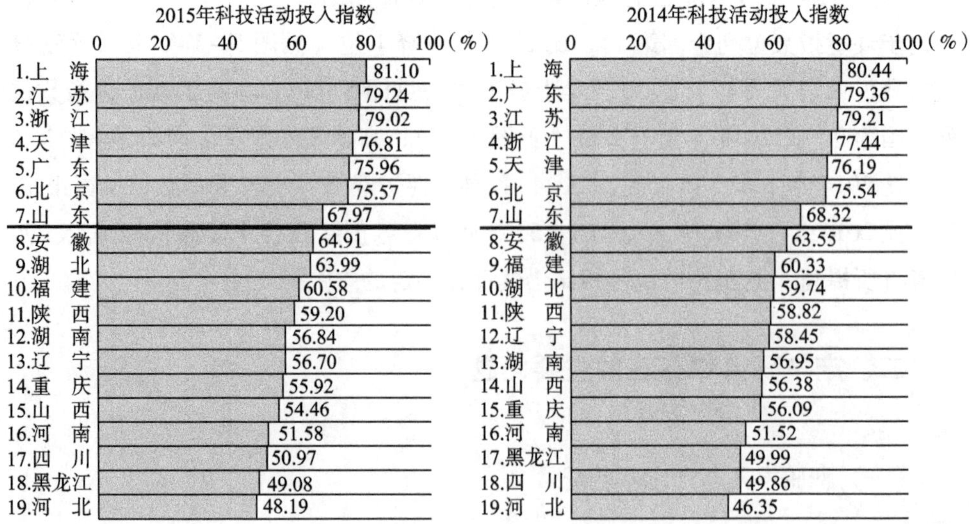

图 5-2　2014 年和 2015 年全国及各地区科技进步统计监测结果

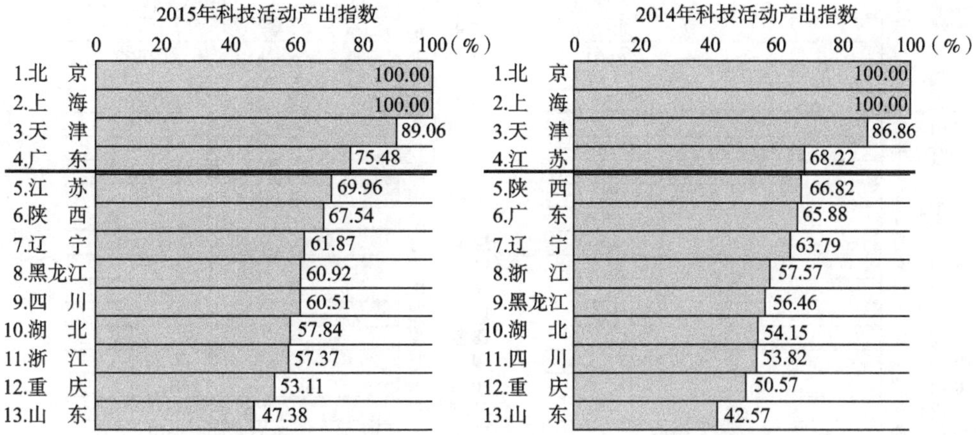

图 5－3 2014 年和 2015 年全国及各地区科技进步统计监测结果

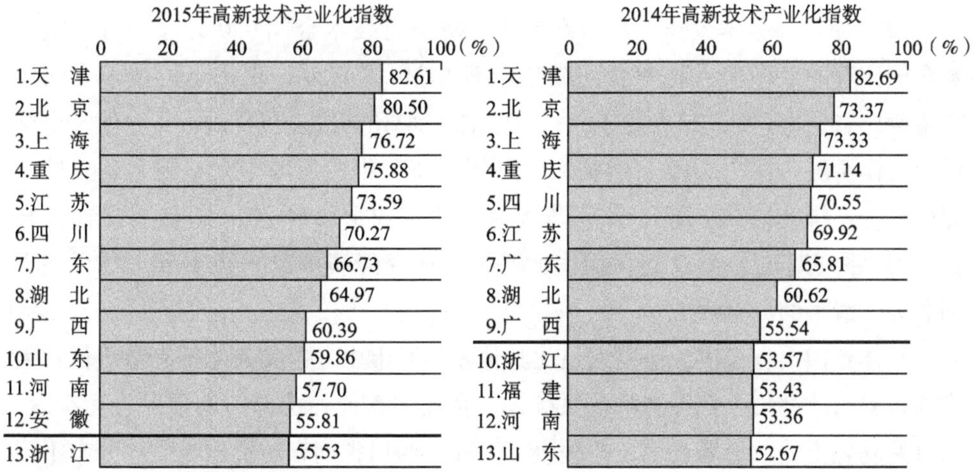

图 5－4 2014 年和 2015 年全国及各地区科技进步统计监测结果

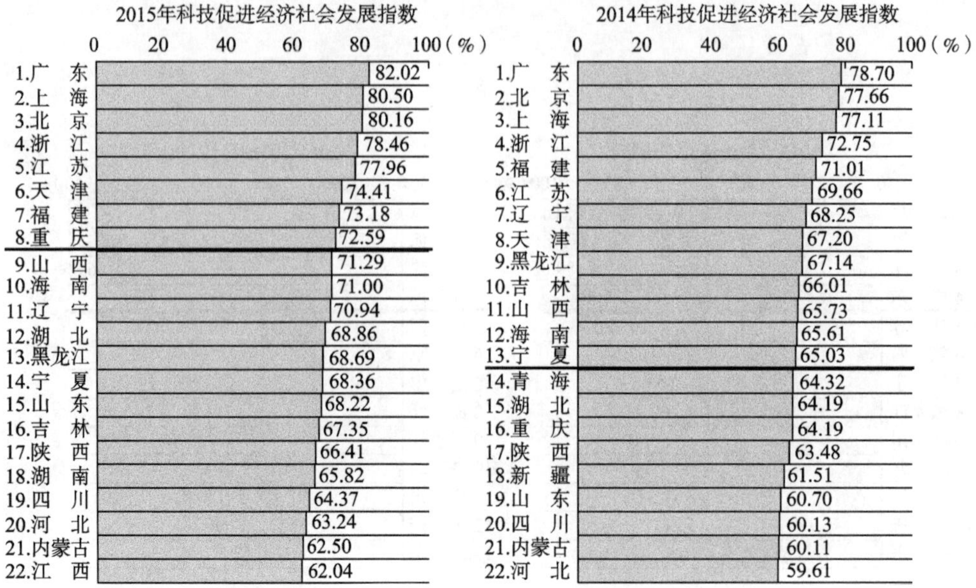

图 5－5　2014 年和 2015 年全国及各地区科技进步统计监测结果

势，产出效果也随之改善，但如果从产学研合作的角度看，效果就不那么乐观了。2016 年，高等学校作为卖方在技术市场签订技术合同 6.0 万项，占全国技术合同比重的 18.7%；技术合同成交金额为 314.3 亿元，仅占全国技术合同成交金额比重的 3.2%。2015 年 11 月，《自然》增刊首次发布科研合作分值及全球科研合作情况。在“2015 自然指数—科研合作”中，深圳华大基因名列全球产业机构合作排名首位。2015 年，华大基因发表文章 374 篇，其中《自然》与《科学》系列期刊文章 42 篇，而华大基因的研究经费加起来还不到 1 亿元、不到北大、清华的 1/100。

具体到四川省来讲，研发人员比其他发达城市少，顶尖人才拥有量更低，大多数顶尖人才都集中在国防科技系统，对企业和其他经济部门的辐射力度有限，而且两院院士的数量增长也比较缓慢。另外，四川省创新的资源与主体分布不均衡，主要集中在成都、绵阳、德阳一带，其他地区相对较少，而且也没有形成规模。同时，高校及科研院所的科研成果尚未在经济部门进行快速充分转化。

2017 年，四川省全年研发支出 637.8 亿元，占 GDP 的比值为 1.72%，居全国第 7 位；2017 年，四川省共发表科技论文 22 159 篇，居全国第 7 位。如果发表科技论文上的合作是来自高校和企业不同的部门，这是科研人员能够利用多种技术从多角度研究复杂科学问题能力提高的证明。协作研究能够促进科研人员与企业之间的知识传播与共享。2016 年 1 月，根据 Scopus 提供的数据，最好大学网公布“2016 中国高校企业合作论文排名”，从该排行榜来看，四川省除西南石油大学处于第 11 位外，其他学校都在 20 名以外，四川大学处于第 24 位（见表 5－1）。这些数据都充分说明了科研投入与产出的不匹配。

表 5－1　2015 年、2016 年校企合作论文排名

2016 年校企合作论文排名	2015 年校企合作论文排名	学校名称	类别	2016 年校企合作论文数（篇）	2015 年校企合作论文数（篇）
1	1	中国石油大学(北京)	211	1459	2113
2	2	清华大学	985	1187	1069
3	3	上海交通大学	985	909	851
4	4	中国地质大学(武汉)	211	855	761
5	5	浙江大学	985	833	747
6	6	北京大学	985	799	673
7	8	西安交通大学	985	560	486
8	13	华北电力大学(北京)	211	554	398
9	9	复旦大学	985	534	445
10	7	北京科技大学	211	509	510
11	11	西南石油大学		498	442
12	14	华中科技大学	985	482	384
13	9	西北工业大学	985	468	445
14	12	吉林大学	985	436	408
15	15	同济大学	985	433	383
16	18	天津大学	985	398	348
17	16	北京航空航天大学	985	384	373
18	18	哈尔滨工业大学	985	379	348
19	20	武汉大学	985	368	330
20	28	重庆大学	985	355	254

资料来源：软科．独家：2016 中国高校校企合作论文排名［EB/OL］. http：//learning. sohu. com/20160113/n434429188. shtml.

（二）产学研合作动力不足，深度不够

由于产学研各方属于不同的组织形态，各自具有不同的组织价值和目标，这直接导致了产学研合作动力不足，活力不够。高校和科研机构的科研人员主要以追求学术成就和实现自我价值为目标，他们从事研究的目的是出论文、出专著，强调研究成果的前沿性和先进性，不重视科技成果的实际应用和推广。再加上职称评定制度的局限性，使研究人员的科研导向主要以学术水平为衡量标准。为了同当前高校的评价体系相适应，研究人员对于一些市场前景很好的项目也只能放弃。另外，有些研究人员即使参与了产学研合作，其实也很难全身心投入。大多数研究人员特别是年轻的研究人员，在他们获得高级职称之前，基本都把精力放在了发表高水平论文、申请国家课题上，面向市场进行科学研究变得非常艰难。

（三）市场导向机制不健全

产学研合作应该是市场机制导向下各方的自愿合作行为，但目前的产学研合作一般都是政府通过综合性的科技计划来进行的，这些专项计划其实反映了政府在创新资源配置上的主导作用，以及政府在推动产学研创新过程中以行政手段代替市场机制的现象。因为产学研三方分属不同的主管部门，利益、权属、管理等关系条块分割严重，合作关系还存在壁垒。所以这些部门在推出产学研合作的同时又都通过各种方式保持自身的利益，部门间条块分割依然存在，缺乏统一协调，很难在合作的运行过程中协调好各个单位的相互关系，这些都是缺乏市场导向机制的表现。另外，四川省还存在军民之间互相隔离的情况，军用和民用之间缺乏统筹和规划，产学研各主体难以形成有效的合作关系。所有这些机制上的不完善都制约着创新资源的配置效率，更是制约了四川省产学研合作的有效发展。最后，由于高校和科研机构的分配机制不完善，激励制度不健全，使科研人员主动寻求与企业合作的动力不足。

（四）缺乏高层次及战略性的合作

四川省目前的产学研合作还停留在比较低的层次上，如技术转让、合作开发、委托开发等，以企业为核心共建研发联盟、战略联盟、技术联盟的高层次合作还比较少，企业还未真正成为创新的主体。企业管理者在选取合作项目时缺乏有远见的创新认识，注重短期利益。从企业长远发展的角度考虑，同科研院所积

极开展产学研合作对解决技术当中的难题是非常有利的，但由于我国的企业尤其是国有企业产权制度不完善，经营管理体制也存在一些弊端，所以企业往往忽视长远利益只看到短期利益。从美国的经验来看，一件创新产品从实验室到最终的量产基本上需要 5～8 年的时间，企业管理者的短视也造成了产学研合作的不成功。

三、促进产学研有效合作的政策建议

产学研合作对提升企业的创新能力有显著作用，也有利于整个国家创新能力的增强。因此政府采取各种措施促进产学研的有效合作将会加快四川省创新驱动发展的步伐。长期以来，欧美及日本等发达国家坚持基础研究与应用研究并重的发展思路，而且非常注重二者的紧密结合，这是其技术研发成果源源不断的重要原因之一。针对四川省目前的状况，我们认为政策需要从以下几个方面进行改善。

（一）建立并完善支持产学研有效合作的政策体系

我们往往只看到了美国的科研基金、科学家和企业家这些有形的要素，以为把它们结合起来就能产生奇迹，而没有充分意识到这些因素背后的法律和制度安排。事实上，法律和制度安排不仅仅是把科研基金、科学家和企业家精神有机结合起来的无形纽带，还是这些因素的催生力量。换句话说，如果没有好的制度，大量的资本投资活动、发明创造活动和创业拓展活动根本无法开展。

一般来讲，产学研合作需要投入大量资金，并且面临极大的风险。当产学研的对象是具有很强外部性的共性技术时，政府的支持、鼓励和政策引导对于产学研的有效开展就特别重要。从四川省目前实施的政策来看，已经取得了一定的成果，但还存在一些不足，如政策比较分散、政策内容不完整等，从科技统计数据也可看出政府政策的激励效果并不十分明显。因此，可着重从以下两方面加以改善：一是制定促进产学研合作投入的政策。从目前看来，创新主体开展技术研发最大的困难就是资金不足，因此可以从政府层面加大研发的投入力度，帮助产学研合作主体破除资金短缺的障碍。比如政府通过制订科技计划的方式对产学研合作项目提供直接的资金支持。二是制定促进产学研合作的财税政策。财政和税收政策是调节产学研合作的重要杠杆，如果给予企业或产学研联合体以税收优惠或者信贷上的支持和专项补贴，就能为双方提供良性的合作环境，起到明显的激励作用。

（二）制定合理的利益分配机制

产学研合作的直接推动力是利益企业与高校、科研机构之间的合作能否顺利进行，关键就是要协调好合作者之间的利益。不同的利益分配机制可以产生不同的激励效果，但现行的利益分配机制在诠释产学研合作上缺少独特性和针对性，从长期的合作来看容易出现利益纠纷而且缺少风险共担机制。梁喜通过实证研究得到以下结论：一是在产出分享方式①和混合方式②中，利益分配与学研方的贡献程度成正比；二是从投入角度看，固定支付方式③下研发方和企业方的投入都为最少，因此固定支付方式最能激励双方；三是从利润分配角度看，学研方在产出分享方式中获得的利润最大，企业方在固定支付中获得的利润最大，因此产出分享方式最能激励学研方，固定支付方式最能激励企业方；四是从风险的角度看，在混合方式中，学研方和企业方都参与了两个阶段，共同承担了两个阶段的风险，在追求整体利益最大化且共担风险的情况下，混合方式最能激励双方进行投入；五是由于在两阶段中，学研方的贡献程度不同，因此两阶段中的最优利益分配方案不同。完全契约限定了对利益分配的意愿，因此，不完全契约更能够激励双方进行合作投入。④ 因为产学研合作是一个动态变化的过程，在每个过程中创新主体也在不断发生改变，故产学研各成员间的创新投入及贡献程度也都随之而改变，单一的利益分配方案无法满足各合作成员对于利益分配的意愿。所以，签订不完全合作契约，不断根据产学研各成员间的实际情况调整利益分配，是稳定维持产学研合作的一种最有效的方式。

（三）加强产学研各方的沟通，有效管理合作过程中的冲突

企业、高校和科研机构的价值取向是不一样的，企业注重的是技术创新的商业价值，而高等院校和科研机构更关注技术创新活动的研究价值，以及以知识为

---

① 研发阶段只有学研方进行投入，生产和商业化阶段双方都进行投入，双方在两阶段中进行利益分成。

② 企业方在研发阶段以研发投入的方式给予学研方一定的专项研发资金，学研方和企业方在两阶段中都进行投入，同时在两阶段中都进行利益分成。

③ 企业方一次性支付给学研方研发费用。

④ 梁喜．不同利益分配方式对产学研联盟创新激励的影响［J］．经济技术与管理研究，2016（8）：55.

形式的产出结果。在大多数情况下，企业的技术需求往往是短期性的，所以产学研各成员间必然会产生这样或者那样的冲突，特别是两个价值取向刚好相反的组织合作时，相互之间的潜在冲突可能会出现互相不信任、合作效率低下或者合作组织解体等严重后果，所以可以根据合作主体的类型和特征，通过良好的交流沟通和不断反馈，产学研三方建立起密切的伙伴关系，增进彼此间的信任，加强各方之间对技术信息分享的意愿，降低知识传递和分享成本。另外，企业还可以通过各种正式或非正式的途径加强同高校及科研机构的沟通，并建立有效的协商机制，及时解决合作中可能出现的冲突，从而增加长期合作的可能性。

（四）促进人才的横向流动

实施科技创新必须以人才为依托，不仅需要提高劳动者素质，更需要高端创新人才，因此人力资本比物质资本更重要。劳动力的低成本只能在贸易领域有用，但在创新领域，低薪酬只能吸引低素质的人才，只有高薪酬才能吸引高端人才。因此促进产学研之间科技人才的联系与流动，甚至是跨域国界的人才流动才是从根本上保证创新质量的关键。所以四川省的高校可以重点建设优势学科并培养该学科支撑下的产学研创新人才，或者引进学研方的科研人员来企业指导技术难题的解决，也可以派送企业人员去大学或科研机构培训、学习，以便将合作向更深层次推进。同时可由高校和企业合作，共同创建产学研人才实训基地，培养“科研优势＋实践能力”兼备的专项人才。另外，如果是重大的科研项目或者是关键的技术创新需求，可采用“高端人才＋实验室”的培养方式，从国内外引进高端专家进入实验室、学科组，加强高端人才与青年学生的直接交流，助力培养产学研精英人才。

第三节 军民融合全面创新

军民融合的“军”是指国防和军队建设，“民”是指经济建设。军民融合就是指经济建设与国防建设两大系统的有机融合、良性互动，进而实现两大系统资源的流动互通、开放共享，最终旨在经济有效地建设现代国防。从内容上来讲，军民融合有两层含义：一是在民间使用军事技术；二是民营主体参与军工市场，同时也包含民间资本进入国防科技工业投资建设领域及民营企业有序参与军工企业的改组、改制。其实军民融合在发达国家已有先例，而通过国防项目推动国家技术创新水平也是目前发达国家的普遍做法。

美国自主创新能力之所以保持全球领先地位，与其高度发达的军工科技研发与技术水平是分不开的。美国建立的国防科技工业体系即是“军民融合”的一个典型。美国国会的一份研究报告显示，军民融合使美国国防部每年节约采办费300亿美元，占其采办费总额的20%以上。英国十分重视军民两用技术的转让，把军用成果解密后通过国防信息中心定期向社会公布然后与有意者签订转让协议。英国国防部还从军事需求和国民经济出发选择和组织实施一些对军民都有推动作用的高技术项目，以实现对国防实力和国家高科技的双重提升。法国也明确提出国防高科技技术要以军民两用技术为重点。

我国同样非常重视军民融合的发展。在我国，一方面政府正在转变既有的投资方式，强化市场配置资源的能力；另一方面政府也正在逐步转变自身在军工领域的角色和定位。在这一背景下，破除军民的二元体制结构，通过军民深度的有效融合实现整个社会资源的整合以及军工的产业化、市场化，开放和融合式发展必将是大势所趋。军民深度融合一方面可以提升原有军工资产的使用效率，构建军民深度融合的由国家主导、市场运作、需求牵引的运行体系；另一方面还可以促进创新，盘活存量资产，加快武器装备升级换代，吸引各种社会资源进入安全领域，促进我国军工产业的升级，最终谋求军事效益及经济效益的最大化。

事实上，政府高层也在不断加强对于军民融合的政策支持。2016年3月25日，习近平总书记主持召开中共中央政治局会议，审议通过《关于经济建设和国防建设融合发展的意见》。会议强调，“推进军民融合发展是一项利国利军利民的大战略，军地双方要站在党和国家事业发展全局的高度来认识思考问题，切实把思想和行动统一到党中央决策部署上来，把军民融合的理念和要求贯穿经济建设和国防建设全过程，加快形成全要素、多领域、高效益的军民深度融合发展格局。”① 同时，“十三五”规划也明确提出“实施军民融合发展战略，形成全要素、多领域、高效益的军民深度融合发展格局”。可见军民融合已被列入发展规划当中，积极支持民营企业进入军工领域、实现军民融合的深度发展势在必行。

---

① 习近平主持政治局会议：推进军民融合发展是大战略［EB/OL］. http：//news. xinhuanet. com/politics/2016 -03/25/c_ 1118448613. htm.

一、四川省推进军民融合创新的优势及现状

四川省是国防军工企业大省，不仅总量大、门类多，各自的发展水平也很高。在发展军民融合产业方面，四川省具有独特的军工资源优势。在一些产业和领域，四川省在全国包括在全球都具备优势。例如，四川省的航空产业规模居全国前四位，在整机和发动机研发制造、航电产品研发制造、大部件维修等领域都处于国内先进水平；四川省的信息安全产业规模同北京、上海、深圳一样处于国内第一方阵，并在部分领域达到全国甚至全球先进水平。如今四川省军民融合产业的规模收入居全国第二位，达 2 660 亿元；军工核心能力建设投资排名全国首位，约占全国的 1/6。在军民融合产业中，核技术、航空、航天、电子信息四大类高新技术产值占比达到 73%。2010 年，为推动军民两用技术发展，科技部授予中国（绵阳）科技城为国内第一家“国家军民两用技术交易中心”。

2015 年 8 月，四川省又被确定为国家系统推进全面创新改革试验区。“按照国务院的要求，四川省推进全面创新改革试验，要围绕加速军民深度融合，以实现创新驱动转型发展为目标，以推动科技创新为核心，以破除体制机制障碍为主攻方向，依托成（都）德（阳）绵（阳）地区，开展系统性、整体性、协同性改革举措的先行先试，加快构建全要素、多领域、高效益的军民深度融合发展格局，形成引领经济发展新常态的体制机制和发展方式。”① 可见，探索破除军民融合的体制机制障碍已成为四川省的重要任务之一。

2016 年 4 月，四川省和国防科工局及 12 大军工集团签署了战略合作协议，总投资达 4 000 亿元，几方准备共建核动力、核燃料、信息安全、航空整机等军民融合产业基地。2016 年 5 月 26 日，在四川省绵阳，国家军民两用技术交易中心正式揭牌运营，该中心由 5 个部分组成，包括军转民成果展示厅、高精尖成果展示厅、民参军成果展示厅、民参军服务大厅和数据库，同时中心已引进 50 余家机构提供金融服务和军民融合技术服务，入驻了 10 多个军民融合创客空间团队。国家军民两用技术交易中心正式投入运营后将强化军地融合，整合军民融合企业、各类军工院所及相关科技服务机构等创新资源，在 3 ~ 5 年时间内将其建设成为服务全国的军民两用技术交易中心。它的运营标志着我国深入实施军民融

① 梁现瑞．全面创新改革试验将在五大区域落地落实［N］．四川省日报，2016 - 08 - 29.

合战略、推进全面创新改革试验又一次迈进。① 2016 年 7 月 4 日，国务院正式批复《四川省系统推进全面创新改革试验方案》，从国务院批复的 8 个区域方案来看，在四个省级行政区域中，四川省是唯一被要求围绕加速军民深度融合发展来推动全面创新改革试验的地区，由此可见，在推进全面创新改革试验的进程中，加速军民深度融合是四川省最鲜明的任务。

除了政府支持，国防军工企业也在积极行动。2016 年 8 月 12 日，“四川省军民融合高新装备先进材料产业联盟”在成都成立，该联盟由中国工程物理研究院（以下简称中物院）材料研究所等 33 家单位共同发起，还包括中国核动力研究设计院、北京科技大学、清华大学、西南交通大学、四川大学等高校，中科院金属研究所等科研院所以及攀钢集团、中广核集团、东汽集团、中电投、二重等相关企业。该联盟以市场为导向、企业为主体，形成政产学研用相结合的军民融合创新组织。联盟将以“军民融合”和“先进材料”为两个核心元素，并依托各大军工科研院所的技术资源，组织高校、科研院所、中介服务机构和企业等聚集科技成果信息，以市场作为科技成果转化的切入点，促进供需结合，通过市场为科研成果定价，促进军民科技融合。

二、四川省的政策支持

为加快构建军民融合产业发展体系、加快推进军民融合创新、加快创新军民融合发展机制，四川省出台了多种政策进行支持。

目前，在绵阳科技城已成立了四川省军民融合高新技术产业联盟、四川省军民融合研究院，而且还设立了规模达 20 亿元的军民融合成果转化基金。另外，科技城还开始启动国家核医学基地建设，进行军民融合企业认定，并在相关领域已取得初步成果。② 绵阳在军民融合过程中，启动了军民融合金融服务中心试点，使军民融合企业办理贷款的时间从以前的 1 个月缩短到现在的 1 周，另外还设立了四川省军民融合银行、军民融合成果转化基金以及军民融合研究院，以便认定军民融合企业的资质。

为从技术上给军民融合企业提供支持，绵阳市将西南科技大学、中国工程

①② 国家军民两用技术交易中心在绵阳科技城正式运营［EB/OL］. http：//www.xinhuanet.com/mil/2016-05-27/c_129019602.htm.

物理研究院、长虹集团等高等院校、国防科研院所及大中型企业一起作为管委会的成员单位，统筹军地资源，共同构建、协同创新、资源共享、项目促进等工作机制。[①]

在军民深度融合方面，四川省的支持政策也走在了全国的前列。一是2016年5月，军民融合发展推进领导小组率先在四川省成立，小组明确了工作目标、工作思路、主要任务、进度安排和责任分工，初步建立并完善了军民深度融合发展的组织构架。二是四川省设立了省级军民融合产业发展基金，总规模达100亿元，这在全国尚属首次，且省内多家金融机构、多个市（州）及各在川的军工集团单位均有意参与。三是四川省军民融合高技术产业联盟组建成立。该联盟由四川省九洲集团发起，四川大学、中航工业成飞公司等58家单位共同组建。该联盟的成立打破了行业垄断和行业壁垒，积极推动军民融合向跨行业、多领域深度发展，加快了“民参军”和“军转民”的步伐，这在全国来说也尚属首次。四是四川省还率先与所有央属军工集团和国家国防科工局建了战略合作关系。2016年4月，四川省政府和8家军工集团签署了战略合作协议，与中物院和3家军工集团签署了4份军民融合重大产业基地合作推进协议，并与中国航空发动机集团有限公司签署了战略合作协议。四川省目前成为全国唯一与国家国防科工局及各大央属军工集团建立战略合作协议的省份，据此，一大批军民融合重大项目将加快落户四川省。

三、军民融合创新困境

虽然四川省军民融合已经取得了一些成效，但是我们必须认识到，四川省军民融合发展仍然存在一些问题和困难。

（一）多重管理体制并存，统筹与协调不到位

随着军民融合的发展，四川省不断加强军地两方的联系，但军地“两张皮”的现象仍然存在而且还比较严重。尚未理顺军民融合协调管理体制，导致在推进军民融合的过程中存在诸多困难，如执行军民融合的过程中，融什么，怎么融，谁主导，对于这些问题的认识军地双方不尽相同，而且有的偏差还比较大。另

① 四川省全面创新改革军民融合是亮点［N］．华西都市报，2016－07－05．

外，军民融合涉及多种机构，如国务院直属相关部门、科创园、军工企业、高新区、科研院所等，各机构间关系错综复杂，导致政策执行、规划协调各方面都面临着种种障碍。比较典型的，如军地之间的需求不对接：地方认为，首先军队要告知其需求，而军队却认为，由于需要保密，不能告诉地方明确的需求，这样的结果就是导致军地两方面的需求很难顺畅对接。四川省军工、国防科工企业占比多，但大多都是子公司，各自为政相对封闭，体制机制和技术不能很好融合。由于军工和民用企业的管理机制体制不同，四川省若想打破这些壁垒，需要靠国家相关部门和军工集团大力支持并出台相关政策。只有军工、国防科工企业打破体制机制和技术障碍后，军工产品和技术才会向民品转化，从而真正实现“民要参军、军要转民”的目的。

（二）军民融合政策亟待完善

从总体上来讲，四川省军民融合的政策覆盖面比较窄，法律法规和制度还不够完善，相关的配套政策缺失，难以有效保障和支撑军民融合工作的有效实施和开展。当然这也可能是由于对风险和安全的过度担忧。军民融合要深度发展，一方面，要求我们增加军队建设和国防的开放度，鼓励和吸收全社会的优势资源和力量；另一方面，我们又对民营企业的技术原创性持一种不太信任的态度，这使军民融合政策面对市场经济大环境时常常左右摇摆，在制定和执行过程中也处于一种两难境地。另外，国家相关部委、地方政府和军队单位在推进政策及法规建设的过程中，没有进行充分的交流和沟通，致使有些政策落地后无法实施。此外，还存在有些政策责、权、利不够清晰的情况，如军品免税政策、军民协同创新的知识产权政策等，这些问题直接影响着军民融合的广度和深度。

（三）协同创新和技术转移仍然比较困难

这和当前的体制机制问题有一定的关系。由于现在军民分割的科技管理体制，军民协同创新具体由哪个部门来统筹尚无定论，虽然四川省率先成立军民融合发展推进领导小组，但科技经费、科研任务仍然在两个系统分别布置，造成了科研项目重复建设，科研资源浪费。从技术转移来讲，外在约束和内在动力都比较缺乏，民用技术向国防部门转移缺乏系统有效的支持，军工科研成果向民用转化的难度也比较大，与调动科研人员积极性密切相关的技术入股、股权奖励、期权奖励等难以落实，而且民技军用的过程中还存在检测认证，二次开发等，这都需要企业自己投资，影响了民技军用的积极性。

四、推进军民深度融合的改革创新

（一）转变发展观念

20 世纪 90 年代，全球定位系统（Global Positioning System，GPS）因军用需求而诞生。GPS 研发成功后，美国的空军、海军都曾争着要冠名。但美国前国防部副部长认为 GPS 要起一个中性的名字，它不能代表军方或者只为军方所用，而是要使其在民用市场上也有所作为，所以最终将其命名为 GPS。我们可以设想一下如果当时 GPS 用美国空军或者海军的名字来命名，那么 GPS 在民用市场上的发展肯定会受到限制。而现在我们可以看到，虽然 GPS 最初是源于军用的，但到今天已经走出了一条“以民养军”的良性发展道路，而且正是由于中性的命名让 GPS 开辟了一片全新的发展天地。

今天我们应该认识到军民深度融合，代表着国家的整体利益，体现着国家的战略意志，关系到国家的长治久安。军地双方都要敢于跳出部门利益、眼前利益和个人利益的“旋涡”，从整个国家的高度思考和推动融合。对军队来说，应将国防和军队建设融入经济社会发展体系；而对地方政府来讲，应该看到“国防”不仅仅简单等价于“军防”，在军民技术通用时代，加强国防建设还能带来经济利益。比如以色列，政府把国防和军队建设当作高新技术创新孵化器，通过“以军带民”的发展模式和军民之间的无缝链接，不但军强而且民也得利。

（二）深化体制机制改革，构建高效统一的组织管理体系

目前，四川省虽然对军民融合设立了相应的议事或领导机构，但缺乏集中统一领导的机构，所以在实际工作中常常会出现一件事情在多个部门之间说了都不算的情况，各个部门都从自身的利益出发进行博弈，最后只能形成一个被多方接受但效益不见得最高的平衡方案，导致资源浪费和效能低下。同时，由于运行机制的相对滞后导致军民融合进程中的标准不一致、程序不合理、发展不可持续、行为不够规范等问题，出现了中央高度重视军民融合发展，但地方却不能切实落实中央政策意图的“剃头挑子一头热”的现象。所以要促进军民融合往纵深发展，政府需要充分发挥自身调节职能，统筹建立跨部门、跨军地的评价监督、综

合协调、人才和资源共享、竞争与激励等机制，这样才能保证军工企业在前端（产权结构）、中端（科研生产）和后端（销售市场）的全面融合。习近平总书记在十二届全国人大三次会议解放军代表团的谈话中明确指出，军民融合要建立统一领导、军地协调和顺畅高效的组织管理体系。党的十八届五中全会和“十三五”规划纲要中更是具体地提出要建立国家和各省（自治区、直辖市）军民融合领导机构。

再来看世界各主要国家在推进“军民一体化”方面的发展经验。美国是由总统、政府和国会三方共同制定“军民一体化”的战略转型规划，国防部则负责组织协调军地各相关部门执行落实。2014 年俄罗斯总统普京宣布自己担任俄罗斯军事工业委员会的主席，副主席由俄罗斯副总理担任，国防部部长担任执行秘书，通过这种架构可更加高效灵活地解决军方、企业界以及各经济部门之间的矛盾。所以，加强国家层面的统一领导是这些国家的共同做法。当前，四川省已经成立了军民融合发展推进领导小组，关键是要将相关职能落到实处。

（三）深化需求端改革，建立竞争机制

当前，我国一些领域的军民融合之所以难以深入，一个重要原因是因为需求不开放，需求改革滞后。军民深度融合是供给与需求牵引并举的产物。没有需求作牵引，军民融合深度发展就会失去方向。要解决这些问题，首先可将军民融合方面的信息进行分类，分为装备、人才、资金、技术、供需以及基础设施能力等，同时建立信息数据平台。然后可根据信息的涉密等级确定信息公开制度，缩短需求传导链条，打通“从军事需求到技术创新再到产业发展”的通道，使军地双方都可尽快了解对方有何需求及技术发展信息，以便于下一步采取相应的融合措施。

同时，还要坚决打破军事采购市场的垄断现象，建立充分尊重市场机制的竞争机制。因为军民融合还涉及整个军工体制的改革。我国军工企业的改革比民品企业改革进展慢，故不同体制转换时会形成冲突，所以国防工业应尊重市场经济规律，由市场来进行资源配置。因为市场经济的核心是竞争机制，只有通过竞争机制才能提高科技资源配置效率，才能打破国防工业系统内部长期形成的垄断和封闭，竞争机制是军民融合产业集群创新的重要前提。比如有着发达市场经济制度的美国，在军需物品的采购上也同样运用竞争机制，通过招标采购寻找最优供货商而不是直接指定。据兰德公司的一份研究报告显示，美国国防部几乎所有的

武器开发研究都是由企业通过合同形式来进行的。因此，四川省在军民融合发展中也要改变民间企业处于“有名无实”的不平等竞争现象。其实当前在世界范围内，很多创新都来自私人部门，如无人机、无人驾驶技术等。在一些民营企业手里掌握着不少创新绝活，而且有的已经处在世界创新前沿，所以我们需要打破军地之间的垄断壁垒，抛弃“围墙”式的封闭创新模式，要彻底改变“以出身论英雄”的投资评价机制，创新市场准入管理，鼓励使用民用标准，限制军标使用范围，这样无论是国有企业、民营企业还是军工集团都能享受同等待遇、同台竞技以加速颠覆性的技术创新。另外，还应尽力开拓国际市场，以在国际竞争中实现产品价值并赚取更多利润。

（四）健全制度建设，激发军民融合的内生动力

中国有句古语：“小智治事，中智治人，大智立法。”对军民融合来讲，不但跨越了军地两大体系，而且还涉及若干相关主体的利益调整，如果仅仅依靠行政调控或者部门协调是难以成功的，所以需要建立一套有效激励的、衔接配套的、完备的政策制度。

在军民融合发展中，政府、军方以及企业的核心利益诉求都是不一样的。地方政府主要关注是否能促进经济发展，而军队主要关注军事能力能否得到提升，企业则主要关注成本和利润。所以关键问题在于如何把有利于全局利益的融合发展转化为各主体的内在驱动力。这就要求我们通过协调各种利益关系，建立激励相容的动力机制，形成利益共容的激励约束机制，只有这样才能推动军民融合，并使其走得远、融得深。如果不能从机制上解决融合的动力问题，各主体就会因利益之争而形成各种矛盾和冲突，军民融合发展就会因推诿、扯皮受到严重阻碍。所以，当前解决国民整合发展的首要问题是加快建立面向不同主体的激励约束机制。具体到四川省则可从以下几个方面着手：一是可通过价格、信贷、税收、技术支持、国防采购等形式建立军民融合引导政策，对那些能承担国防义务的经济主体予以支持；二是明确军地各自的权利义务，制定军地资源共享、经济利益补偿的办法，应尽量做到不让开放资源和承担国防义务的单位和个人亏损，另外还应从经济上补偿由于参与军民融合而造成的直接经济损失，这样使军民融合成为引导各主体行为的共同目标；三是应按照事权与财权统一的原则，对国防事权及支出责任进行明确划分，并建立相配套的预算制度和军民融合发展基金。针对目前科研成果转化难的问题可尽快落实技术入股、股权激励、期权奖励等配套措施。

第四节　积木式创新

在很长一段时间内，美国往往是由大公司、大企业来完成科技创新的。当然这并不是因为中小公司没有创新能力，而是因为大企业或者大公司有充足的经费，有足够的人力资源，可以建立自己的实验室。比如贝尔实验室，就推出了晶体管、激光器、太阳能电池、数字交换机、通信卫星、长途电视传送等一系列改变人类生产与生活的产品。但是如今美国的趋势发生了根本变化，中小企业正在成为科技创新的主体，这种变化最早起源于《拜杜法案》。该法案是 1980 年通过的支持科技成果转化的法案，规定高校的科研机构将科技成果转让后可以继续拥有知识产权，以便继续进行非营利研究，另外企业可以独家享受科技成果商业化的收益。受《拜杜法案》影响，美国高校的科技成果转让成本大幅度降低，所以中小企业超过大公司逐渐成为科技成果转让的主体，崛起了大量的中小创新公司，通过将高校科技产业化、在拥有单项优势后外包，协作其他单项优势的模块化开放创新方式，小公司几乎掌握了国外大部分的先进科技。①

中小公司成为创新主体使美国的创新机制发生了重要变化，如今“积木式创新”已经成为美国高科技企业的基本模式。一项好的创新科技可以吸引风险资本和优秀的企业家，由此在美国形成了以企业家为中心的创业系统，这不但颠覆了原有跨国公司的垄断及封闭体制，激发了整个社会的创新活力，也在相当大的程度上改变了传统社会的诸多弊端，而且这些创新的中小型企业也具备了迅速成长为大企业的潜力。

一、何谓“积木式创新”

“积木式创新”最早起源于美国，如今正迅速扩展至全世界。它是指模块化的创新方式，即在创新过程中将创业企业的各个长板像“积木”般组合起来，也就是一个创业企业具备一个创新长板，然后把其他公司的优势长板像搭积木一

① 薛兆丰．美国积木式创新与中国机会［N］．经济观察报，2015－06－08.

样组合进来。这种创新方式往往可以使一家中小企业在 5 ~ 10 年迅速成长为行业的佼佼者，因为企业可以将人力资源、行政管理等边缘职能外包给其他企业，而企业自身只需要发挥核心技术和长板优势，将多个企业的力量积聚起来，并且最大限度发挥各企业的优势，企业便可以迅速壮大起来。

苹果公司原 CEO 乔布斯就是“积木式创新”的运用典范。乔布斯其实并不精通科技，但他懂得以科技为武器整合出诸如 iPad、iPhone 这样空前的产品。其实美国很多的创业公司都是可即拆即用的“积木”。比如开发航天飞机的往往就只是一家几十人的小公司，这样的公司以科研为主导，再将其他各“积木公司”的优势技术整合起来形成最终的产品。而我国企业之间的专业分工很弱，一家企业往往什么都要自己做，所以部门越来越多，人也越招越多，公司也变得越来越臃肿和庞大。美国的 Facebook 有 10 亿用户，却只有 3 000 名员工，而我国的中国移动同样有 10 亿用户，但员工数却达到 10 万人之多。

互联网飞速发展，如今的创新已经不再是爱迪生时代的创新了。那时候为了一个灯泡的材料，他可以一种材料一种材料去试，试验成功灯泡也就做出来了，接下来就是筹资、办厂、商业化、赚钱等。而现在，科研已经在各个领域进行了细分，不需要科学家对每个领域都很精通，而且当社会公众对创新的参与程度越来越深的时候，一些非专业人士的认知也可以达到比较高的水平，这样就扩大了科研创新的参与范围，使通过群体的智慧来解决科研的难题成为可能。比如 Folding@ home 项目就聚集了来自世界各地的人一起做蛋白质折叠实验。所有这些都是“积木式创新”的基础，“积木式创新”应具备以下几个特点。

1. *以企业家为核心*

我们国内通常比较鼓励高校创业，但在美国却并非如此，因为教授是一个专门的技能，创业企业经营也是专门技能，这时需要的是二者的结合，企业家有丰富的商业经验，但他们不一定对科学技术了解得多么透彻，因此需要把科技放到企业家手里，企业家拿到了高科技专利，把最先进的科技转化为产品，这作为第一块“积木”，然后再把其他“积木”拼接进来，寻找真正的市场潜在需求，实现大规模生产和大规模销售。正如乔布斯，他不是科学家，不懂发明，计算机知识也比他的合伙人差了不少，但是他懂产业、懂用户需求，懂得如何把最先进的科技运用到社会和市场上。

2. *拥有最长板*

“积木式创新”是将不同企业的最长板进行组合，因此企业首先要打造自己在产品或服务方面的最长板，然后与其他设计、生产、营销等长板合作并同大企业进行竞争。所以企业最关键的不是修复自己的最短板而是要找到自己的最长板而且尽量加长，这样才能获得与其他长板进行拼接的资格。

3. 迅速奔跑

当企业具备了“积木式创新”的要素，就必须开始迅速奔跑，只有这样才能领先于紧紧跟随的竞争者，否则会很快被大公司所吞并。比如中国的一大批专车企业包括中国优步，因为规模一直上不去最后只有退出移动出行市场。另外，迅速奔跑还能使企业的效率、效益最大化，以及用户利益最大化。

二、如何进行“积木式创新”

事实上，很长一段时间，美国的很多先进专利也是躺在专利局“睡大觉”，真正能转化为商品的比例不过百分之几，这说明在创新的过程中商业转化其实是最重要的一环。在科技创新的领域，由发明人包办的时代已经过去了，企业家在科技的转化过程中发挥了很大的作用。

如今的创新是由资本和市场主导的创新，而并非全凭科学家的兴趣。科学家进行科研活动首先要具备一定的兴趣和好奇心，但这份兴趣和好奇心已经和经济利益深深地联系在了一起。在美国，从事科研的大学教授比仅从事教学的教授收入高出 4 ~ 5 倍，有时候还能从自己的项目中获得上亿美元的提成。因此，美国的科研人员有强烈的动机将科研成果转化为商业产品，同时市场化的需求也牵引着科学家的精力和兴趣。企业家会将科学家请到企业中工作，然后再将问题带回实验室，这样科学家的科研就不再是单纯的兴趣而是带着明确的目的和针对性。每一项创新背后都有着强烈的市场需求，创新产品都是利用商业化驱动进行的科研创造。

同时我们还要意识到如今的创新已不再是一家公司的事情。仅靠一套公司治理模式就将产品从无到有，从一个概念、一个想法变成一个产品进而完成整个商业链条几乎是不可能的事情，正因为如此，“积木式创新”才成为创新的发展趋势。在“积木式创新”模式中，每个公司都很小型化，公司的优势只集中在自己擅长的领域，在该领域形成自己的长板。单个长板不能完成所有的事，但是可以作为一个核心去结合其他的长板。比如科技长板可以结合设计长板、生产长板、销售长板、金融长板等，这样可以迅速拼起一个大公司所需要的所有功能。

虽然这些功能在关系上彼此互不从属，甚至每个功能都是一个小公司，一个人工或一个专家，但是可以通过这种紧密合作来完成一个需要高度协作才能完成的任务。

如今，美国的创新活动呈井喷式发展，几乎全面覆盖了能源、航天、机器人、电子、教育和医疗等领域。这些创新过程基本都是通过“积木式创新”来完成的，并且都由企业家主导，企业家拿到高科技专利后，把最先进的科技转化为产品，形成第一块长板“积木”，然后再把其他“积木”拼进来。而且更多的是由资深企业家经营的小企业，在“积木式创新”的模式下，这些小企业可以迅速成长为大企业。

总体上来说，“积木式创新”有两种方式：一是横向的“积木式创新”，即按创新活动所需要素的组合。大多数企业的生产经营方式都发生了翻天覆地的变化，远程办公成为大多数企业的选择。这不但催生了开放的工作环境还提升了企业的经营效率，原本属于公司内部的各项功能现在都摇身一变成了独立的公司。所以企业要生产一项创新产品，需要的只是这些独立中小公司的强强联手，将它们具备的各个长板拼起来，小公司瞬间就具备了大公司需要的各种功能。比如要生产航天飞机，就需要动力设计、材质设计、外形设计、仪表盘设计、融资模式设计等，但这些功能不需要一个大公司从头至尾来完成，只需要具备相关长板的中小公司联合起来协作完成即可。事实上，这些中小公司是在拼一个创新生态，并非在拼一件产品。在这个生态中，每一项都是最专业的、最好的，把这些结合起来，就形成了最终的世界顶尖的产品，这就是横向的“积木式创新”。二是纵向积木式拼插，即在创新活动中每个不同发展阶段决策权的组合。这种“积木式创新”的核心职能需要由 CEO 来完成，但是在公司发展的不同阶段 CEO 并不是一成不变的。比如研发或者产品化是创新的第一个阶段，把实验室的技术开发成产品，这时需要的就是研发型的 CEO；下一个阶段需要的则是营销型的 CEO；创新企业规模做大以后需要的又是擅长管理和国际市场营销的 CEO，每个阶段的 CEO 类型都不一样。但在我国常常会出现这样的情况，一个企业的管理方式往往就是老板的管理方式，所以一般来讲，下级其实是在适应自己老板的管理方式，即使企业没变如果老板变了下级就会觉得不适应，所以我们经常见到这样的情况，一个 CEO 离开往往会把自己的下属也带走，而一个新的 CEO 也会带来自己原来的下属，其实这和企业高效运营的原则是相悖的。任何一个 CEO 都不可能是全才，我们不能要求他既要懂研发，又要懂市场、懂战略，所以国外出现了这种纵向“积木式”拼插的创新方式。这样不管企业处于哪一个发展阶段都能马上找到需要的候选人。比如研发型的CEO到了企业的下一个发展阶段就自动降格为首席技术官（CTO），然后进行接替的是市场型和经营管理型CEO，由他们进一步解决生产、调度和营销等问题，带领企业继续往前发展。

因此，“积木式创新”最典型的特点就是以先进科技为基础的协作。创新企业用这样的方式可迅速具备大企业所需要的能力及完善的生态系统，如快速加大规模的制造能力，这能够迅速实现企业业务发展，促使企业成功。如今“积木式创新”已经在美国崭露头角，很多传统企业在这种协作方式下败下阵来。从趋势上考虑，“积木式创新”可以完成更多、更复杂的事情。

三、“积木式创新”与中国企业的机遇

“发明创造→专利确权→资本筛选→生产制造→全球营销的完整链条已经打通，这一链条上的立体的精细分工和无缝对接，形成了‘积木式创新’的新型格局。”① 在这条链条上，中国尤其是四川省可以从哪里突破，哪里对接，这原本就是个战略问题，而在当前“一窝蜂”搞创新创业的时代背景下，我们更应该冷静地思考。

创新是条生态链，在这条生态链上其实也有很多不创新的部分，它们融合到整条链条上也许能一起把创新做得更好，这也给大众参与到创新的生态链里提供了一个机会。如今创新的门槛越来越高，具体到四川省，其实可以用我们的长板去拼插美国高科技公司的长板，它们的长板是技术，而我们的长板是开放的制造业。

对一个创业企业来说，能否占领全球市场是至关重要的。从0到1固然重要，可是从1到100万才是决定一个企业生死的关键。如果一个企业不能迅速成长并占领全球市场就很可能被大公司吞并。哪怕一个公司的科技再领先，在目前的全球市场上也很难保持长久的独占性，所以一个创新企业的成功高度依赖自身的发展速度，只有把全球市场迅速占领才能保证基本稳定。许多高科技公司都需要中国放大市场的能力和降低成本实现量产制造的能力。所以说中国是国外这些科技创新企业成功的重要伴侣。在IT电子、家用电器和汽车三大领域中中国都

---

① 薛兆丰．美国发明加中国制造加全球市场是未来趋势［N］．经济观察报，2015－06－07.

是最大的生产国，也是最大的市场。

中国的企业对美国的高科技创新有巨大的价值。对美国的企业来讲，尽管产品已经上市，但仍然存在量产的问题。一般来说，产品的产量与价格成反比，产量越大价格越低，价格越高销售则越困难，所以为了占领全球市场只有尽量压低价格才能有更好的销量。

中国开放的制造能力和巨大的市场如果与这些高科技创新企业进行积木式对接，实现“美国创新 + 中国制造 + 全球市场”的协同合作，不仅能够给中国制造业升级带来更多的机会，也让中国企业在全球创新产业链条中更进一步。这种构想正在逐步成为现实。目前大多数的美国高科技企业都在中国设立公司，它们一般是基于以下两个方面考虑：一是可充分利用中国的制造能力，迅速降低生产成本，有竞争力的价格可以让产品为更多的消费者所使用；二是可以深入中国这块全球最大的市场，并且迅速接触到消费者，这对企业的发展非常有利。

中国企业借助世界上最先进的产品和世界上最先进的科技合作，利用帮助其做大做强的机会，同时确保我们作为全球高科技制造业的核心地位。又因为我们制造和生产的是世界上最先进的产品，可以进一步巩固中国作为世界制造中心的地位。更重要的是，由于我们是核心“积木”，决定整条商业链的生死，可以帮助这些创新企业成长壮大。如果能将双方有效对接起来，那么中国既能推动全球的开放创新也能给自身带来更多的经济繁荣。

参考文献

[1] 郭瑞鹏．军民融合深度发展战略［J］．领导科学论坛，2016（10）：16 - 33.

[2] 卢现祥．美国高校产学研合作的制度创新、特色及其对我国的启示［J］．福建论坛：人文社会科学版，2015（5）：60 - 66.

[3] 陈振娇，时良瑞．推进产学研协同创新的思路［J］．宏观经济管理，2015（4）：32 - 34.

[4] 范肇臻．日本军工科技军民融合的政府经济资助政策分析与启示［J］．中外企业家，2014（10）：269 - 270.

[5] 和育东．国有专利的收益私人化与权益私有化：美国联邦实验室技术转移法律激励体系的启示［J］．科技进步与对策，2014（9）：121 - 124.

[6] 杨少鲜，皮成功．军民融合之“三制”体系框架研究［J］．科技和产业，2013（9）：1－4.

[7] 秦玮．基于生态位理论的产学研联盟中企业动机与绩效研究［D］．上海：上海交通大学，2011.

[8] 董泽宇．美国康奈尔大学办学理念形成与启示［J］．国家教育行政学院学报，2010（3）：91－95.

[9] 冉茂瑜，顾新．我国产学研合作冲突分析及管理［J］．科技管理研究，2009（11）：454－456.

[10] 龚振湘．美国产学研合作成功经验及启示［J］．湖南师范大学教育科学学报，2009（4）：77－81.

[11] 陈琳．基于创新价值网的中小企业自主创新系统研究［J］．暨南学报：哲学社会科学版，2007（4）：59－63.

第六章　发达国家企业创新政策支持体系的特点及对四川省的启示

美国并非一开始就是创新大国。在美国刚建国的时候也曾经历了相当长一段时期的“山寨”时光。当时美国政府为鼓励美国人去英国学习技术，颁布了相当多的政策，但很不幸被当时的英国实验室拒之门外。直到 1789 年，曼彻斯特一个名叫斯莱特的纺织技术能手被美国梦“忽悠”到了马萨诸塞州，他凭记忆仿制出英国的水利纺织机并建立了美国第一家棉纱厂，随后指导马萨诸塞州建立了 50 多家纺织工厂，揭开了美国工业革命的序幕并迅速完成了技术的迭代。到 1894 年，美国经济总量已无人能敌，成了全球第一大经济体，但科学技术仍被欧洲远远抛在身后。

19 世纪下半叶，由于南北战争的结束以及太平洋铁路的开通，美国成为一个统一的经济体，紧接着出现的是严峻的政治腐败和猖狂的商业投机，在这种情况下有很多人以种种手段发了大财，中产阶级成为当时的消费主力，他们愿意付出更多金钱来满足自己的消费欲望，也愿意为高品质的细分需求埋单。而这些高端产品和本土需求无处模仿，企业迫不得已自主创新。随后美国颁布一系列的政策法规鼓励企业创新，尤其是 1980 年国会通过的《拜杜法案》，该法案彻底改变了知识产权的分配属性。一方面，激发了科研人员的研究热情；另一方面，也激发了中小企业的升级动力，于是美国彻底转型为创新国家。

纵观美国，中产阶级的出现、知识产权的完善和风险投资的支持是美国告别山寨王国、进军创新帝国的保证。美国用了近百年集齐这三个条件，完成了转型，至今创新大国的霸主地位仍不容动摇[①]。

---

① 吴晓波．中国是山寨大国？美国才是山寨鼻祖［EB/OL］．http：//new. qq. com/cmsn/20160324/20160324014607.

2011 年，奥巴马在做国情咨文演讲的时候有 1/3 的篇幅都在讲创新，他指出，激发国人的创新精神是我们制胜未来的基石，没有人可以断定下一个龙头行业是什么，抑或是新的工作岗位会来自何处，正如 30 年前，我们压根儿就不知道互联网会带来一场经济革命；我们唯一能做的就是加强美国人民的创造力和想象力；记住，美国发明了汽车和电脑；美国拥有爱迪生和莱特兄弟；美国创造了谷歌和脸书；在美国，创新不仅改变了我们的生活，更为重要的是，这是我们赖以谋生的方式。由此可见，美国的历史实际上就是创新的历史，创新已经融入美国整个民族的 DNA。

如今一提起“德国制造”大家就会和“严谨”与“高质量”相连系。事实上，“德国制造等于高质量”的历史相当短暂，早期的德国产品大多是粗制滥造的低端产品。1876 年，美国费城世博会上，德国展区靠克虏伯大炮自壮声势，而其他各国纷纷展出本国最新的先进技术和民用产品。当时曾有教授撰文嘲笑德国产品的糟糕品位，并认为德国货就是“劣质廉价”的代名词。英国为了避免“劣质廉价”的德国产品影响本国产品的信誉，一度要求所有的外国产品都必须标明原产地。

受此影响，1884 年，德国开始大力发展职业培训。首先成人学校的管理权从教育部转移到了贸易部，随后重新建立现代型的手工业行会，建立学徒制度以培养技术工人，鼓励发展作坊型中小型企业。如此下来，德国的化工、电子、机械制造等产品逐步在市场上站稳脚跟。但不幸的是第一次世界大战爆发了，德国作为战败国，其工业的发展受到了严重打击，产品、技术、市场等都被其他国家瓜分。到了 20 世纪 20 年代中期，德国企业界终于达成共识：德国企业的优势不在于大规模生产，而是要用技术工人的优势满足细分的市场需求，而这正是德国制造模式的缘起。在这一理念的指引下，1927 年德国开始在全国范围内建立职业培养体系，几乎所有的行业都开始推行学徒制度。可惜好景不长，德国在发展旺盛时期再次受到经济萧条的冲击，直到“二战”结束以后民用机械才又重新迎来发展的良机，也正是这代德国人缔造了“德国制造”的神话，并且持续至今。

正是在科学技术上的“山寨”推动了日本经济的发展并使其进入了世界强国的行列。日本通过照搬英国的军工厂、德国的矿山冶炼厂和法国的缫丝厂开始了自身的工业化进程。“二战”后，日本通过强大的学习能力实现了经济腾飞。从 20 世纪 50 年代到 80 年代，日本采用了“模仿—反刍”式创新，不惜花费大量的资金从西方买进相当数量的技术专利，然后再通过研究进行改进，最后建立起适合本国的工业技术体系。日本的很多产品都是这样发展壮大起来的。例如，最早以摩托车起家的本田公司，它们首先到国外的先进公司买了几十台发动机，然后拿回国进行剖析和研究，最后汇聚各产品的优势研制出世界顶尖的发动机并装配成了世界一流的摩托车。相应地，索尼的半导体技术也是来源于模仿美国贝尔的一项发明。贝尔由于生产的半导体收音机成品率太低，所以成本很高，随之价格也很高，致使市场难以接受。索尼的创始人盛田昭夫注意到这种情况，于是引进贝尔的半导体技术并进行改造，最后成功地制造出半导体录音机、电视机、录像机等产品并造就了索尼帝国。一直到 20 世纪 80 年代以后，日本依然采用以模仿为主的技术创新模式，但随后发生了一系列由于模仿而被技术输出方诉讼侵权的事件。例如，NEC 在开发出英特尔的 PC 用 CPU 的兼容品后，被英特尔诉讼侵害著作权，NEC 最终不得不放弃后续的技术开发。再如，日立、三菱电机收集技术开发所需信息酿成的产业间谍事件，直接导致美国联邦调查局逮捕了 6 名日本电子企业的员工，这在当时成为影响极坏的大事件。

与此同时，受到竞争威胁的美国要求日本开始支付专利使用费或者著作权使用费，在这种情况下，20 世纪 90 年代日本做出了两大决策：一是要参与国际标准的制定，二是要成为超越美国的知识产权大国。于是到了 20 世纪 90 年代后期，日本的创新模式由模仿创新过渡到了自主创新。

美国、德国、日本到底是如何从“山寨”大国变成创新大国的，在这个过程中国家的政策支持体系又起着什么样的作用呢?

第一节　美国创新体系的基本构架与主要内容

美国为何能持续实现企业创新，这和美国政府颁布的一系列支持企业创新的政策密切相关，具体可从需求、供给、和创新环境保障几个方面来进行分析。

一、利用政府采购制度促进企业创新

政府采购制度是从需求端发力的企业创新政策，通过政府采购，政府可以充当创新产品的实验场所，创造市场并且引领企业的创新方向。当前许多国家都将这一制度作为激励企业创新的重要手段。美国是最早使用政府采购制度的国家之一，政府多部采购法规规定政府采购应优先考虑本国供应商，除了产品价格过高、数量不够、质量不高，或是在国外使用产品等几种特殊情况外，联邦政府必须购买本国产品，即使是工程和服务也必须由国内的供应商提供。事实上，美国的航空航天、计算机、半导体等高新技术产业的发展就和国家宇航局、国防部的大批量采购订单有着密切的关系。有实证研究表明：和研发补贴比起来，政府采购可以在更多的领域激发更多的企业创新活动。

二、大力加强人才和知识的供给

（一）人才的供给

企业创新其实最终就是人的创新，所以美国作为科技强国，在人才的培养及引进等方面都有其独到之处。首先从人才的培养来看，不论是基础教育还是高等教育，国家都非常重视学生的独立思考能力和创造能力的培养，同时综合化的课程结构与专业设置对年轻一代创新能力的培养起着关键作用。2011 年，奥巴马提出实施“教育促进创新”的计划，用新知识和新技能来培养世界一流的劳动力。目前，美国就业人员的平均受教育年限均已超过 13 年，受过高等教育的人数超过一半以上。美国的高等教育也非常发达，在世界排名前 100 名的大学当中，美国就占到 50% 以上，全球 70% 的诺贝尔奖获得者都在美国任教，这也是美国的科技力量称霸世界的重要原因。

除本土科技人才的培养外，美国还高度重视网罗全球优秀科技人才，这也是美国成为创新强国的重要法宝。“二战”后，美国政府就对国内的移民政策进行了多次改革和调整，政策调整的主要目的就是吸引来自全世界的科技人才。比如美国的移民政策规定，不管信仰、年龄、国籍或者种族，只要是国外的学者、专家或者教授均可优先移民。据统计，美国科学院院士外来人士占 1/5；而美籍诺贝尔奖的获得者有1/3都出生在美国国外。在美国的硅谷，全世界的高科技精英都聚集于此。2016年5月，美国华裔企业家朱柏章（Buck Gee）在出席斯坦福大学一个研讨会时表示，亚裔虽只占全美国人口的6%，却占硅谷高科技业整体工作劳力的52%。这都与美国实行的“技术移民”优先的人才引进策略密切相关。另外，美国还通过设立多种资助来吸引外国留学生，如福特基金会、洛克菲勒基金会等。美国国家科学基金会曾统计，大约1/4的外国留学生毕业后定居美国并被纳入美国国家人才库。所有的这些政策都使美国成为全球人才竞争中的受益国。

（二）知识的供给

1. 研发投入稳步增长

要创新，研发投入必不可少。美国是世界上最大的研发投资体，研发是美国非常重要的投入领域。从20世纪80年代以来，美国的研发经费基本保持稳定增长的态势。1995年，美国共计投入1 840.8亿美元的研发经费；2001年，这一数据变成了2 782.3亿美元；2013年，这一数据更是达到了4 138.4亿美元，位居世界第一。美国近些年研发投入占GDP的比重一直稳定在2.7%左右。巨额的研发投入使美国保持企业创新的世界领先地位。

2. 重视基础研究

基础研究一般来说短时期内看不到实际应用价值，但是具有应用价值的技术又基本都来源于基础研究，所以基础研究一般都需要政府的支持。世界上各国对基础研究重视程度并不相同，美国对基础研究的政府支持力度最大。美国政府认为基础研究其实就是对未来的投资，是技术创新的源头，因此美国政府一直为基础研究提供长期的支持，如对美国的三个关键研究机构（美国国家科学基金会、美国能源部科学办公室和国家标准与技术研究院）进行双倍的资助。这相当于美国每年要为基础研究投入500亿美元，这种投入强度在全球都是比较少见的。持续的基础研究的投入为新技术的发展奠定了坚实的基础。

三、大力促进产学研合作

美国的高等教育在世界上居于前列，其产学研合作也非常成功。美国的高等院校及科研院所一直以来都是科技创新的源头。1946年，宾夕法尼亚大学诞生了世界上第一台电子计算机；1969 年，加州大学洛杉矶分校、斯坦福研究院、犹他大学和巴巴拉分校最先使用互联网。比如惠普、谷歌等世界知名企业是由斯坦福大学的科研成果转化而诞生，而在波士顿，每年与麻省理工学院有关的新公司大约有 150 家，而直接由该校的成果转化产生的公司占比在 10% 以上。[①]

美国现代意义上的产学研合作的开端起源于 20 世纪 50 年代斯坦福大学工业园的建立，时至今日，“硅谷”已成为世界高科技的代名词。而哈佛、麻省理工等大学的科技成果和科技人才成就了波士顿的“Route128”，其在 20 世纪五六十年代成为美国工业创新的中心。除此之外还有位于北卡罗来纳州的“科研三角园”，其借助杜克大学、北卡罗来纳州立大学、北卡罗来纳大学教堂山（Chapel Hill）分校的科技资源成了目前世界上最大的科研型工业园区。产学研合作的成功给创新提供了有力的发展后劲，也为美国经济的发展注入了持续不断的活力。美国的产学研合作之所以如此成功是有其经验及基本规律的。

（一）雄厚的科研实力是产学研成功的基础

美国的高校及科研院所都具有雄厚的科研实力，这当然是产学研合作成功的基础。高校和科研院所是产学研合作模式中的主角，它们一直是科技创新的发源地，每年的技术专利数以千计，同时还创造了大量的高科技企业。来自权威机构的数据，斯坦福大学在近 40 多年里创造了近 10 000 件技术披露（Disclosure）[②]，其中仅 2013 年就达到 502 件。2015 年，斯坦福的 Herzenberg 实验室发明的加工单克隆抗体的技术竟为斯坦福赚了 5. 5 亿美元。另外，由斯坦福科技转化诞生了很多世界知名企业，如惠普、谷歌等。像斯坦福这样有科技实力的高校美国还有很多，如波士顿的麻省理工学院，该校的科技成果直接转化形成了许多新公司，其他如威斯康星大学、华盛顿大学、卡内基梅隆大学和乔治亚技术学院等在技术转移方面也非常出色，推动了当地经济的多元化发展。

（二）高等院校的办学理念发挥重要作用

以斯坦福大学为例，创始人的办学思路是把大学办成研究与科技开发中心，

① 卢现祥. 美国高校产学研合作的制度创新、特色及对我国的启示［J］. 福建论坛：人文社会科学版，2015（5）：60 -66.

② 美国关于技术发明的统计数据常用技术披露（disclosure）这一概念。

并采取相关的措施推进这一构想，这使斯坦福大学在较短的时间内就从一个乡村大学一跃成为世界一流的研究型大学，从而与硅谷一起发展成长，著称于世。其他如麻省理工学院把“为社会的利益发现和应用知识”作为自己的办学使命；而康奈尔大学同样致力于培养实用人才，传授实用性知识，促进科学研究和服务社会等。由此可见，美国的高校都很强调实用性，把传授知识、加强科研和服务社会融合在一起。随着科技革命的深化，美国高校为了在产学研活动中进一步增强其竞争力，正逐渐向“产业/大学合作研究中心”（I/UCRC）模式以及“州/产业/大学合作研究中心”（S/IUCRC）模式迈进。[①] 高校不但有效利用科研资源，而且在不同高校之间、高校与政府及企业之间还积极进行跨区域的协作，这些都持续提升了高校的科研水平，同时也促进了产业链的形成与发展，为产学研的合作成功提供了保障。

（三）制度创新是产学研合作成功的关键

有研究表明，与其他大多数国家的高校系统比较起来，美国的高校系统能给技术进步提供更有效的激励和帮助。为何在产学研合作中美国的高校可以发挥更好的作用？其实有一个非常重要的原因是产学研合作的制度创新，这极大地激励着高校参与产学研合作，而这正是产学研成功的关键。

产学研合作模式是多种多样的，美国的产学研合作模式是以企业为主体、市场为导向。在产学研的合作上美国不断强调重心下移，非常注重科技成果的商业化和产业化，让科技和经济结合得更为密切。另外，在人员和经费方面都无一例外向生产部门倾斜，无论是基础研究、试验发展还是应用研究的资源。企业除了可以进行应用研究、开发研究外，同样也能进行基础研究。政府也将竞争机制引入研发领域。正是这种创新体系，不仅给经济带来活力，也给科技带来发展后劲。

不仅如此，美国还非常注重产学研合作中的融资体系创新。在美国，早期的产学研合作主要依靠军费的赞助。如今大多数产学研合作较成功的高校都可从美国联邦政府获得大量研究经费，国家科学基金也会通过其项目给予大量经费支持。1953 年，美国联邦政府设立了向中小企业提供直接贷款或为它们的贷款提

---

① 马利军，苏阳．美国高校如何推进产学研合作发展［EB/OL］．http：//news.hexun.com/2013-07-01/155669186.html.

供担保的中小企业管理局（SBA）。1958 年，政府又设立了中小企业投资公司（SBIC），该公司隶属于 SBA，主要对私营和风险投资公司提供资金并进行管理。另外，美国政府要求 11 个联邦政府每年从财政预算中拨出专门的经费用于支持中小企业创新研究（SBIR）和中小企业技术转移（STIR）。

20 世纪八九十年代以来，美国就非常重视推进产学研合作的制度建设，特别注重技术转移方面的立法，从而成功实现了科学技术从高校、科研院所、联邦实验室等向产业界的流动，更好地促进了产学研合作。这其中最有名的便是 1980 年国会通过的《拜杜法案》，其核心内容是允许科研项目的知识产权不论其资金由哪个部门资助，都归高校、非营利组织及中小企业所有，但高校、非营利组织及中小企业应确保这些科技成果能够商业化。如果某项科技成果在一定时期内未能有效地进行商业化，那么其产权将被政府回收。

正是美国政府的这一系列制度创新使美国的高校积极参与企业的合作，使科研体制完成了从小科学到大科学的转变。也正由于美国大学在科技创新方面的优势，从而使其能够得到多方的资金支持和法律保障，保证了其产学研结合的顺利进行。①

四、营造良好的企业创新环境

（一）中小企业成为创新的主体

美国的创新体系是以市场为主导的，市场是资源配置的基础，企业如何创新，应该投入多少资金和人力完全交给市场来决定，政府只发挥监管和协调的作用。所以美国的科技创新主力是企业，绝大多数的企业都设有研究机构，20 世纪以来，企业的研究人员占比在 80% 以上。企业投入的研发经费比例也不断提高，1981 年占 49.4%，2011 年占 59.9%，2016 年占 71.3%，同时企业部门使用的政府投入研发经费的比例也接近 70%。

与大企业相比，中小企业创新的动力也大得多，因为它们所面临的竞争压力更大，中小企业的创新效率和周期也明显比大企业优秀。有数据统计，在美国，

---

① 马利军，苏阳．美国高校如何推进产学研合作发展［EB/OL］．http：//news.hexun.com/2013－07－01/155669186.html.

大约82%的创新产品来自中小企业。曾经有学者对进入美国市场的635项创新项目进行研究，发现来自大企业的创新数量仅仅是中小企业的2/5，中小企业创新产品的市场化速度比大企业快27%。① 比如美国的WITRICITY只是一个几十名员工的小公司，但它很可能就是下一个500强企业，并改写人类的历史。因为它拥有无线充电最前沿的技术。无线充电不仅是去掉了一根线那么简单，它还能带来其他很多用途。从2015年10月到2016年6月，这家公司的产品已经趋于成熟，2017年底推出了完整的无线充电笔记本，2018年，各个大车厂推出了带无线充电能力的电动车。这些小公司不但拥有世界上最前沿的科技，而且它们发展特别迅猛。

（二）利用税收优惠促进创新

美国政府直接干预创新的手段有限，税收政策是其主要的政策杠杆。早在1954年，美国就规定企业当年的研发投资额可在所得税前扣除。1981年的法律又规定如果企业当年的研发费用超过前3年的平均值，超过部分的1/4可抵扣所得税。在这些税法实施以后，美国企业的研发投入增长了50%以上。1986年，美国政府制定国内税收法，规定企业如果增加其研发经费则可获得增加值1/5的退税，而且此后这种退税的优惠期永久延长。同时，美国政府还规定给政府下属的科研机构捐款的捐款人可以减税，政府下属的科研机构、大学、非营利的独立科研机构都可以享受免税待遇。除此之外，美国政府还规定小企业的固定资产第一年可以折旧1/5，企业如果采用高新设备，第一年的折旧可达到1/2。所有的这些政策都极大地促进了企业设备更新和进行技术创新的积极性。

（三）完善知识产权保护

企业创新的产品具有很强的外部性，极容易被抄袭或者模仿，如果没有严格的知识产权保护制度，创新者在付出了巨大的沉没成本后很可能无法获得“熊彼特租金”的激励，这将严重阻碍企业的创新热情。正是意识到这样的问题，美国是世界上最早实行知识产权保护制度的国家之一，在立国之初就明确个人对其著作和发明权享有排他性使用权，两年后又通过了专利法和版权法。“二战”

① 曲俊雅．美国鼓励中小企业自主创新［EB/OL］．http：//www.gov.cn/ztzL/2006－01/09/content_152059.htm.

后美国处于高科技的世界领先地位，又完善了专利法，并颁布了商标法等一系列法规对知识产权实行更严格的保护。这些措施都极大地激发了企业的创新行为。1995 年 6 月，美国国会通过了一种新的发明专利申请形式：临时专利。对于那些还不能申请专利但又有潜在商业价值或者既有商业价值又有学术价值的成果，可以先申请临时专利，政府给予一年的保护期，在保护期内临时专利的持有人可根据研究成果的进展申请正式专利，而且只有临时专利的持有人才能提出相关专利的申请。这使知识产权的保护范围更宽泛，也更加促进了企业创新的热情。

（四）建设有利于创新技术转化的生态系统

熊彼特的创新理论认为创新就是将各种要素形成新的组合，并且带到生产体系中变成实实在在的生产力。企业创新的目的在于通过将创新成果的市场化提升企业的竞争力并获得独享的高额利润，进而提升整个国家的综合实力。所以企业创新过程中创新成果的转化尤其关键。美国现在主要的科研成果都是从高校里面产生，所以需要有人专门把这些科研成果和外面的产业机构、公司对接，以使科研成果能顺利转化为产品并上市推动社会发展。同时，高校将科研成果迅速转化还可以给自己带来商业利益。美国 1980 年的《拜杜法案》其实就是为推动科研成果的转化而颁布的。美国的知识产权大部分都在高校里，而公司想获取专利就只能购买，一家公司为了买断专利往往要把教授甚至他的实验室全部买过来，因此要花很高的价钱。即便这样，大学也不愿意出售专利，因为先进的技术被企业全买走了高校又要重头再来。

通过《拜杜法案》，美国政府规范了美国高校科研成果的归属权，同时也规范了高校科研成果如何更好地转给商业公司。以前只有大公司才有钱去买高校的专利，但法案推出后，这些科研专利不需要购买了，可以只购买独家或非独家商业利益，专利仍然归属于高校，这样购买成本大幅下降。另外，在各高校还成立了高校技术经理人协会，这个协会由高校技术转让机构的负责人组成。高校的科研成果由此专门机构负责推广转让，大大提高了转让效率。

此后，美国又颁布了《贝尔—多尔法案》等十几部法律法规推进技术成果的转让。1992 年，美国成立国家技术转让中心，政府还出资建立科技成果推广中心，这些推广中心有效地连接了成果的提供方与使用方，大大促进了创新成果的转化效率。所有这些措施都极大地促进了各方创新成果转移的积极性，推动了企业创新活动的开展，这对于美国长期保持科技领先地位起着至关重要的作用。

第二节　德国支持企业研发创新促进产学研合作的政策措施

德国是欧盟的第一经济大国，经济实力在全球居第四位。世界上诸多有影响力的品牌都来自德国，如宝马、奔驰、空客等。谁承想100多年前，“德国制造”还是廉价、伪劣、假冒的代名词，而现在这一名词代表着“质量上乘、细节精细、服务可靠、使用期限长”。如今德国已经成为一个以科技立国的国家，2013年在欧盟创新能力排行榜上居第一位。2014年，德国经济联邦联合会和德国电信基金会发布创新指数，在全球35个国家和地区中，德国的创新指数连续两年保持第6名的位置。[①]

德国人认为创新是一个比较广泛的定义，既包括新发明、新发现，也包括对同样的问题找到新的解决途径，围绕产品生产的所有环节都可以有创新。有经济学家测算指出，德国经济增长额的60%都是依靠科技成果获得的。这都是德国政府通过制定连续的创新战略和规划、合理的创新政策设计与制度安排而达到的效果。近年来，在欧洲债务危机和难民危机的双重影响下，德国依托创新驱动战略仍然保持着良好的发展态势，其发展经验对我国具有重要借鉴意义。

一、高度重视战略规划的引领作用

为了有效实施创新战略规划，德国政府先后出台了一系列法规以强化战略规划的引领作用（见表6－1）。

表6－1　德国主要的创新战略法规

时间	战略法规名称	主要内容与目的
1982	促进创建新技术企业计划	建立更多高科技公司
1998	INF02000：通往信息社会的德国之路	推动信息产业发展

① 第1名至第5名分别是瑞士、新加坡、芬兰、比利时和瑞典，中国2012年和2013年均位居第24名。

续表

时间	战略法规名称	主要内容与目的
2002	高校框架法第5修正法草案	建立年轻大学教授制度
2004	研究与创新协议	大型研究协会的研究经费每年保持至少3%以上的增幅
2006	科技人员定期聘任合同法	延长科研人员的聘任期限至12年或15年，以留住科研人才
2006	德国高科技战略	加大对17个领域的投入
2012	高科技战略行动计划	投资84亿欧元推动未来研究项目的开展
2013	德国工业4.0战略计划实施建议	支持德国工业领域新一代革命性技术的研发与创新

在这些高科技战略规划的引领下，德国政府又对一些关键技术创新领域制定了详细的科研规划，保证了各项计划的顺利实施以及德国强有力的国际竞争地位。

二、高效运作的多层次科研系统

（一）集中与分散相结合的科技管理体制

德国是一个由16个州组成的联邦国家，其科技管理体制特点是集中与分散相结合，联邦政府及州政府分别履行科技管理职能。各州对包括高等教育在内的教育享有立法权，并对其创新活动提供资助，据统计，州政府负担了大约50%的公共研发支出。同时，高校、科研机构与企业作为国家创新体系的一部分也拥有相应的独立决策权，这使德国国家创新体系呈现出各种创新主体交互作用的半自治状态，没有谁占明显主导地位，而是通过法律法规明确各创新主体的角色和职能范围。

（二）政府参与或扶持组建创新联盟

在德国，为了让创新带动整个区域的发展，政府、科研机构和企业会形成科研联合体，组成创新联盟，以解决同一区域内同行业企业面临的共同问题，包括技术创新、质量提升、人才培养等方面。创新联盟的成员来自政府、企业、高校、科研机构等，形成“官、产、学、研”联合的模式以促进创新的实现。2007年联邦教研部和科技界、产业界共同组建6个创新联盟，2008年又组建3个，具体是：ENOVO汽车电子创新联盟、OLED高效照明行动、有机光伏研究联盟、锂电池联盟、碳纳米管联盟、分子影像研究联盟、数字记忆产品联盟、面向网络技术的欧盟 100GET 行动计划、虚拟技术联盟。联邦政府共向这九个创新联盟投了 6 亿欧元资金，而产业界的配套资金则超过了 30 亿欧元。

（三）定期举行创新对话

德国会定期举行创新对话，由政府首脑、经济界和科学界的代表以及有关部门参加，对话围绕科技创新活动中的重大议题展开，目的是为推进各创新主体达成共识并形成共同行动计划。例如，德国联邦政府曾于 2010 年设立“国家电动汽车平台”，召集与电动汽车相关的企业、科研机构、协会以及社会团体，共同商讨电动汽车的未来发展之路。2012 年，医疗卫生领域科技工作同企业家代表通过对话，发布了《医疗技术创新》报告，明确了德国在医疗技术领域的行动目标和挑战。

2012 年，德国总理默克尔、联邦经济部部长罗斯勒、教研部部长沙万、总理府部长波法拉与经济界、科技界代表进行了“创新对话”会谈，通过这次对话，德国政府作出了继续完善创新型初创企业融资政策的决定，以求为德国企业募集更多的风险资本，加强德国在国际科技创新中的地位。2013 年，德国又举行了第五次“创新对话”。这次对话的重点是基于数字化的商业模式创新与服务创新以及如何为新商业模式和新型创新提供最好的环境。

除此之外，德国还会举行与科研院所的对话、与大学的创新对话，通过这些对话以确定研究的最新领域及政策走向。

（四）发挥公共科研机构的作用

德国公共研发一般由自治的研究机构进行，研究机构是接受政府机构资助的不完全公共组织，而且在政府与这些组织之间还存在“学会”这样的中间组织。这些学会代表了德国科学研究的核心力量，各学会分别从事不同使命与性质的研究任务。目前在德国主要有五大学会：马普学会、德国研究联合会、亥姆霍兹联合会、莱布尼兹科学联合会和弗朗霍夫协会。

三、政府加大对技术创新的投入力度

德国政府对研发投入的力度很大，近年来持续增长。2005 年，德国的研发总投入只有 557 亿欧元。

2009年6月，政府决定继续延长研究与创新公约，决定在2011—2015年为研究机构提供的资助经费每年至少增长5%。2014年，德国的研发总投入升至839亿欧元。而到了2017年，德国总研发投入为957亿欧元。从绝对值来看，德国处于欧洲研发投资的领导地位，在国际上只有美国、日本和中国拥有更多的国家研发预算。从相对值来看，2017年研发投入占GDP的比重达到3.02%，超过了“里斯本战略”中3%的目标。这一比率在欧盟成员国中也是比较领先的。例如，法国为2.25%，英国为1.8%，西班牙为1.33%，意大利为1.25%，欧盟的平均值也仅为2%。与此同时，德国企业还增加了从事研发的员工数量，2017年德国企业从事研发的人员大约43.2万人，比2016年增加了近2万人。据世界经济论坛发布的2018年全球竞争力报告，德国出人意料地超越瑞士和荷兰，位居欧洲第一，全球第三，仅落后于美国和新加坡。德国排名的上升主要是因为在把创新想法变为上市产品方面具有无可比拟的优势，在学术论文和申报专利的质与量方面也表现突出。

四、企业是创新的主体

在德国，企业一直是科技创新的主体，80%的大型企业集团拥有独立研发机构，德国创新系统的最大特色就是拥有一批具有强大创新能力的企业。据统计，2010年，德国的企业科研投入占全国科研总投入的70%，达到490亿欧元；2012年企业研发投资占国内生产总值比重的1.94%，为512亿欧元；2014年，企业投入占研发总投入的2/3，达到570亿欧元；2017年，德国企业投入研发的支出为686亿欧元，比2016年增加了9.3%。欧盟公布的2014年全球企业研发投入排行榜中，共有5家德国企业处于前20位，除西门子外，其他4家都是汽车行业，而大众集团更是连续两年蝉联排行榜榜首。2017年德国企业投入研发的支出为686亿欧元，比2016年增加了9.3%。在德国，研发投入最多的行业分别为汽车（32%）、电子及光学产品（13%）、机械制造（10%）和医药（8%）。企业的研发机构不但开拓新产品，同时还参与制订行业标准，如戴姆勒—奔驰、西门子、拜耳、巴斯夫、大众等，这使大型德国企业一直处于世界前列。另外，德国企业的研发预算占到销售收入的2.5%～7%，尖端技术产品更是占到7%以上，大量的投入使德国企业的创新能力不断提升，成为各自细分行业的“隐形冠军”。

不仅如此，德国政府也非常注重支持中小企业的创新。德国企业以中小企业为主，占比达到 78.4%。德国政府为从国家层面扶持中小企业创新，出台了“中小企业先行”十点计划。中小企业如果有需要攻克的难题，一旦安排了相应的研究任务，科技与教育部就会给出奖励基金。另外，德国的政策还规定，国家级大型科研项目至少得有一个中小型企业参加，否则不予批准。因为如果企业参与科研项目研发的全过程，不但可以深入了解科技创新的设计思路、工程结构和工艺方法等细节，而且可以增加中小企业自身的技术基础实力，从而有更高的热情和信心进行创新。

柏林有一家名叫 GENIUS 的创新型企业，该企业是德国中小企业创新模式的典型，专业生产防火材料。GENIUS 只有 12 个员工，这 12 个人被分成市场部和研发部。研发部专门研发消防新材料，传统的灭火材料有水、沙子和泡沫 3 种，但用水灭火会造成较大的连带损失，如资料档案馆、博物馆的文件损失。而储油罐、加油站等场地根本不能用水，如果用沙子，虽然能隔绝空气，但效果差、分量沉、灭火时间长。GENIUS 经过多次试验和探索，最终研发出以二氧化硅为主要成分的新材料。这种新材料突破了传统灭火材料的局限性，具有许多新的特点和功能，在德国和欧盟广受欢迎，2016 年又被评为推荐的建筑防火材料。德国有很多中小企业都是这样依托科技创新创建品牌价值，然后再向市场推广，寻求合作机会，最终成为所在行业的领军企业，其生产的产品也就具有了更高的价值。

德国的中小企业为实现资源共享还成立了联合研究机构以降低研发成本。在中小企业中，新产品的销售比重已远远超过大企业，逐步成为德国创新体系的重要支柱之一。

五、重视科技成果转换

德国是世界上科技最为发达的国家之一，在成果转化方面也位居世界前列。德国科研与开发的 3 大支柱是高校、企业及非营利科研机构，其中又以高校的地位最为重要。德国高校的科研活动尤其注重与企业的合作，因为这样才能使大学科研更好地适应社会的需要，也能使科研成果更迅速地转化为生产力。科技与企业的融合是科技成果的转化关键。德国有很多大学都设有专门机构负责与企业商谈合作事宜以提高高校的科技成果转化率。高校与企业的合作方式可以是合作研究，也可以是委托研究。相关数据显示，80% 的德国企业已将高校科研成果的市场化作为企业创新的一条捷径，许多大型企业为了充分利用高校的科技优势都在高校开设研究机构。企业感兴趣的某个项目，可以很方便快捷地找到相关教授进行商议。另外很多高校还纷纷成立科技园，以便转化科技创新成果、孵化高科技企业，这也是科技成果由实验室走向市场的重要措施。

1994 年德国由 8 个科研机构发起成立了全国性的成果转化网络——Association for the Transfer of Knowledge and Technology，这是一家非营利机构，接受政府资助，其主要工作就是建设科技成果供需网络，在科学与市场之间提供专业的技术转移。2013 年其加入德国技术转移专业人员联盟（the Alliance of Technology Transfer Professionals，ATTP），也是欧洲技术转移网络（Astp - Proton）的成员。2015 年，Technolog Ieallianz 共有成员 40 个，涉及全德 250 个科研机构，为 13 万名科学家提供了支持。除了横向的孵化网络，还有纵向的孵化网络，由科研机构的技术转移机构、专业孵化机构等构成，如马普学会的技术转移机构马普创新公司（Max - Planck - Innovation，MPI）既是 Technologie Allianz 的成员，又与专业的孵化机构相联系。

第三节　日本创新驱动发展的政策举措

第二次世界大战后，日本作为战败国，经济、工业、科技体系基本被摧毁。据日本官方文献资料，20 世纪 50 年代初，日本与欧美主要国家在产业技术方面的差距约为 20 年。“二战”后，日本经历了从“加工贸易立国”到“技术立国”，再到“科技创新立国”，不断进行技术引进、模仿和集成创新，逐步提高了本国的技术开发能力。有数据显示，1955—1970 年，日本共花费 90 多亿美元以引进来自世界各国的 25 700 多项先进技术。在强大的科技创新背景下，30 年间，日本经济实现了年均 10% 的高速增长，在 20 世纪 90 年代再次赶上欧美国家，成为当今世界工业强国。即使在进入“失去的 20 年”后，日本仍然屹立于世界强国之林，保持着强大的经济实力和核心竞争力。在 Clarivate Analytics（CA，原汤森路透旗下知识产权与科技事业部）发布的《2017 全球创新企业百强》榜单里，日本以 39 家高居榜首，超过美国的 36 家。因此，日本是后发展国家赶超发达国家获得成功的典型案例。

一、企业是创新的主体

日本的创新体系具有典型的企业主导特征。日本企业一直非常重视高新技术产品的研发，即使是经济实力不太强的中小企业也如此。所以企业无论在研发人员的规模还是研发经费的投入和使用上都占有绝对优势。政府研发投入尤其是对企业研发活动的资助比例很小，基本不足 2%。而美国将研发资金的 30% 提供给了企业，在主要发达工业国家中，日本政府对企业的研发投入应该是很低的。2004 年，日本主要企业的研发经费投入总额达到 85 989 亿日元，占到日本研发总投入的 70%。[①] 从表 6 - 2 中我们也可以发现，企业研发投入除了 2013 年为 69.99%，其余年度皆为 70% 以上，这个比例远高于欧美发达国家。同样，日本的企业也是研发支出的主体，除了 2004 年和 2016 年，其余年度企业与开发支出都在 80% 以上。在 2014—2015 财年全球研发支出最多的 20 家公司中，日本的丰田和本田分列第 9 位和第 20 位；2016 年，欧盟委员会下属调研机构（IRI）对全世界 2 500 家企业进行研发投入排名，日本有 360 家企业上榜，仅次于美国和欧盟。而 2016 财年，丰田、本田等 7 家日本车企共投入 2.8 万亿日元（约合 280 亿美元）研发费用，创下纪录，以打造更具环境友好型技术以及自动驾驶汽车，这一金额较 2015 财年同比增长 2.4%。

表 6 - 2　日本企业研发投入及支出情况[②]

时间	研发总投入（亿日元）	企业投入（亿日元）	所占比例（%）	企业支出（亿日元）	所占比例（%）
2004	169 376	118 673	70.06	134 975	79.69
2006	184 631	133 274	72.18	150 667	81.6
2008	188 001	136 345	72.52	153 879	81.85
2010	171 100	120 100	70.19	137 320	80.26
2013	181 336	126 920	69.99	145 082	80
2016	184 326	151 060	82	133 183	72.3

日本的企业有持续创新的内在需求，它们一般会考虑市场的需要，优先选择被市场接受的科技成果并迅速将其转化成受国际市场欢迎的产品，所以日本企业

① 日本企业技术研发投入持续增加同比增长 3.4% [N]. 南方日报. 2004 - 09 - 09.

② 日本 2014 年科学技术研究调查结果概要 [EB/OL]. http://www.stat.go.jp/data/kagaku/kekka/kekkagai/pdf/26ke_gai.pdf.

可以持续不断地提升科技竞争优势。日本大企业的创新着力于加速推进现有知识和技术的扩散而并非创造新知识，它们先将从发达国家引进的先进知识和技术融合到国内已有的框架中，通过改进再在国内企业之间进行传播。日本企业引进技术的时候会在消化吸收的基础上结合本国的情况进行必要的改良和再创新，而非单纯的模仿和吸收，同时日本企业还会研究所引进国外尖端技术的优缺点，然后加以改造并进行集成创新，这样又创造出具有本国特点的新产品和新技术。据统计，技术追赶阶段的日本“平均花 1 日元引进技术，就需要花 5 ~ 8 日元进行消化吸收和再创新”。①

二、创新的财政金融支持

科技要发展，就必须有高强度的科研投入，日本通过制定一系列法律法规强化了科技投入，形成了比较完善的财政金融支持体系，为日本保持世界科技强国地位提供了丰厚的资金保障。

（一）高强度的研发投入

日本的科技优势与高强度的研发投入是分不开的，日本政府一向不吝惜科研投入。“二战”后，日本政府、企业、大学和非营利性机构的研发投入一直处于世界领先水平。1995 年以来，日本研发投入的规模一直保持在 16.5 万亿日元以上，仅次于美国。表 6 - 3 是日本 2004—2016 年部分年份国内研发总投入金额及占 GDP 比重情况。

表 6 - 3　2004—2016 年日本研发总投入情况②

时间	研发总投入（亿日元）	国内生产总值（亿日元）	所占比例（%）
2004	169 376	5 027 608	3. 37
2006	184 631	5 091 063	3. 63
2008	188 001	4 895 201	3. 84
2010	171 100	4 802 325	3. 56
2013	181 336	4 831 103	3. 75
2016	184 326	5 389 649	3. 42

① 梁洪力，王海燕．日本创新体系的演进特征及启示［J］．中国国情国力，2014（7）：15.

② 日本 2014 年科学技术研究调查结果概要［EB/OL］．http：//www. stat. go. jp/data/kagaku/kekka/kekkagai/pdf/26ke_ gai. pdf.

从表6－3中可以看出，日本每年的研发总投入绝对值都非常高，一般都在17万亿～18万亿日元之间（折算为美元就是1500亿美元左右）。而同期德国的研发总投入在800亿～1 000亿美元之间，法国为500亿美元左右，韩国为400亿～600亿美元之间，美国为4 000亿～4 500亿美元之间。由此可见，日本对科研的投入仅次于美国，而这一金额是其他国家的几倍（除德国外）。如果从研发投入占GDP的比重进行比较，日本更是排在前列。每年日本的研发总投入占GDP的比例都超过了3%，预计到2020年，日本政府的科研总投入将占到GDP的4%左右。而美国的这一比例一般在2.8%左右，法国这一比例为2.2%左右，其他国家中仅韩国、芬兰和以色列的比重超过了3%。

值得注意的是，日本的科研投入及科研支出政府投入的比例很低，基本都以企业为主。一般来说，政府投入的研究费大多用于支援大学和研究机构的基础理论研究，而企业研发支出大多用于应用研究和科技开发，因为这在短期内就能为企业带来利润。所以日本的政府研究费占总研究费的比例过低，意味着日本的基础研究投入偏少。据统计，日本的基础研究费占总研究费的比重低于法国、德国和美国。近年来，日本政府通过科技计划增加了对国立研究机构和大学的研发投入力度，重点支持航天、能源、新材料、生命科学等高新技术领域的发展。

（二）实施财税优惠政策

企业是日本创新的主体，为鼓励企业创新，日本政府制定了很多税收优惠政策。比如《租税特别措施法》、科研活动的赠款和捐款免税、试验研究费实行特别税额扣除制度等。2003年，日本政府又制定了新的税收优惠政策，企业的科研费用如果超出以前5年中投入最高的那3年的平均数，就可以给予15%的捐税优惠，另外对中小企业的研发费用给予10%的税收优惠。凡是科研活动的捐款和赠款均实行免税制度，无论是个人捐赠款还是法人赠款。如果是个人捐赠款，则可以从个人收入中扣除以抵免个人所得税；如果是法人捐赠款，企业则可以在规定的限额内将捐赠款作为亏损，以抵免各种税负。

日本税收制度对科技投入的政策导向十分鲜明。企业用于购置基础技术（如生物技术、尖端电子技术、电信技术、新材料技术及空间开发技术）开发的资产免税7%，此外，日本还实施促进中小企业技术创新的财税政策。中小企业的研发经费免税6%；同时还实施技术开发补助金制度，中小企业的技术开发可获得50%的资助，资助上限为2 000万日元，下限为500万日元。

（三）政策性金融

日本有较大规模的政策性金融机构，这些政策性金融机构的成立大多与支持高新技术企业发展息息相关。企业的研发活动可以从这些政策性金融机构获得低于商业银行利率的贷款。日本政策金融公库每年都为农业新技术创新、中小企业科技创新等领域提供低息贷款、延迟贷款等优惠服务；通产省和邮政省成立了基础技术研究促进中心，开展技术研究开发的中小企业可以获得有条件的无息贷款；科技厅也成立了新技术事业开发团，对高新技术项目提供5年期无息贷款。

三、“产官学”合作创新模式

日本创新体系的另一个特点是形成了以企业为主导，以政府和大学为辅的“产官学”三方合作的研究开发和技术创新体制。日本的“产官学”合作有较长历史，早在“二战”前就有相应合作模式，“二战”后，政府、大学和企业的研究力量逐渐形成有效的分工合作格局。政府的研究机构主要以应用研究为主，企业的研发活动以技术开发为重点，而高校则主要从事基础研究，三者之中企业研发明显起主要作用。同时这三个主体又在政府制定的科学技术规划和政策以及经费资助等共同作用下，形成了相互依存的运作机制。

为了促进“产官学”的结合，日本政府对科技体制进行了改革，如强化产业竞争力，改革“产官学”的构成系统，改革人才培养和科技教育的实施体系等。调查显示，自2003年以来，日本校企合作方式呈现倍增的趋势，大学与企业合作共同开发与研究高端技术的项目越来越多。实践证明，“产官学”合作创新模式是日本经过模仿、吸收、改进和研发创新后在工业技术上赶超欧美发达国家的成功模式。

四、创新科研成果转化方式

日本政府一向比较注重科技成果向企业的转化，为此制定了多部法律。最早的是1961年颁布的《新技术开发事业团法》，1996年又颁布了《科学技术振兴事业团法》，这对加强科研的基础设施，促进科技成果的普及发挥了很大的作用。1998年，日本实施《关于促进大学等研究成果向民间企业转让的法律》

（TLO法），进一步为大学松绑，随后出现了很多技术转让机构TLO。TLO机构主要推动包括高校在内的国家科研机构的科技成果向民间转让，这些机构在大学与企业之间发挥了桥梁作用，极大地促进了大学科研成果的商品化和实用化。TLO分为“认定TLO”和“承认TLO”，获得“承认TLO”可以得到诸如减免专利费、手续费等形式的国家支持。

国立大学实行法人化后，可以拥有科研成果的所有权，不论项目是由政府投资还是由公共投资机构出资或者是政府委托研究，国立大学有权自行对外转让这些科研成果并在大学设立“知识产权本部”，以便帮助研究人员快速检索专利信息并有效利用知识产权。

另外，日本还有“产业技术振兴协会”，每年举行2～3次“专利制度说明会”向企业进行科技创新成果的推广和转让。对于中小企业的技术开发和成果推广，则主要通过通产省的中小企业厅制定相应的优惠政策并提供经费资助。

除此之外，日本的中介机构在技术的推广转化中也发挥了重要作用。中介机构分为国立中介机构和民营私立机构。国立中介机构实际上行使部分政府职能，为中小企业提供全方位的事业扶植。私立中介机构主要针对相关行业和相关领域提供多层次服务，包括独立开业的咨询公司和各类高校、科研单位和企业创办或从中分离出来的机构，

第四节　对四川省的启示

目前，中国式创新正走在十字路口。我们已经具备客观条件，而敬畏知识产权所需经历的镇痛，正等着我们迈出那一步。回首美国、德国、日本摆脱“山寨大国”之名的路径，我们发现四川省还需在以下方面努力。

一、人力资本是企业创新最重要的资源

企业创新最重要的就是人才，企业如果拥有大量的高科技人才就等于掌握了创新的核心资源。美国之所以保持世界领先的科技地位和其高效的科技人才培养机制是分不开的。近些年，我国也实施了多种人才推进计划，科技人才资源的规

模不断扩大，按科技部的统计数据，2015 年，四川省科技人力资源指数为 63.9，排第 21 位，比 2014 年下降 3 位。“万人高等教育学校平均在校学生数”和“十万人创新中介从业人员数”两项基础指标中，四川省分别仅居第 20 位和第 27 位。万人 R&D 人员数及排位提升，仅居第 19 位。从以上几个指标可以发现，四川省科技人力资源总量在全国处于靠后的位置，高端创新人才比较缺乏，缺乏和谐的人才发展环境，在科研条件、职务晋升、工作环境等方面均优势不足，造成人才外流现象比较严重。四川省提高科技人才的发展水平应从以下几个方面着手。

（一）重视创新能力的培养

创新能力的培养是一个系统的、长期的工程，其中教育是最关键的一环。四川省应进行相关教学改革，摒弃以学生成绩定优劣的机制，充分重视创新思维培养，在课堂中理论与实践相结合，丰富学生的学习内容。同时，还应该遵循人才发展规律，设计好学前及小学教育、中学教育和高等教育的教育路线，加强学校不同层次的创新思维教育，培养高端科技创新人才。四川省的高校作为人才的主要输出源，应将创新思想输入整个课程体系中，通过课程设计、社会实践等活动全面培养学生的创新能力。另外，企业作为创新的主体也必须聚集一批高水平的创新人才。企业可以通过研发工作培养自身的创新人才，这样的创新人才更接近市场，更熟悉企业的文化，创新能力也更易发挥。所以企业应建立一套系统规范的创新人才培养路径，做好创新人才的识别、使用及评价等工作，将创新思维融入整个人才发展的开发过程中。

（二）政府加大对科技人才的投入

首先，创新人才的培养和发展机制离不开政府的引导与支持，政府应逐步增加对科技人才的投资力度，建立系统化的人才发展政府资助机制，即从创新人才的培养、引进、使用以及人才的激励与评价等方面分别确定相应的经费投入比例，并且确保政府资助投入的稳定性和连续性。其次，我国高科技人力资源总量很大，但区域分配极其不均，大量的科技人才集中在经济发达的东部地区。因此，政府可考虑对科技人才发展提供更多的资金投入以缩小与东部地区创新人才的差距，缩小与东部区域的企业创新水平。再次，促进科技人才发展的投入体系可以是多元化、多层次的系统化工程，政府可通过教育资助、税收补贴以及适当的留学或移民政策等途径完善投入机制。最后，在科技人才的发展方面政府应当做好政策制定者和实施引导者的角色，大力实施各种科技人才的创业扶持政策，切实保障创新人才发展的各种诉求，优化科技人才发展的政策环境。

（三）实行更具吸引力的人才引进制度

美国高度发达的高等教育为企业创新提供了丰富的人力资源，同时它们也采用了宽松的移民政策，优越的人才发展环境和突出的科研优势吸引了全球各地的高端人才。不完全统计，“二战”后美国80%以上的科技成果都是由引进的外国人才完成的。由此可见，对高端人才的引进，不但可以节省教育经费还可以带来创新的原动力。要网罗全球的优秀科技人才，就必须实施有吸引力的人才吸引制度，所以政府可以制定相应的激励政策以鼓励更多的科技人才到四川省来。在引进海外优秀科技人才时，可以聘请这些优秀人才作为高等院校、科研院所或者研究中心的负责人，然后放权由他们自己组建团队，对外招募人才，这样会形成一个人才凝聚一个团队的局面，也会形成海外人才引海外人才的良性循环模式。在引进人才时，一定要完善激励制度。要充分考虑引进人才的安家落户、人才培养、科研启动等实际的困难和限制，解决他们的后顾之忧，这样才能达到引得进、留得住的目的。

二、加大对基础研究及中小企业的投入

四川省对研发资金的投入逐年增加。2017 年，四川省共投入 R&D 经费637.8 亿元，比上年增加 76.4 亿元，增长 13.6%，增速较上年提高 2 个百分点，总量排全国第 8 位，和广东 2 343.6 亿元、江苏 2 260.1 亿元、山东 1 753 亿元、北京 1 579.7 亿元、上海 1 205.2 亿元的科技支出比起来还存在较大差距。四川省 2017 年科技投入强度（R&D 经费与国内生产总值之比）为 1.72%，与上年持平，排全国第 13 位，和广东的 2.61%、江苏的 2.63% 及山东的 2.41% 比起来也存在较大差距，这说明四川省科技投入的力度仍有待增强。另外，从整个国家来讲，基础研究投入比例过低，仅为 4.7%，而美国为 16.5%，法国为 24.4%，日本为 12.3%，韩国为 18.1%。基础研究成果是用来衡量某个国家原始创新能力的重要衡量标准，也对战略性新兴产业的形成和高技术产业起到引领作用，所以四川省还需要加大对基础研究的投入，并通过财税政策或者评价体系来提高企业的基础研究水平。政府应加大对中小企业的研发投入力度。据统计，全国研发

经费中企业使用的比例为76.6%，这个比例不低，但这些资金主要集中在大型企业和国有企业，对中小企业的支持力度很小，四川省也不例外。但事实上，中小企业的创新最为活跃，往往是技术创新的源头。据统计，美国70%的创新来自小企业。四川省的研发经费应提高对中小企业的支持力度，以激发它们的创新能力和创新热情。

三、高效促进成果转化

企业创新好比一场“马拉松”，原始创新可看作“最初一公里”，成果转化可视为“最后一公里”。如果“最后一公里”跑不好，那么企业创新的效益和质量就会大打折扣。从国外发达国家的情况来看，它们的科技成果转化率一般在40%左右，而四川省目前的这一数据只有10%，这说明四川省大多数科技创新并未形成实实在在的生产力，这样不但无法达到创新驱动发展的目标，也无法激励研发人员的创新热情。为什么我们的科研成果转化率如此之低，说到底还是制度设计的问题。借鉴发达国家的成功经验，我们认为可从以下几个方面进行改进。

（一）科研成果所有权及处置权的创新

目前，我国除了湖北省和东莞市等地区明确提出科研成果的所有权及处置权归研发团队外，其余地方科研成果的所有权和处置权属于研发团队所在的高校、科研机构、研究院所等，而且被定性为国有资产，受到上级主管部门以及科技部、财政部的管制，研发机构没有完全的成果处置权。这样的结果导致研发人员从成果的转化中剥离开来。研发团队有成果转化的动机但没有所有权及处置权；高校、科研机构等有所有权及处置权，但由于它们事业单位的属性导致这些部门缺乏科研转化的热情。再加上科研成果的转化要层层上报，手续烦琐，所以很多科研成果都被束之高阁。我国应进行科研成果的制度创新，将科研成果的所有权处置权下放给研发团队，协调各部门利益，调动科研人员进行科研转化的积极性。

（二）完善科技中介服务体系

美国、德国、日本等主要的科研成果都是从高校中产生的，所以需要有人专门把这些科研成果和外面的产业机构、公司对接，以使科研成果能顺利转化为产品上市，推动社会发展。同时，高校将科研成果迅速转化也可以给自己带来商业利益。目前，四川省还需要完善科技中介服务体系，包括技术交易市场、科技咨询中心、技术评估、技术仲裁等服务中介机构。

技术评估和仲裁是四川省科技中介服务的薄弱环节，严重制约了技术转让的顺利开展。因此，有必要发展一批独立的专利评估和仲裁机构对专利成果进行公正客观地定价，对技术交易中产生的纠纷提供公正的仲裁。同时，还应大力发展科技成果交易市场。

（三）将科研成果转化率纳入考核指标

科技成果转化率低与科研考核制度也有着密切的关系。目前，四川省不论是高等院校还是科研机构，都只注重科研成果完成量，获得多少科技奖项，成果是否转化与它们无关，这样科研人员自然就缺乏成果转化的积极性，所以政府可考虑将科研成果的转化率分情况纳入考核体系。比如对基础研究，可以只关注学术上的领先性和前瞻性，而对应用型科研成果则应关注其市场应用价值，应该让应用型研究人员意识到技术转移是一种责任，将科研成果的转化率、市场贴近度以及产学研合作项目的数量、项目带动产业发展的产值等指标纳入科研水平体系，作为立项和验收的重要依据。

（四）完善成果转化的相关税收优惠政策

近 20 年来，四川省对技术成果的转化陆续制定了免税、退税或者减税的措施以激励企业创新和科技成果转化，但实际操作过程中政策的可操作性还有不足。比如现行税收优惠措施基本上都属于直接优惠，间接优惠措施太少，企业无法享受如加速折旧、投资额抵扣税前所得额、增加费用扣除标准等优惠措施，这和当前国际上的通行做法刚好相反。因为直接优惠只有那些成熟的企业才能受惠，而初创企业则无法享受这样的优惠，但事实上它们又最需要政府的扶持，所以现行优惠政策无法充分对成果的转化进行激励。再如，不少政策优惠仅限于原则性的规定，没有实施细则，也没有配套措施，实施起来难度很大。初创企业如果要获得税收优惠，手续非常烦琐，要在多个部门间认定核实，效率很低，导致企业有畏难情绪。基于此，对科技成果转化的税收优惠政策可以做一些如增加间接优惠、简化优惠程序、制定实施细则、增加优惠环节等相关调整。

四、完善政府采购制度

长期以来，不论是西方学术界还是政府都认为政府采购是推动企业创新的重要一环，美国当然也不例外。美国的政府采购规模是世界上最大的，占其 GDP 的 20%，早在 2009 年就已超过 3 万亿美元。虽然在美国的政府采购法律中没有专门针对促进企业创新的条款，但在许多其他法律法规中都可以发现扶持中小企业、采购国货以及激励创新的政策。事实上，美国的政府采购制度为企业自主创新创造了空间，极大地促进了企业创新的热情。反观我国，从 2003 年开始实行《中华人民共和国政府采购法》（以下简称《政府采购法》）算起，政府采购已经走过了十几个年头，从近些年的实施情况看，政府采购激励企业创新的作用十分有限。2009 年，我国曾发布了《关于开展 2009 年国家自主创新产品认定工作的通知》，希望能扩大政府采购自主创新产品的范围以激励企业创新，但美国、欧盟等国家和地区却认为该通知违背了我国开放政府采购政策的承诺，实质是为了保护本土企业、歧视和排斥外资。迫于国际社会的压力，国务院办公厅于 2011 年 10 月发文要求停止激励自主创新的政府采购政策。

实际上，以政府采购制度支持企业创新是发达国家的普遍做法，2016 年 5 月，我国印发了《国家创新驱动发展战略纲要》，纲要指出，“要培育开放公平的市场环境。强化需求侧创新政策的引导作用，建立符合国际规则的政府采购制度”。这意味着我国将重启政府采购促进企业创新的政策。借鉴美国的成功经验，我们提出以下几点建议。

（一）完善相关的法律法规

2003 年开始实施的《政府采购法》对政府采购的取向主要侧重于防止腐败和节省资金，所以政府采购激励企业创新的功能尚未得到法律上的确认。目前我国正在进行政府采购协议（GPA）的谈判，应该在对国际规则进行透彻理解的基础上，研究国外成功的政府采购制度及实践来完善我国的政府采购法律法规体系，以体现政府采购制度对企业创新的支持作用，同时营造一个公开、公平、公正的政府采购市场。

（二）将创新产品纳入政府采购目录

目前的政府采购基本上未区分创新产品和普通货物，未能给初次投入市场的创新产品创造强大的需求市场，建议各级财政部门将创新产品纳入政府采购目录中，如果满足采购需求则优先采购自主创新商品；如果创新商品的价格比普通商品高，政府可根据市场竞争程度或者科技含量等因素给予一定的价格扣除；对于首次进入市场的创新商品，市场前景不明朗但是需要由政府进行重点扶持的应该由政府进行首购，这样才能为创新企业创造市场，免除创新企业的后顾之忧。

（三）建立政府采购的监管机制

任何制度都不是完美的，政府采购过程中也会出现不公正或者违法违规现象，这意味着政府采购需要有效的监督机制。在美国，立法部门和行政部门同时对政府采购进行十分严格的监管。其中，立法部门——联邦会计总署进行的是外部监管，而行政部门——行政管理与预算局负责的是内部监管。另外，还有参与招标的企业形成了事实上的第三层监管。只有具备了这种完善的监督体制，才能确保政府采购过程中的公平，政府采购激励企业创新的法律法规才能得到有效执行。

五、创新政策还需企业主动争取

从宏观政策上来讲，四川省非常支持创业创新，但是宏观政策还需要地方监管部门配套。有时地方的支持政策往往不能落实到位。而更严重的是，创新创业涉及的业务监管部门往往对创业创新无动于衷，并设立各种“门槛”，这时候创新往往会被扼杀在监管当中，所以对企业来讲很多创新政策需要去争取。比如美国最大的股权众筹平台 ANGELLIST 刚推出时发现美国政府不允许在网上为别的公司集资，因为那是非法的，于是 ANGELLIST 联合跟进的其他做股权众筹的公司一起去游说美国国会，花了很长的时间和精力终于推动了乔布斯法案。该法案规定网上众筹是合法的，只要平台不收取众筹顾问费，因为如果收取顾问费就成了一个金融行为，需要金融中介机构的资质并接受金融监管机构的监管，但如果只是集合大家交易而未收取顾问费便可以开放。这下众筹的平台就打开了，他们又继续游说，让参与股权众筹的起点进一步降低，以前需要认证过的投资者

（需要有100万美元以上的闲钱）才能参与投资，导致很多投资人都没有资格，而现在通过游说，慢慢降低资格，更多的人只要手里有闲钱就可以参加众筹。还有飞行汽车公司TERRAFUGIA，这家公司虽然人不多，但是它们在美国非常出名，因为空管部门规定小公司不能随便做飞机的试飞，如果试飞出了事故存在责任承担的问题，但只有大公司的创新市场是不活跃的，不让小公司试飞创新就无从谈起。于是TERRAFUGIA积极争取，最后政策有了松动，小公司也能够得到研制各种飞行器的试飞资质。这些案例告诉我们其实企业是可以主动去争取的，创业者不能只盯着业务，还要学会和监管者沟通。

参考文献

[1] 王煜全，薛兆丰．全球风口：积木式创新与中国新机遇［M］．杭州：浙江人民出版社，2016.

[2] 姚陈敏，叶前林，何伦志．“一带一路”战略下我国口岸发展趋势、机遇与挑战［J］．宁夏社会科学，2016（5）：104－108.

[3] 陈强．德国科技创新体系的治理特征及实践启示［J］．社会科学，2015（8）：14－20.

[4] 陈强，余伟．创新驱动发展国际比较研究［M］．上海：同济大学出版社，2015.

[5] 伍慧萍．从高校与企业的研发合作看德国的知识创新［J］．比较教育研究，2015（8）：47－52.

[6] 薛兆丰．美国积木式创新与中国机会［N］．经济观察报，2015－06－08.

[7] 沈坤荣，赵倩．创新驱动发展的国际经验及其对中国的启示［J］．学习与探索，2015（11）：77－81.

[8] 陈强，霍丹．德国创新驱动发展的举措及对中国的启示［J］．科技创新导报，2014（20）：6－9.

[9] 陈强，霍丹．德国创新驱动发展的路径及特征分析［J］．德国研究，2013（4）：86－100.

[10] 徐强．德国政府引导科技与经济紧密结合的举措及其借鉴意义［J］．经济研究参考，2012（51）38－44.

[11] 王永春，王秀东．日本科技投入现状及其发展趋势［J］．科技进步与对

策，2010（27）：21－23.

［12］杨莉，胡春，王国斌．论日本创新型国家发展模式［J］．日本问题研究，2009（23）：43－46.

［13］李庆杨．国外自主创新特征及其对我国的启示［J］．经济问题，2007（10）：31－32.

［14］龚平．外国中小企业技术创新政策举措［J］．中国科技投资，2006（12）：74－76.

第七章　企业创新成长的制度供给

经济新常态下，我国经济发展的动力引擎急需发生变化，经济增长的动力不能仅依赖于要素驱动，还要依靠制度、技术、知识和产业结构等一系列创新，此时，企业创新对于企业自身的发展、增强企业核心竞争力具有重大意义，而且对于整个社会经济发展方式转变同样具有重要的战略意义。在当前国内外复杂的经济形势下，面对经济发展新常态及艰巨繁重的改革任务，必须坚持新的发展理念，继续深入推进供给侧结构性改革，深化企业创新的体制机制，强化产学研用协同创新能力，从制度层面为微观企业创新成长提供保障和支持，做好国家及区域创新体系的制度设计。

第一节　企业创新政策工具及评价

创新政策是指一国政府为了引导全社会的创新、为了促进创新成果从研究开发机构向实体产业部门流动而采取的一系列公共政策措施的总称。创新政策工具是政府及其机构为实现一定的创新目标而采用的措施和手段。新科技革命以来，几乎所有走在科技创新前列的工业发达国家以及正在迅速崛起的发展中国家，都为促进本国科技创新发展速度，制定了一系列创新政策，包括财政激励政策、专利制度、风险资本政策、公共采购政策等。

一、财政激励政策

（一）财政激励政策的理论解释及特点

财政激励政策是促进企业创新最常见，也是最有效的工具之一，通过为企业创新提供直接的补贴或税收优惠，降低企业科技研发投入成本，从而增加全社会对“企业创新”这一特殊产品的供给。

从经济学基本原理来说，“企业创新”这一特殊产品具有极强的外部性和公共物品的性质。一方面，“企业创新”成果可以降低产品的生产成本，或者在相同成本下提高产品的使用价值，从而对同行业竞争者、企业产品消费者乃至整个社会具有正的外部效应；另一方面，“企业创新”在前期的高投入及创新产出较大的不确定性决定了“企业创新”的私人收益小于私人成本，企业不愿意过多地投入创新，而是都等着别的企业进行创新，自己“搭便车”，最终导致全社会“企业创新”的供给不足，满足不了社会需求，出现市场失灵。此时，需要政府对“企业创新”给予一定的激励措施，通过直接或间接的措施降低“企业创新”的私人成本，增强企业自主、自发创新的动力，优化“企业创新”资源配置方式，增进全社会整体福利。

研发补贴和税收优惠作为财政激励政策的两大主要政策工具，在作用范围和政策效力方面有所区别。一般来说，财政补贴政策主要针对特定资助对象，政策具有直接性和选择性，而税收优惠政策没有特定资助对象，具有间接性和一般普惠性的特点，因而也更具公平性。同时，财政补贴政策大多针对科研院所等研发机构，而税收优惠政策则基本面向企业。

（二）西方国家实施财政激励政策的经验

从各国运用财政激励刺激创新的政策实践来看，政府的直接财政补贴主要集中在三个方面：一是基础学科的研究；二是私人企业不愿提供的公共产品，如涉及国家安全和公共利益的国防、农田水利、医疗保健等；三是为了获得在某些产业或领域的发展优势而重点投入的某些关键技术。然而，各国在资助对象和重点领域的选择上略有不同。例如，德国更偏向对高校的投入，美国则倾向投资私人企业，日本、法国、英国主要投资由政府支持的研究机构。

综合来看，当前西方发达国家对研发活动的直接支持具有以下几个方面的特点：一是政府对研发创新的直接投入强调与其他创新主体的合作，并逐步退出在创新活动中的主体作用；二是政府对研发支持投入的绝对额持续增加，但相对于创新投入迅速增加的私人企业部门，其在创新投入总份额中呈下降趋势；三是政府对研发活动直接支持的重点领域转向民生，军工国防领域的支持逐步下降；四是重点支持中小企业的自主创新能力建设。

各国运用税收优惠政策支持研发创新主要集中在以下几个方面：一是直接的税收减免政策，对由于研发活动造成的投资支出增加，予以一定比例的税收减免优惠。例如，若美国某企业该年的研发支出超过过去 3 年的平均额，则超出部分可享受优惠税率，日本法律也有类似的规定，并对中小企业直接免收研发经费增加额的税金。二是对设备投资的优惠支持，如加速研发设备的折旧。三是对与其他国家进行技术贸易所得予以税收减免。四是对向研发机构或大学捐助用于研发的设备予以税收减免。五是对新产品开发和工业产品的国际化实行累进税收优惠。

二、专利制度

（一）专利制度的激励效应分析

专利一般是由政府机关或者代表若干国家的区域性组织根据申请而颁发的一种文件，这种文件记载了发明创造的内容，并且在一定时期内，获得专利的发明创造在一般情况下他人只有经专利权人许可才能予以实施。专利制度，是一种旨在保护技术能够享受独占性、排他性的权利，权利人之外的任何主体使用专利，都必须通过专利权人的授权许可才能获得使用权的一种制度安排。

如前文所述，由于创新产出具有准公共产品的属性，只有提高企业创新的私人边际收益，才能促使企业增加创新投入，使创新资源向更加合理化的方向配置。专利制度正是这样一种能在一定时期内保证企业创新收益的制度安排，从法律层面保证了企业的预期创新收益。专利制度对于企业创新的促进作用主要表现在以下几个方面：一是鼓励研究开发新技术；二是为新技术的运用创造必要的商业环境；三是有效促进新技术的扩散；四是为制定创新发展规划提供依据；五是为创新技术的国际化交易提供结构化的制度安排。

（二）政府专利制度的“双刃性”

专利制度从诞生之日起就存在“双刃性”。专利制度通过为独立发明家、从事技术研究发展的企业或科研机构提供在一定时期内的对于该专利技术商业运用的独断保护，激发企业、机构和个人的创新热情，促进创新资源的优化配置，增加创新产出的质量和数量。同时，正是由于专利权赋予了专利持有者在一定时期内对专利技术收益的排他独占权利，提高了专利技术模仿者的资金成本和时间成本，在一定程度上限制了创新产出的数量，并减缓了创新技术从潜在生产力变为现实生产力的速度，这种减缓或延缓效应被称为创新时滞，从而对社会生产力的发展起到一定的阻碍作用。

此外，专利制度对不同行业、不同规模的企业的创新时滞也有所不同。首先，专利制度对像医药工业、通信等这些需要前期大规模研发资金投入的行业具有强有力的保护作用，可以将专利保护制度作为这些行业的首选政策工具；而对于计算机、半导体等人力成本投入较多的行业，专利技术的作用效力较弱，需要与其他创新政策配合使用。其次，专利制度对中小企业的保护作用要强于大企业，这是因为，中小企业自身实力较弱，很难通过自身实力保护自己技术的独断专享性，而大企业可以聘用强大的律师团队保护自身的创新收益；此外，大企业为保持其技术领先性，一般强调领先时间和学习曲线，因而更倾向于采用保密或各种领先一步的方法来确保其创新收益。最后，专利制度对新产品创新的保护要强于对新工艺创新的保护，尽管二者为经济社会所带来的收益不相上下，但是对新工艺创新的保护更多的只能采用保密措施。

尽管专利制度通过其赋予专利持有者的独断专有权，在一定时期和一定范围内排斥竞争，并通过垄断使创新产品的消费者支付了更高的成本，但这种支付是以鼓励更多的创新产出作为前提的，对于专利制度收益和付出的成本不能以部分人的收益和成本作为参考，而应从社会整体收益和成本的角度来考察专利保护制度的“双刃性”，必须承认，专利保护制度对企业技术创新的促进作用是巨大的。在这种情况下，最佳专利制度的设计必须是这种利益的划分取得某一最佳均衡点，使创新收益及其影响收益最大化。这些来自发达国家的实践经验，对完善我国专利制度、有效促进企业创新投入具有一定的启发意义。

三、风险资本政策

（一）风险资本政策的运作机制及效应分析

所谓风险资本，是一种以私募方式募集资金，以公司等组织形式设立，投资于未上市的新兴中小型企业（尤其是新兴高科技企业）的一种承担高风险、谋求高回报的资本形态。它和证券投资基金等不同，在投资、募集等运作方式上有其自身的特点。风险投资的基本运作方式是：风险投资公司筛选具备高成长潜力的初创型企业，以股权投资或购买企业可转换债券、优先股、认股权证等方式对企业进行投资，同时派驻董事参与企业的经营管理，凭借丰富的投资经验，以及对宏观经济走势和行业发展规律的深刻认识提高企业经营能力。待企业发展步入正轨、发展成熟后，通过资本市场高价转让持有的企业股权，推出企业经营，实现投资收益。

近年来，西方国家发展出一套适用于企业技术创新的风险投资机制，其基本思想是：首先，由具备丰富投资经验的风险投资专家组建的专门从事高新技术产业的投资公司或投资管理公司；其次，风险投资专家从资本市场募集资金组建创业基金；再次，寻求与拥有新技术、新科研成果的科学家合作，科学发明者以自己的科技创新成果作价入股创业公司，风险投资基金以自己筹集的资金入股提供资金支持；最后，待创业公司的产品打入市场，获得稳定的现金流，风险投资专家进一步扶持公司在资本市场上市，通过二级市场的高溢价，收回创业基金投入。

从创新实践角度看，风险投资可以说是成本最低、效率最优的企业创新政策工具。由于企业创新前期的高投入，以及创新成果的高度不确定性，创新者无法预测“创新”这一投资行为的预期收益或者可能的回报，降低了企业自主创新的动力，甚至惧怕创新。风险投资通过提供一种风险共担机制，降低企业创新失败可能面临的巨大损失，提高企业创新意愿，并从企业成长中获得回报，而不需要政府额外的财政激励，减轻政府财政负担。

（二）政府鼓励风险投资的可能措施

既然风险投资是最有效率的企业创新政策，政府可以通过以下几个方面引导促进风险投资的发展。

1. 对投向企业创新的风险投资给予税收优惠政策

资本的逐利性决定了风险资本会优先投向投资收益最高的行业和部门，与高收益相伴而生的是投资收益的高度不确定性，即高风险性。风险投资者会根据风险性和收益性权衡利弊，只投资收益性大于风险性的行业和部门，而这些行业和部门可能是那些投资回报比较稳定、没有什么投资风险的传统部门，或已经面临淘汰的落后行业，以及严重产能过剩的行业，不利于促进企业创新和整个经济社会的转型升级。这就要求政府对符合经济发展规律、对经济社会具有重大战略意义的风险投资予以一定的引导，鼓励风险投资投向代表行业未来的新兴部门。例如，为了发展高科技行业风险投资，美国政府在20世纪80年代后期改革税收制度，以降低风险资本的所得税率。60%的风险资本免税，剩下的40%缴纳一半的所得税，使风险资本所得税税率从49%降低到28%。

2. 政府为风险投资从金融机构提供信贷担保和财政援助

由于风险投资的高投入、高风险和高回报，这就要求风险投资在实际投资操作中不可能等到某一个投资项目成功后再投资下一个项目，这样做单个投资项目的失利将可能是致命的，而必须同时投资若干个项目，并利用投资成功的项目收益去弥补失利项目的损失，提高风险投资的容错能力，只要总的投资收益大于投资损失，风险投资就可以获得正的投资收益。这样一来，就对风险投资者的资金实力提出要求，风险投资者不得不通过信贷或者发行债券获取投资资金。政府可以通过为投资企业或企业创新项目的风险投资提供信贷担保，提高风险投资的融资能力，降低风险投资的融资成本，提高风险投资的可能收益，鼓励更多的风险投资资金进入创新型企业或新兴行业。

3. 进一步健全新三板市场和区域性股权转让市场

风险投资通过分担风险来分享企业的成长收益，其投资的目的不是控制或取得某一企业，风险投资一般都要求有一定的退出渠道。目前，风险投资的退出渠道较为单一，一般通过企业上市，在二级市场上转让自己的股权实现退出的目的。但是，由于企业在主板上市的要求较高，创新型企业很难达到要求，即便达到要求，又会面临烦琐的上市程序和漫长的过会等待时间，风险投资退出的时间周期长，无形中增加了风险投资的投资成本。通过发展新三板市场和区域性股权转让市场，为风险投资提供快速高效的退出渠道，增强风险投资的投资企业创新意愿，提高企业创新能力。

四、公共采购政策

（一）公共采购政策效应分析

公共采购政策，是指政府或其代理人为了自己消费或满足特定人群的消费需要，通过法律规定的招标程序采购产品或服务的行为。公共采购的目标一方面可以是满足政府作为公共部门为履行自身职能而在产品市场消费产品，如政府采购必需的办公用品；另一方面也可以是不为了满足自身需要，而是满足特定人群需要进行的采购，如采购低保、劳保用品。公共采购的法定程序一般是公开招标，通过公平竞争的方式确定所采购物品的供应商。政府公开采购的物品，可以是有形的商品，如办公桌椅，也可以是无形的服务，如计算机软件，采购价格通过协商或竞价确定。

公共采购政策作为国家宏观调控的主要手段，是最常见的政策工具，对企业创新具有极强的引导作用。首先，由于公开招标流程烦琐，公共采购政策的合同周期一般比较长，短的3~5年，长的可达到10年以上，这也为企业提供了一个稳定的预期，企业可以根据合同订单安排企业创新的进度，降低企业创新收益的不确定性。其次，政府还可以通过在采购合同中提出对产品品质、功能等方面的要求，主动引导企业创新活动，企业在长周期合同的保障下，也愿意为满足采购要求而进行创新投入，其最终结果都是通过一定的制度安排增加企业在创新方面的投入。

（二）政府采购政策的适用性分析

政府采购政策对企业创新的引导作用主要体现在产品或行业生命周期的早期阶段，此时，产品还停留在实验室的工程原型阶段，产品还很不完善，离真正量产并投入市场还有很长的路要走，为了进一步完善产品，提高产品的稳定性和易用性，创新企业还要做大量的投资。而政府采购政策正是培育产品早期市场的得力工具，包括但不限于通过签订一份长期合同，为企业提供产品量产和市场的稳定预期；支付一定的定金，缓解企业由于继续完善产品的资金紧张问题，不断反馈产品在使用过程中的问题，甚至直接提出改进措施和建议，逐步培育该产品的市场，而不会让创新产品因为早期市场过小、产品不完善、后续投资跟不上等原因而夭折。比较典型的例子是美国军方对半导体、电子计算机、大规模集成电路的采购和培育，以及我国相关部门对航空航天产品的采购，都对这些行业的成长起到了至关重要的作用。

政府采购政策对企业创新的效果取决于市场结构。当政府是买方市场的唯一采购者时，其对企业创新的引导效果最大，此时，企业为了满足市场唯一需求者的要求会竭尽所能地提高自己的创新能力，不断更新完善产品细节；如政府是若干购买者之一，则政府采购政策的效应会有所降低，政府采购对企业创新的激励和促进作用会由于受到其他市场参与者的干扰而受到影响；如政府是市场的众多购买者之一，则采购激励政策会进一步降低，甚至起不到激励作用。

五、几种典型创新工具的评价

（一）对财政激励政策的评价

财政激励政策是鼓励企业创新最有效和最具操作性的工具之一，因而也是最常见的创新政策工具。其优点主要包括以下几个方面：一是财政激励政策最具直接有效性，财政激励政策无论是直接的补贴还是间接的税收优惠都降低了企业的创新成本，对企业创新的刺激效果立竿见影。二是具有税收优惠政策的公平性，对急需高新技术产业的国家提供直接财政补贴有很强的针对性。三是财政激励有更大的灵活性，政策可以根据国家经济发展和财政状况随时调整，但是财政激励的实施必须适应国家经济发展水平，财政资源直接适应国家的财政制约。同时，补贴对象的选择，容易造成不公平甚至腐败，这考验着管理者的判断能力和管理能力。

（二）对国家专利制度的评价

专利制度是从法律的角度保护创新者的收入，以提高创新者的主动性。其优点主要表现在法律的严肃性和普遍适用。一方面，专利制度保证每一创新主体的权利和义务的平等；另一方面，不论其专利和行业的差异，专利法的对象都受到保护。虽然认识到专利制度在创新方面发挥了积极作用，但我们还必须注意其“双刃性”，即对技术传播的负面影响。此外，专利制度对不同行业的有效性也要求我们在有效性不足的领域，还必须注意与其他创新政策配合使用。

（三）对风险资本政策的评价

风险投资是通过提供一种创新风险共担的制度安排来降低企业创新收益的不确定性。其优点包括：一是风险投资者是对风险最具管理能力的市场参与者，对投资风险具有一种与生俱来的敏感，风险资本对企业创新项目的风险投资除了为企业创新提供资金支持、共同分担创新项目失败可能带来的损失外，还会凭借自身的风险管理知识指导企业创新项目，提高企业创新项目成功的概率。二是风险资本作为社会资本，以其对创新项目收益分享来获得回报，不需要政府过多的财政激励措施，可减轻政府财政负担，无形中减轻了企业税收负担。

但是，风险投资参与企业创新项目需要健全的市场体系，风险资本的退出主要通过资本市场，这就决定了只有那些建立起完善的资本市场体系的国家才能更好地通过发展风险资本鼓励企业创新。此外，由于资本的逐利性，必须对风险资本加以约束和适当的引导，否则很容易由于市场机制的盲目性、滞后性而损失惨重，挫伤风险资本的积极性。

（四）对政府采购政策的评价

政府采购政策主要通过在产品或行业生命周期的早期阶段，利用长周期合同呵护培育产品市场，为企业建立一个稳定的预期，进一步降低企业创新成本，增强企业创新盈利能力；通过支付定金的形式，缓解企业创新资金不足，以及在后续的产品使用中反馈产品体验，为逐步完善产品提供意见、建议等鼓励企业创新投入。但是，也应该看到，政府采购政策的政策效应主要取决于市场结构，在买方垄断市场中具有较强的政策效应，而在竞争性买方市场或者垄断性卖方市场中，政府采购政策效应会有所降低，甚至完全不起作用。例如，当卖方是市场的垄断者时，其对处于买方的政府具有极强的反制作用，政府采购政策完全沦为垄断企业获取暴利的工具，甚至要求政府给予一定的补贴才提供产品，此时的政府采购政策就完全不起作用。

每一种创新政策都在本国迈进创新型国家行列中起到举足轻重的作用，但是每一种创新政策又都有自己的优、缺点和适用范围，各种政策的作用效力也各不相同。因此，在创新政策的实际选用中应根据本国的实际情况，扬长避短，以达到最佳的政策目标。

第二节　当前我国企业创新政策存在的问题

随着市场经济体制改革的逐步推进，创新已上升到国家战略的高度，其对国民经济和社会发展的带动作用也越来越强，但是，不难看到，我国当前在鼓励企业创新方面还有很多问题和不足，主要体现在以下几个方面。

一、政策的调节力度不够，科技投入总量不足，结构不合理

就科技投入的总量来说，我国科技经费增长滞后于国民经济增长，而且增长极不稳定，科技经费支出总额由1999年的678.9亿元提高到2012年的10 240亿元，年均增长率为16.03%，研发费用投入持续增长。同时，研发费用占GDP的比重近年也在稳步提高，2007年我国实际研发经费占GDP的比重为1.44%，远高于俄罗斯的1.12%、南非的0.92%、印度的0.61%和阿根廷的0.51%。2017年，我国研发经费投入占GDP总额的2.12%，投入总量为17 500亿元，比2016年增长11.6%。虽然我国研发经费支出逐步提高，但是与美国、日本等发达经济体相比尚有一定差距（见图7－1所示）。

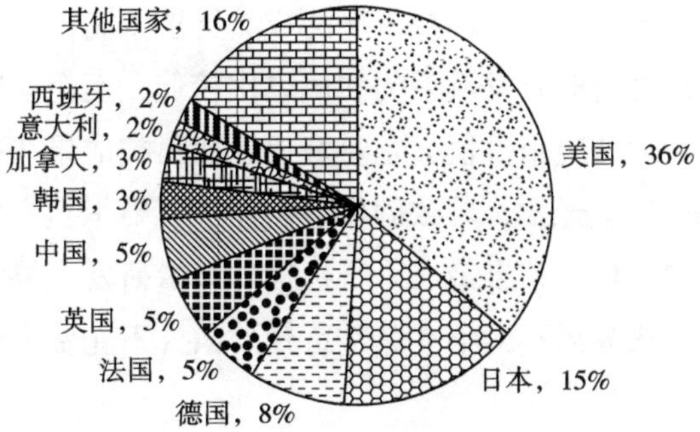

图7－1　主要经济体研发支出比例

此外，我国企业创新投入经费来源和分配也不尽合理。目前，我国在技术研

发方面的投入主要来自政府拨款，其在技术创新研发的总投入中所占的比例超过1/2，而企业自主投入的技术创新研发明显不足，仅占技术创新研发投入的1/3。与发达国家相比，在技术创新研发投入机构方面有较大差距，欧美等发达经济体的企业自主研发投入占比均超过50%，日韩甚至超过80%。

近年来，各地政府部门在不同领域对创新的补贴日益增加，品名繁多，其产生的负面效应值得重视。如果对微观领域的技术路线、经营战略进行直接补贴，就会错误干预企业的正常市场发展路径；对特定企业、少数企业的直接补贴，导致不公平的市场竞争。企业从政府部门"跑部钱进"，不利于企业将主要精力用于企业发展，易滋生腐败现象。

二、创新政策调节效率不高，科技成果产业化严重滞后

前文已经分析了创新政策的有效性是以更少的成本获得更大的社会效益，即产生更大的"乘数效应"，我国在这方面仍有不足。

一是创新政策的基本目标、原则不明确。有关政府部门倾向于专注具体创新项目的研究和审批，而对运用宏观调节手段促进创新则研究不多、效率不高。二是创新政策之间的配套效果欠佳，无法形成合力。例如，财政补助的使用对少数创新的明星企业过多、过滥；风险资本政策对支持初创期企业力度不够，资金更多流向相对成熟的企业。三是政府政策不能很好协调不同创新主体之间的关系。一方面研发机构的科技成果难以转化，另一方面企业严重缺乏技术创新的研发支持。研发机构归因于科技企业对科技成果的成熟要求太高，对新技术的再研发及市场拓展能力不够，对新的研发成果的估值也比较低；而企业归因于研发机构的科技研究成果没有实际的应用价值，企业获得这些科技成果往往需要投入大量的人力、物力资源进行二次开发，导致创新型企业不仅要承担市场开发的风险，而且要承担技术开发的风险。结果造成科研机构的大量研发成果空闲，研究资源的浪费惊人；而许多企业甚至不得不在非常苛刻的条件下花费大量的资金从国外引进技术。

三、政府介入创新的方式有待改变

社会主义市场经济条件下，企业是创新活动的主体，对全社会创新资源起决

定性作用。但是，目前在我国技术研发创新活动中，政府在研发投入方面依然占绝大部分份额，其介入方式主要采用直接资助的形式，如直接资助高校和科研院所的研究活动，尽管对高校和科研院所的直接资助是建设我国国家创新体系必不可少的一部分，但是政府对创新活动过多的直接介入，对企业自主创新投入起到了一定的“挤出”作用，没有发挥政府资金鼓励创新的“杠杆效应”，如果考虑到高校科研院所的大量科技成果的转化低效，那么政府的创新资金使用效果就更加低下了。

除了直接资助高校和科研院所的基础性创新研究，政府还可以通过创新平台建设，资助一批创新效益好、带动示范性强的应用型创新项目，降低资助门槛，鼓励企业增加自主创新研发投入，形成政府资助和企业自主研发投入之间的良性互动，提高全社会创新产出。

第三节　国内在企业创新成长制度供给方面的有益探索

党的十八大明确提出，科技创新是提高社会生产力和综合国力的战略支撑，必须摆在国家发展全局的核心位置。强调要坚持走中国特色自主创新道路、实施创新驱动发展战略，这对我国提高经济增长的质量和效益、加快转变经济发展方式具有现实意义。前文分析到，企业创新产出具有极强的外部性，会对同行业其他企业、消费者、政府决策者产生正的外部效应，提高全要素生产率水平，因此各地政府，尤其是东部沿海发达地区对如何提高企业创新能力进行了广泛而有益的探索，并总结出部分成功的经验可供借鉴。

自党的十八大提出创新驱动发展战略以来，《关于深化体制机制改革加快实施创新驱动发展战略的若干意见》《国家创新驱动发展战略纲要》《深化科技体制改革实施方案》《关于发展众创空间推进大众创新创业的指导意见》等一系列旨在鼓励创新的政策文件相继出台，有关创新驱动的顶层设计日臻完善，围绕创新的体制机制改革举措稳步推进。各地区纷纷出台文件，完善创新政策“工具箱”，下面通过介绍国内走在创新发展前列的上海、深圳、杭州在企业创新发展方面经验的介绍，为四川省鼓励企业创新发展在制度设计方面提供有益借鉴。

一、建设全球影响力的科技创新中心——上海

建设具有全球影响力的科技创新中心，既是国家战略，也是上海实施创新驱动发展战略、突破自身发展瓶颈、重构发展动力的必然选择。为深入贯彻落实党的十八大以来的创新驱动发展战略，上海市制定了《关于加快建设具有全球影响力的科技创新中心的意见》（以下简称“22 条”）和一系列配套政策，提出了科技创新中心建设的目标和任务。同时，在科技部、国家发展改革委的指导下，制定了《上海加快建设具有全球影响力的科技创新中心总体方案》《上海系统推进全面创新改革试验加快建设具有全球影响力的科技创新中心方案》《上海张江综合性国家科学中心建设方案》。按照国家战略和“22 条”的部署，上海从 4 个方面加快体制机制创新，突破创新制度性瓶颈，推进科技创新中心的建设。

（一）建立符合创新规律的政府管理制度

企业创新活动从投入到产出有其自身的规律性，政府要鼓励企业创新就要求政府在日常的行政管理活动中遵循企业创新的规律，具体包括：一是最大限度取消企业资质类、项目类行政审批事项，放宽新业态、新产业的市场准入。二是对必须保留的审批事项，全部向社会公开，没有公开的不得再实施行政审批。三是改革政府对企业创新管理的体制机制，除了精简机构设置和审批流程外，还要进一步降低政府采购的准入门槛，让更多符合条件的创新型企业享受政府采购政策的扶持措施。

（二）建立积极灵活的创新人才发展制度

创新驱动本质上是人才驱动。加快建立健全引进人才、使用人才的体制机制，形成人尽其才、才尽其用的政策环境。一是实施更开放的国内外人才引进政策。降低海外人才在沪工作的门槛，外籍人才申请“绿卡”不再区分从事什么行业、担任什么职务，外籍高层次人才申请 5 年期工作类居留许可不再受 60 周岁以下的年龄限制，外国留学生毕业后可直接留在上海创新创业。围绕创业人才、创新创业中介服务人才、风险投资管理运营人才、企业高级管理和科技技能人才、企业家 5 类国内人才在居住证积分、居转户、直接落户 3 项政策上进行了突破。二是强化人才激励机制，以市场价值回报人才价值。今后，将按照对科技

成果的贡献度分配收益，科研人才收益在科技成果转化收益中的占比大幅度提高，收益形式可有股权激励、收益分红等多种形式。三是创新人才评价制度，更多依靠市场评价、社会评价。改变过去以学历、资历、职称等为主要依据的人才评价方式，形成以能力、业绩、贡献为主要标准的人才评价导向，建立社会评价与企业评价的有效衔接机制，引导更多的人才参与创新、投身创业。

（三）健全企业主体的创新投入制度

激发企业创新投入的动力，关键要围绕创新链完善资金链，建立符合创新型企业成长规律的投融资机制。一是发挥多层次资本市场的支持作用。上海股权托管交易中心推动科技创新板，鼓励创新型企业多渠道开展直接融资。二是大力发展创业投资。鼓励更多社会资本发起设立创业投资、天使投资和股权投资，扩大政府天使投资引导基金规模，缓解创新型企业初创期的融资难问题。截至 2017 年底，上海市创业投资引导基金累计对 60 支基金承诺出资（其中创投基金 55 支），基金募集规模达 534 亿元，财政资金杠杆放大 6.02 倍。已组建的 56 支基金，累计投资创新型企业近 700 家。据统计，2017 年被投资企业中，战略性新兴产业占 92%，早期及早中期企业占比近 80%；共创造就业 11.39 万人次；累计取得创新成果 14 741 项，获得国家和省级成果奖项 97 项；共培育上市企业 17 家（其中 2017 年新上市 7 家），新三板挂牌企业 105 家。三是推动商业银行、保险公司等金融机构开展多样化融资服务。探索设立现代科技投资银行、民营科技银行和大型政策性融资担保机构，进一步拓宽创新型企业特别是中小企业的融资渠道。陆续推出首单首台（套）重大技术装备综合保险，以及专利综合保险、科技企业关键雇员忠诚保险等创新险种。

（四）构建市场导向的科技成果转移转化机制

企业创新本身不是目的，目的是将企业创新成果转化成现实生产力，满足人民日益增长的物质和文化需要，因此构建以市场为导向的科技成果转移转化机制势在必行。其重点是完善科技成果转化、技术产权交易、知识产权保护等相关制度，打通创新与产业化应用的通道。一是增加科技成果创新主体的自主权。增加创新成果主体对创新成果的处置权和收益权，激发创新动能。长期以来，高校和科研院所创新成果处置权缺乏，科研成果长期不能产业化。现在，创新成果使用权、处置权、收益权全部放给高校和科研院所，政府有关部门不再审批或备案，由高校和科研院所自主实施成果转移转化。二是改革技术类无形资产交易制度。根据无形资产的特点，逐步建立一套新的交易制度，交易方式和交易价格由无形资产所有者按市场规则自主选择。三是实施严格的知识产权保护。更多依靠法律手段、法治途径强化知识产权保护，推动对知识产权侵权查处从专业执法转向综合执法。同时，将侵犯知识产权的失信行为纳入社会信用记录，拓宽知识产权保护渠道。

二、创新之城——深圳

2014 年 5 月，国务院批准深圳建设国家自主创新示范区，深圳在完成示范区发展规划和空间规划的编制后，率先启动科技体制改革，主动承接国家和广东省 6 项重点改革任务，在全国新一轮科技体制改革中赢得了主动权。以实施创新驱动发展战略为总抓手，深圳着力打造新常态下发展新动力、新优势。为贯彻落实《深圳市人民政府关于加强创业带动就业工作的实施意见》，深圳市陆续出台了《关于做好创业担保贷款工作的通知》《深圳市自主创业扶持补贴办法》《关于加强创业导师服务工作的通知》《关于加强创业项目征集工作的通知》《关于做好创业培训工作的通知》5 个配套文件（以下简称加强创业带动就业“1 + 5 文件”），为大众创业提供强力支撑。

在改革中，市场发挥决定性作用和更好发挥政府作用在深圳科技创新领域得到率先体现。通过科技投入方式改革，激发出企业创新的强大活力。在全国首个深圳《科技研发资金投入方式改革方案》中，利用财政资金引导、放大和激励作用，全面撬动银行、保险、证券、创投等资本要素投向科技创新，使深圳成为国家引导社会资本进入科技创新领域的先行区。其中，通过银、政、企合作贴息，政府以 5 000 万元成功撬动了近 20 亿元银行资金投向科技中小微企业，财政资金被放大了近 40 倍。

目前，深圳已经成为创新人才高地。据统计，深圳人才资源总量超过 400 万人，累计海归 5 万人，全职院士 12 人，“千人计划”人才 103 人，广东省领军人才 12 人，广东省“南粤百杰”人才 7 人。

为加快推进“深港创新圈”建设，深圳发挥两地政府创新合作协调机制。目前，香港在深圳设立各类科研机构 43 家，累计研发项目超过 400 个，注册企业 16 家。同时，为扩展国际科技合作广度和深度，深圳积极建立与“欧盟地平线 2020 研发计划”“国际基因组计划”等国际知名计划的国际性大科学、大技术和大工程的合作关系。深圳市高新技术产业园区服务中心被认定为国家国际技术转移中心，累计引进了 34 个国家和地区的 56 家境外科技机构入驻，与国外 104 家技术转移机构建立联系，引进技术 253 项。

为推进高技术服务业的发展，深圳出台了《关于促进高技术服务业发展的若干措施》，设立技术服务专项资金，成立科技服务业协会，逐步形成了涵盖研发设计、技术转移、检验检测认证、创投孵化、知识产权等在内的科技服务体系。目前，深圳科技服务业总产出超过 800 亿元，增速超过 25%，已成为国家首批科技服务体系建设试点城市和“中国创新驿站”首批试点地区，并在深圳成立国家技术转移南方中心，平均每天诞生 46 件发明专利，平均每 63 人拥有一家高新技术企业。

在深圳，科技创新已经成为企业发展的核心动力，在石墨烯太赫兹芯片、3D 显示、新能源汽车、特种计算机、柔性显示等多个科技领域的创新能力已处于世界前沿，正从应用技术创新向基础技术、核心技术、前沿技术创新转变，从跟随模仿式创新向源头创新、引领式创新跃升，加快向全球科技创新高地迈进。深圳光启拥有全球超材料领域 86% 以上的专利，华大基因的基因测序产出能力占全球 50% 以上。近几年，深圳共获国家技术发明一等奖、国家科技进步一等奖等 19 个国家科技大奖。腾讯、比亚迪等公司 4 项发明获 2013 年度中国专利金奖，占全国 1/5。在 2014 年陈嘉庚青年科学奖 5 名得主中，有 2 人来自深圳。在福布斯中文版首次发布的 2014“中美创新人物”中国 10 人名单中，深圳占了 5 席。全民创新已经形成一股不可忽视的科技创新力量。支持大众创新、草根创新、小微创新和创客发展，是深圳创新驱动发展非常重要的方面。在政策支持上，深圳把更多的目光关注到青年创新、学生创新、创客活动等，并专门设立鼓励创客、青少年创新的科技计划，为中小微创新企业和创客搭建更多的平台，使得深圳的创新生态更为完善。

目前，深圳市科技型企业超过 3 万家，国家级高新技术企业累计达 8 037 家，形成了强大的梯次型创新企业群，成为我国企业参与国际竞争的先锋队。2016 年，深圳高新技术产业实现产值 19 222.06 亿元，同比增长 11.13%，实现增加值 6 560.02 亿元，同比增长 12.18%；2017 年 1—9 月，高新技术产业实现产值 14 857.43 亿元，同比增长 11.49%，实现增加值 5 017.58 亿元，同比增长 12.75%。30 多年前，深圳以“三天一层楼”的速度创造了发展奇迹。如今，深圳以有质量的发展率先实现创新驱动，为中国经济转型升级提供模板。

三、“天堂硅谷”——杭州

2017年，杭州GDP达到12 556亿元，增长8.0%，排名进入全国前10。2015年，杭州成功获批国家自主创新示范区、全国首个跨境电子商务综合试验区，入选“中国十大创新生态城市”。目前，杭州已集聚了100多家上市公司，诞生了阿里巴巴、海康威视、华三通信等一批著名科技企业。以电子商务、移动互联网、云计算、大数据为代表的新一代信息技术，正在成为杭州的优势产业。2016年9月，G20峰会在杭州召开；2022年，亚运会也将在杭州举办。在这样的历史机遇面前，杭州更加坚持面向国际、面向社会、面向市场，在更大范围、更广领域、更深层次参与全球创新合作与竞争，集聚国际、国内创新资源，提高示范区创新能力，全面推进开放创新。“天堂硅谷”是杭州最新的一个称呼。“天堂”，代表好山好水，悠闲的一面；“硅谷”，代表创业创新，拼搏的一面。杭州不再是单纯的慢生活城市，还有了快节奏和拼搏氛围。

（一）梦想小镇

“梦想小镇”位于杭州城西的仓前镇，这里是拥有近800年历史的江南古镇。但在经济新常态下的今天，变身“梦想小镇”的仓前镇已然成了创业者的“家”，产城融合、“互联网+”和“店小二”式的服务，帮助创业者实现创业的梦想。仅仅半年时间，“梦想小镇”就集聚了青年创业者4 000多人，创业项目400余个，进驻创投机构近100家，管理资金规模超过300多亿元。

科技城内的“梦想小镇”集聚全国各类创业创新人才，依托天使和创业两大关键资源打造以资智融合为特色的创业生态，落户了一批优质天使基金、股权投资、互联网金融、财富管理机构以及500Startups、马达加加、阿里纵贯会、浙大校友会等10多个各具特色的“种子仓”。

在浙江的创新创业版图上，活跃着一大批为创业者提供栖息之地的特色小镇：基金小镇、云栖小镇、财富小镇、机器人小镇……这些快速发展的小镇，如同一个个温暖的“家”，让五湖四海的创业者在这里找到归属感。在“梦想小镇”、云栖小镇、颐高创业园、杭州湾信息港、浙大科技园、滨江高新技术园……到处都能发现创业者奋斗的身影，他们在各自的创业地图上寻找“第一桶金”。而围绕“互联网”“云计算”“电子信息”等关键词的“万众创新”与“大众创业”一起赋予杭州这座城市，除了钱塘江“弄潮儿”的闯劲、不达目的誓不罢休的“杭铁头”韧劲之外，还有一种新的时代精神——“余杭双创”的拼劲儿。这股拼劲儿，得到了国家层面的高度关注和认可。国务院办公厅印发的《关于建设大众创业、万众创新示范基地的实施意见》，确定了首批共 28 个“双创”示范基地，包括 17 个区域示范基地、4 个高校和科研院所示范基地、7 个企业示范基地，余杭区的杭州未来科技城成功入选区域示范基地。同时，阿里巴巴集团入选企业示范基地。

（二）创业“新四军”

如果说阿里是创业灯塔，那么杭州的“新四军”则是核心军团。“新四军”，即以浙江大学为代表的高校系、阿里巴巴 IPO 后出来创业的阿里系、以“千人计划”人才为代表的海归系，以及创二代、新生代为代表的浙商系。在这些创业创新的四方面军中，老互联网人阿里系自不用说，阿里离职员工组成的“前橙会”① 覆盖的人员规模基本与阿里职工相当，其中很大一部分开始创业。而“梦想小镇”支持的主要是高校系，据杭州工商局统计数据，杭州大学生创业的企业多达 9 000 多家，创业大学生 1.9 万余人，其中尤以浙江大学为主，以电子、计算机相关领域最火。

（三）“互联网 +”创新创业中心

以色列特拉维夫鼓励中小企业循环创新，将成长到一定阶段的小企业卖给大公司，创业者在价值实现后继续新的创新历程。在打造全球影响力“互联网”创业创新中心的过程中，杭州正是遵循这样的模式，不断完善激励科创人才促进技术转化的体制机制，支持骨干孵化器与众创空间专业化发展，加大对天使投资的支持力度，支持设立创新型企业融资担保公司和小额贷款公司。打造具有全球影响力的“互联网 +”创新创业中心，杭州最具优势，它拥有国家自主创新示范区和跨境电商综合试验区，这两大战略平台的建设对杭州而言是极佳机遇。从阿里巴巴“一家独大”发展到网易、海康威视、大华股份等龙头企业的不断涌现。

---

① 阿里巴巴总部办公大楼主色调为橙色，“前橙会”意指以前在阿里工作的人员的组织。

第四节　四川省企业创新成长的制度供给

面对党的十八大以来新的经济形势，四川省把握新一轮科技革命和产业变革新趋势，树立“转型才能更好发展、后发也要高点起步”的理念，大力实施创新驱动发展战略，加快转方式、调结构，积极培育发展新动能，为四川省经济社会持续较快发展提供了有力支撑。但总体上看，制约创新发展的体制机制障碍仍然突出，自主创新能力不够强，科技与经济结合不够紧密，创新人才的动力和活力没有得到充分释放，产业发展仍处于中低端，完成发展动力转换的历史性任务还很艰巨。

一、四川省创新驱动发展战略取得的成效

四川省把创新驱动发展作为三大发展战略之一来强力推进，特别是在培育战略性新兴产业、高端成长型产业方面下了很多功夫，取得了明显的成效。

（一）重大科技成果转化工程深入实施

科技成果转化是科学技术转化为现实生产力的最重要途径之一，可以通过科技创新人员自主开办企业、高校院所与企业开展人才交流互换等直接转化方式，也可以通过中介机构、第三方科技成果转移转化平台，包括技术成果交易会、大学科技园、科技孵化园等间接转化方式，推广新技术、新工艺、新产品。

2012—2013 年，四川省先后组织实施了 15 个专项 785 项成果转化项目，财政资金支持 8.72 亿元，引导社会总投入 413.22 亿元，在任务期内预计新增产值 3 500 亿元，带动上下游产业实现产值 8 000 亿元以上。通过中小企业创新基金、火炬计划、农业科技成果转化资金、星火计划等国家级计划，有力推动了科技成果的转化应用。

在健全科技成果转化专业化服务体系方面，四川省布局组建了成果转化信息、技术转移、分析测试、工程化、融资等 7 类服务平台。目前，四川省建成国家级与省级技术转移机构、企业工程技术研究中心、产业技术创新联盟及产业技术研究院等 700 家以上，建立各类成果转化示范平台 100 家以上。

（二）战略性新兴产品培育计划稳步推进

战略新兴产业是以重大技术突破和重大发展需求为基础的，对国民经济和社会发展具有重大引领带动作用的，知识密集程度高、资源环境危害小、发展成长潜力大，且尚处于发展初期的系列产业。包括新一代信息技术产业，如物联网、云计算等；生物产业，如生物技术药物、生物农业等；高端装备制造业、新材料、新能源产业。

2017 年 1—11 月，四川省高新技术产业增加值同比增长 17.3%，快于规上工业增速 8.9 个百分点。电子信息、装备制造产业产值分别突破 8 000 亿元、9 000亿元，高新技术产业总产值突破 1.8 万亿元。清华紫光 IC 国际城等一批重大项目落地四川省，格罗方德 12 英寸晶圆生产线等一批重大项目加快建设。新产业、新项目、新企业对工业增长的贡献超过 50%，产业发展新增长点和后劲增强。2017 年 9 月，根据国家信息中心和《每日经济新闻》联合发布的《全国 17 城市双创指数排名》，成都市作为“新一线城市”位居总指数榜第四，中西部第一。

（三）科技惠民计划持续促进科技服务民生

科技惠民主要集中在人口健康、生态文明、公共安全、城镇发展与民生信息等领域，其中人口健康领域主要包括远程医疗、转化医学、中医药、民族医药等；生态文明领域包括生态治理与恢复、能源利用等；公共安全领域包括重大突发事件应急、重大自然灾害检测预警等；城镇发展与民生信息领域包括宜居建筑、节能环保材料，云计算、物联网、三网融合等技术和成果。四川省医药产业发展迅猛，中药新药创制、中药大品种培育、中药资源可持续利用研究、中药材规范化种植能力显著提高。

二、四川省企业创新成长过程中应着重解决的问题

（一）真正促进科技与经济的紧密结合

围绕未来全球竞争的基本态势和四川省经济转型升级的需要，发挥后发优势，集中力量解决好关乎四川省未来发展的重大科技创新问题。推动传统产业整体技术改造，增强核心竞争力，完成核心产业和产业核心的升级转型，提质增

效。加强科技创新与实体经济的结合，让科技成果真正转化为现实生产力，重点高校和科研院所与企业的需求和企业的竞争战略，以及科技战略、科技创新活动紧密地联系在一起，而不是单纯地去追求论文、课题数量、课题经费、项目的获奖以及发明专利的多少。如果真正能够围绕着产业，根据技术发展和技术研发的需求，组织大学和科研院所的力量参与企业竞争过程，这对产业、大学和科研院所来说，整体竞争能力都会有明显的提升。

（二）积极调动各类人才的积极性

把人才作为创新发展的第一资源和核心力量摆在突出位置，实施人才强省、人才强市战略，优化人力资源配置。建立学校教育和实践锻炼相结合、自主培养和外部交流合作相衔接的开放式培养体系。适应经济社会发展需求，加强党政人才、企业经营管理人才、专业技术人才、农村实用人才、社会工作人才等各类人才队伍建设。注重在基层一线培养实用型、技能型人才，提高工程技术人才能力素质。大力实施高端专家兴市战略，建立决策咨询与投资促进专家智库。设立高端人才引进基金，建立健全更加积极开放的人才引进政策，实施“双百人才计划”，积极引进急需紧缺高层次人才和实用人才。营造良好的人才发展环境，建立科学的人才分类评价标准，创新人才教育、管理体制机制。完善各类人才薪酬制度，探索建立知识、技术、管理技能等要素报酬由市场决定的机制。

（三）扩大要素开放流动

创新本身不是目的，通过创新成果转化成生产力，满足人民群众日益增长的物质和文化需要才是新时代科技创新的目的，因此要扩大创新要素开放流动，使一切有利于科技创新的力量都充分涌动，发挥所长。

（四）为创新创业营造政策环境

大力普及科学思想、创新精神，营造热爱科学、勇于创新、宽容失败的创新文化，全面优化创新环境。打造专业高效服务体系，营造有利于成功创业的社会环境。减少各类审批事项，加快推进业务经办信息化建设，缩短审批时限，进一步为企业松绑，调动劳动者创新创业的积极性。鼓励金融机构加大创业扶持，对金融机构发放小微企业贷款按增量的一定比例给予补助，建立专门针对初创企业的财政专项补助基金，对符合条件的初创小微企业给予一定的财政贴息，降低小微企业的融资成本，扩大贷款覆盖人群范围。

（五）在“互联网+”上下功夫

推动“互联网+”产业发展。在互联网的大背景下，任何人只要拥有好的创意就能够插上腾飞的翅膀，打破固有的藩篱，实现全新的突破。而相比之下，传统的生产要素已然不再那么重要，只要能够获得市场认可，就可以得到所需的资源，从而开拓出一片属于自己的天地。

三、四川省企业创新成长的对策建议

（一）加强企业资助创新能力建设

1. 实施高新技术企业倍增行动

大力培育高新技术企业，确定培育条件，建立培育后备库，对符合条件的入库企业和新认定企业给予财政补助。鼓励创建国家级高新技术企业和省级创新型企业，扩大高新技术企业的数量和规模。实施科技型中小微企业培育工程，支持建设科技型中小微企业创业基地和公共服务平台，为企业成长和个人创业提供线上线下相结合的开放式综合服务。分行业、分领域打造一批科技型中小微领军企业。鼓励企业积极参与和承担中央、四川省重大科技专项，产业目标明确的市级科技计划项目全部由企业牵头组织实施。改进企业研发费用计核办法，加大创新转型考核权重，引导企业加大创新投入比重。

2. 实施“互联网+”行动计划

推进基于互联网的产业组织、商业模式、供应链、物流链等各类创新。推动“互联网+制造业”发展，加快建设工业互联网，大力推动制造业智能化发展，在高端制造领域打造数字化工厂示范应用，开展“互联网+”制造区域试点。推动“互联网+农业”发展，打通农产品产供销一体化链条，强化“三农”信息建设，开展农业物联网示范。推动互联网与服务业领域广泛融合，加快发展互联网金融、智能交通，培育信息消费、电子商务等消费热点。推动“互联网+公共服务”。加快互联网与教育、医疗、社区服务等领域融合，创新公共服务方式，提升政府公共服务能力。全力提高教育信息化水平，推进“三通两平台”建设，市、县两级均建成使用功能较完善的教育城域网。建设人口健康信息平台，设立市级网络医疗服务管理分中心，开展网络医疗试点，为居民提供健康指导、预约挂号等服务。开展智慧社区、智慧家庭等试点。推动“互联网+政务服务”。运用大数据创新政府管理服务方式，大力完善电子政务，推动电子政务平台的跨部门横向对接和数据共享，提高政务系统运行效率。推进政务新媒体建设，完善一体化在线公共服务体系。

3. 大力推进“大众创业、万众创新”

全面推进“大众创业、万众创新”，推广新型孵化模式，鼓励发展众创、众包、众扶、众筹空间，依托科技企业孵化器、产业技术研究院、新型研发机构、民营机构等创新载体，加快建设一批创新创业园（孵化基地）。积极引进高层次科技人才、专业技术人才、青年大学生和民间能人到四川省创新创业。引进国内外知名孵化机构落户四川省，鼓励社会资本设立科技孵化基金，探索发展一批混合所有制孵化器。推进孵化楼宇、创业社区、创业小镇等创新创业集聚区发展，构建一批低成本、便利化、全要素、开放式的众创空间，逐步形成“创业苗圃+孵化器+加速器+产业园”的阶梯孵化体系。

（二）完善产学研用创新体系

进一步加强大中型企业和高等院校、科研院所和事业单位之间的科技交流和科研合作，同时充分利用国家的有关政策，通过理论研究带动企业的生产经营活动，促进科研成果的转出率和利用率。以行业为支撑，加强企业和高校、科研单位之间的合作和交流，有效推动产业、学术和科研相结合。

1. 强化企业主导的产学研用协同创新

强化以企业为主体的产学研协同创新，支持企业联合科研院所、高校建设一批产业技术创新战略联盟。探索“企业需求+高校研究”的运行模式，支持国内外知名高校与省内企业加强合作。加快企业研发平台建设，打造一批设施先进、具有行业领先水平的工程技术研究中心、企业技术中心，构建比较完善的企业技术创新体系。

2. 完善科技和技术成果转移转化机制

实施重大科技成果转化行动，完善科技成果转移转化机制，推进科技成果资本化、产业化。构建技术转移转化服务体系，大力发展科技成果转移转化服务平台，探索创新技术类无形资产交易制度，建立协议定价制度、交易公示制度，促进交易方式多样化和交易价格市场化。制定科技成果转移转化资金补助政策，设立重大科技成果转移转化专项资金。促进军民融合发展，积极推动军用技术向民用领域转化应用。加强知识产权保护，完善权利人维权机制。

（三）强化资本市场对企业创新的支持作用

建立和完善中小企业信用担保平台，引进主要针对中小企业信用担保的金融机构和金融组织。进一步拓展创新金融机构融资发展模式，进一步面向中小型企业贷款，进一步拓展投资、资金运作和融资管理平台建设，发挥股份制银行和商业银行的作用。

1. 充分发挥资本市场对科技企业的支持作用

发挥多层次资本市场的作用，帮助、激励科技企业积极利用上海、深圳证券交易所主板、中小板和创业板，以及全国中小企业股票转让系统上市（挂牌）、融资。发展债券融资，引导合格科技企业发行短期融资券、中期票据、公司债券等。大力支持股权投资，引导各类股权投资机构在四川省设立、营运，配合专业投资机构的资金募集和参与政府引导基金的市场化运作，发挥政府风险投资基金的指导作用，引导、扩大和有效利用更多社会资本，通过市场化手段参与天使投资、风险投资和股权投资，拓宽科技创新企业直接融资渠道。

2. 拓宽创新企业的间接融资渠道

中小科技型企业的经营和研发投入往往因资金缺口大，但投资规模小、固定资产少、经营收入很不稳定等特点，传统的间接融资手段，如商业银行贷款等方式难以获得所需资金。因此，创新中小型科技企业间接融资方式，拓宽融资渠道，是政府和金融界努力探索的方向。应降低传统金融机构对中小型科技企业的贷款门槛，发展专业的针对科技型中小企业资金需求的金融机构，通过政府或科技孵化平台、信贷担保等方式降低中小企业融资成本。

3. 创新科技金融产品和服务机制

提升无形资产估值评价技术能力，探索发展包括知识产权在内的无形资产质押融资渠道。借助互联网、大数据征信、普惠金融等创新技术，探索以关联企业从产业链核心龙头企业获得的应收账款为质押的融资服务创新。探索建立以孵化平台为单位的联合担保信贷制度，通过创新企业之间相互担保、相互监督，降低金融机构信息不对称的风险。推动商业银行积极探索了投贷联动创新模式，专注科创企业，以“投贷联动”为主线，实现“创业孵化＋股权投资＋债权融资”的一体化服务模式。

（四）健全创新人才激励评价制度

1. 实行更具竞争力的人才吸引制度

人力资源和资本、土地等一样，是构成社会产品的基本要素之一，企业增加资本、土地的投入可直接增加企业收入，由于法律对企业资本和土地等物权的保护，使投资在资本、土地上的收益增加基本都能够为所投资的企业所有。与资本、土地等要素不同的是，人才是流动的，企业在人力资源方面的投资随时会因为人员流动而流失，因而人力资本投资从其属性上来说是一种公共物品，各企业却不愿提供，而希望在不耗费人力资本投资成本的情况下，获得使用高端人力资本的好处。因此，在一般的市场机制下，企业对人才的培养、训练必然是不足的，这就要求作为人力资源的主体个人增加教育投入，这又必然会给家庭带来沉重的负担，因而，一个充分发展、完善的人力资源市场首先要求政府确保对人力资源的投入，主要包括直接的财政投入和给予人力资源培训的机构、学校予以财政补贴和税收优惠。实施“天府科技英才”工程，加强青年基金、科技创业人才计划和科技创新苗子工程的支持力度，积极推进构建成（都）德（阳）绵（阳）人才创新发展试验区。

2. 实现产学研用联动，实施创新人才培育机制

尽管当前我国各类人才资源涌现，通过高校、科研院所培养一大批高层次人才，但在现实的人力资源市场中，一方面是高校毕业生就业困难；另一方面是企业招不到合适的人才，人力资源错配现象比较突出。因此，就需实现产学研用相结合，在应用型人才方面，采用市场化的手段，以市场为导向培养人才，同时继续加大对基础人才的培养力度，依据不同的培养目标，设计差异化的培养方案，改革现行的人才培养方式，创新人才培育机制。

3. 建立完善的人才流动机制

由于经济水平的差异，我国人才分布也极不合理，东部沿海地区由于经济条件好，就业机会多，吸引了来自全国的各类顶尖人才，而西部欠发达地区，则成了为东部地区输送人才、人力资源的基地，更加剧了东西部之间的差异。因此，要合理引导人才从东部地区向中西部地区流动，从经济发达的中心城市向小城镇流动，建立人才流动机制，疏通人才流动通道，完善人才服务市场，规范人才中介服务，优化人才资源配置。

参考文献

[1] [美] 约瑟夫·熊彼特. 经济发展理论 [M]. 北京: 商务印书馆, 2000.

[2] 陈劲, 王飞绒. 创新政策: 多国比较和发展框架 [M]. 杭州: 浙江大学出版社, 2005.

[3] 胡卫. 自主创新的理论基础和财政政策工具研究 [M]. 北京: 经济科学出版社, 2008.

[4] 汪凌勇, 杨超. 国外创新政策评估实践与启示 [J]. 科学管理研究, 2010 (15): 29-30.

[5] 徐大可, 陈劲. 创新政策设计的理念与框架 [J]. 国家行政学院学报, 2004 (4): 26-29.

[6] 江龙学. 技术创新政策研究 [D]. 北京: 西南财经大学, 2000.

[7] 吴艳. 技术创新的财政与金融政策研究 [D]. 武汉: 武汉理工大学, 2006.

[8] 章琦玥. 支持自主创新的政府采购行为研究 [D]. 南京: 东南大学, 2010.

[9] 傅家骥. 技术经济学 [M]. 北京: 清华大学出版社, 1998.

[10] 赵中建. 创新引领世界: 美国创新和竞争力战略 [M]. 上海: 华东师范大学出版社, 2007.

[11] 中共四川省委. 中共四川省委关于全面创新改革驱动转型发展的决定 [N]. 四川日报, 2015-12-08 (1).

[12] 中共中央国务院. 国家创新驱动发展纲要 [N]. 人民日报, 2016-05-20 (1).

[13] 卫兴华. 我国发展到了依靠创新驱动的阶段 [N]. 人民日报, 2013-05-22 (7).

[14] 黄剑, 黄卫平. 中国经济"新常态"下的创新驱动与转型升级 [J]. 江淮论坛, 2015 (6): 40-47.

[15] 洪银兴. 论创新驱动经济发展战略. 经济学家 [J]. 2013 (1): 5-11.

[16] 王必好. 创新驱动发展中企业技术创新效率研究 [D]. 南京: 南京大学, 2016.

[17] 李晓红．研究型大学助推国家创新驱动发展［J］．中国高等教育，2015（2）：18－20.

[18] 辜胜阻，曹誉波，庄芹芹．推进企业创新亟须重构创业板制度安排［J］．中国软科学，2015（4）：8－17.

[19] 中国人民科技部网站．上海：大力实施创新驱动发展战略加快建设具有全球影响力的科技创新中心［EB/OL］．［2016－01－11］．http：//www.most.gov.cn/ztzl/qgkjg zhy/2015/2015jlcl/2015jldf/201501/t20150109_117562.htm.

第八章　营造鼓励企业创新的良好环境

为应对2008年的全球金融危机，尽快走出危机阴影，世界各国不约而同的选择了推动新一轮的技术创新和产业变革。美国推出“再工业化”战略，通过制造业的回归，充实美国的实体经济；德国提出“工业4.0”战略；日本、英国等在人工智能、新能源、高端装备制造业、互联网、大数据等方面也相继提出科技创新战略。大家都认识到，谁引领了科技创新，谁就能够在下一次科技革命中占得先机，赢得主动权。

在实现创新驱动发展的过程中，企业对市场需求最为敏感，它追求利润最大化的逐利天性与创新的“经济性”本质契合，这就决定了企业在区域创新中的主体地位。企业增强创新能力不仅需要主观的努力，客观创新环境的改善对企业的创新效率也有着极为重要的影响。2017年9月，国务院办公厅印发的《关于推广支持创新相关改革举措的通知》指出，为进一步加大支持创新的力度，营造有利于“大众创业、万众创新”的制度环境和公平竞争的市场环境，为创新发展提供更加优质的服务，推广了涉及四个方面共13项支持创新相关改革的举措，营造有利于自主创新的良好氛围。本章从产业集群、金融环境、法治环境、人才环境四个方面分析了营造鼓励企业创新发展的良好环境的重要性。

第一节　产业集群

一、产业集群的概念及特征

产业集群是指在特定区域中，具有竞争与合作关系，且在地理上集中，有交互关联性的企业、专业化供应商、服务供应商、金融机构、相关产业的厂商及其他相关机构等组成的群体；不同产业集群的纵深程度和复杂性相异。[①] 它代表着介于市场和等级制之间的一种新的空间经济组织形式。产业集群内企业之间的合作有其自身特点，主要体现在以下几个方面。

（一）空间地理上的集聚性

产业集群，从其字面看，必定是大量密切联系的企业等市场主体在地理位置上的集中而形成的，每个地理区域的大部分企业基本围绕着统一产业和紧密相关的产业从事产品开发、生产和销售等经营活动，这种地理位置接近的直接结果是有利于知识获取、市场形成、信息共享。

（二）集群内竞争合作的共生性

产业集群内部各企业之间是一种既竞争又合作的共生关系。一方面，由于行业的竞争，各企业不断寻求降低生产成本，如原料采购成本、物流成本、人力资源成本；另一方面，各企业之间发现只有聚集到一起形成规模经济效应才能够实现成本最低化，并可将企业的主要精力集中到产品研发和生产环节，因为在集群内部有大量伴生的为产业集群核心产业服务的配套企业。例如，江苏昆山的笔记本产业集群，围绕几家主要的笔记本代工企业，形成了笔记本配件生产基地、模具加工基地、专业的物流运输及通关服务等。这样的例子在中国数不胜数，浙江绍兴的纺织行业、温州的低压电器产业，广西柳州的装备制造产业，等等。此外，由于这种集群内高度的专业化，可通过集群内部培养和不断地吸引集群外部人才形成人才资源利用的良性循环，并为专业人才的匹配提供了有利条件。

（三）集群本身的创新性

产业集群促进创新的实现机制是市场参与者之间的竞争与合作：竞争为创新提供了压力和动力，协作为创新提供了有效的实施形式。集群的系统性质使集群的生产高度专业化，允许企业集中于自己的核心活动，并允许邻近企业做辅助工作（但对于这个企业，这是它的核心工作）。为在全球范围内竞争，产业集群必须有高水平的创新，才能保持其竞争优势。高度专业化的企业集团增加了创新的

---

① ［美］迈克尔·波特．国家竞争优势［M］．北京：华夏出版社，1990.

机会，企业精神的传播和集中进一步刺激了创新的力量。

（四）集群的外部性

在一般经济领域，有交通和通信基础设施、信息服务、相关产业发展、熟练劳动力供应等其他积极的外部因素。产业集群也不例外，并具有其他一般经济区所没有的外部性：创新的外部性、市场的外部性、外部规模经济和范围经济。当然，产业集群也可能导致外部不经济，即负外部经济。负外部经济一般包括过度竞争、拥挤效应、“柠檬市场”、创新路径依赖和技术锁定等。

二、产业集群与企业创新的关系

（一）产业集群为企业创新提供平台

企业创新是企业创新资源整合的过程。企业创新资源包括专业人才、资金、信息、公共服务等，其中专业人才是企业创新活动中最重要的创新资源。在产业集群中，首先，有为企业提供人才的大学、研究机构、培训机构等；其次，产业集群本身吸引人才的能力；最后，员工频繁的在集群中流动，在不断更换中学习和锻炼，专业化程度也迅速提高。这三者一起构成了大量的企业技术创新人才供应，为企业技术创新活动提供了大量的人才库。在创新基金方面，技术创新资金可以由集群内的专门机构提供，这也是最特殊的集群。由于集群内部的企业彼此相互理解、信任和相互合作，以及固定的社会网络存在，企业更容易为技术创新筹集资金。此外，集群企业可以利用现代基础设施、交通、通信设施等便利资源，辅助生产服务设施，这样就大大降低了企业在技术创新过程中的固定成本。无形资源的共享（知识、信息、技术和品牌形象等）是集群企业保持技术创新的源泉。企业和机构群体通过地理位置接近和类似的工业文化，促进企业通过非正式和其他形式的沟通流动，并在组织与不同群体之间建立稳定和持续的关系，为经验准确转移和扩散提供了基本条件，这将有助于加快技术创新的速度。

（二）产业集群是企业创新的一种有效组织形式

产业集群内部各企业之间由于既合作又竞争的关系为企业创新提供了天然土壤。一是产业集群为集群内企业创新提供了可能性。产业集群是大量处在同一产业链企业形成的企业集合，各企业提供相似的产品或服务，可以通过规模效应降低企业创新失败的风险。集群内的企业通过创新发展会对其他企业产生示范效应，对其他企业的创新投入提供一个清晰的预期。二是产业集群为企业创新提供必要性。由于各企业生产的产品和服务都是相似的替代品，如不积极主动进行产品创新，将会迅速被市场淘汰。同时，集群内部的信息交流，可使创新成果的外部性迅速在整个集群内部扩散，各企业之间通过共享创新成果，共同推进产业向纵深发展，形成企业成长与创新发展兼顾，拉开与集群外企业的差距。

（三）企业技术创新为产业集群的发展提供源源不断的动力

产业集聚或集群为企业创新提供可能性和必要性，反过来企业创新也为产业集群的发展提供支撑。产业集群是由集群内部成百上千家处于同一产业链的企业组成，只有集群内部的各企业不断创新发展，集群本身才能获得发展。据前文分析，处于同一产业集群的企业之间是一种既竞争又合作的关系，这种关系为企业创新提供了土壤，促使企业不断创新，跟上集群内部同类企业的步伐，否则就会被市场所淘汰。而企业要想获得超额利润，在行业内确立优势地位，更需要不断进行创新投资，取得技术领先，降低产品成本，提高产品内在价值。最终形成企业创新与集群发展之间的良性互动关系。

（四）企业创新是产业集群形成的一个重要因素

产业集群的形成一般分为四个阶段：形成、聚集、繁荣和深化，同时受核心产业兴衰、区域环境、市场竞争、政策变化等诸多因素的影响。企业创新是形成新产业集群的重要驱动力，企业创新的根本目的是获得利润，但技术创新的出发点是市场需求，面对新的市场需求，企业集成创新资源对于新产品的研发、生产及商业化，从而获得创新收益，这是一个系统的过程。在这个过程中，第一创新企业的技术创新给其他市场参与者带来了各种新的市场需求，这些市场需求或由于相关企业定居在附近，可以节省运输、交易成本，并快速分享创新信息；或诱发相邻其他公司新的创新，以满足第一创新公司的需求。在这一轮技术创新中，该地区企业数量迅速增加，相关机构在该地区不断出现。形成区域产业集群，进而进一步刺激区域内的技术创新产业集群（竞争加剧、合作密切），从而促进产业集群的形成、提高和提升。

三、产业集群对企业技术创新的作用

（一）产业集群为企业技术创新提供所需的支持网络

企业创新是一项需要高投入、未来收益又高度不确定的投资活动，而技术突破本身又是一项极其复杂的过程，不仅需要大量的基础技术储备和人力资源支出，还带有一定的偶然性，因此单个企业要想持续创新将会困难重重。产业集群是大量处于同一产业链的企业集合，并且各企业之间高度专业化、分工明确。从纵向角度考虑，由于企业只专注于产业链中的一小部分，在该领域有持续的技术投入和人才储备，更易形成技术突破和持续创新。而从横向的角度来看，同一产品，甚至生产同一产品的同一环节都有数十家企业，可以结成技术同盟，通过同盟间的技术分享，共同应对技术创新的风险，迅速扩散技术创新的外部效应。

（二）产业集群为企业创新的各个阶段分别提供支撑

企业创新是一个动态的、紧密相连的系统过程。任何失败的链接将导致技术创新的失败。这些链接是：一项发明或创新的实际需要融资、市场分析、发展规划、生产和销售的投资、生产和销售以及将实现的好处。产业集群为企业技术创新过程提供全面支持。

在产业集群中，由于存在大量相关企业、中介服务机构和消费者，对信息流的需求迅速集中，使企业对市场趋势的认知更多、更清晰，方便快速抓住市场需求、市场机遇、技术创新，从而填补市场需求空白。在研发阶段，创新资源（如人才、资本等）的积累，使企业间彼此非常了解，合作的可能性增大，可以有效降低创新的风险。面对竞争压力和利益驱动力，各企业将积极开展技术创新合作。在产品化阶段，集聚了大量相关企业，形成了交易技术和社会网络。分工合作可以降低生产成本，大大节省创新时间，同时，由第一创新公司带动匹配创新，这种创新效应将使新产品相关设施迅速完成并加快新产品的商业化进程。在商业舞台上，随着产业集群不断健全，发展了多种合作渠道和中介服务，与产业集群本身一起形成了品牌效应，时间越短，商业成功的可能性越大。集群显示繁荣，形成一个完整的创新链。成熟的企业技术创新体系是创新体系高度动态有序的自组织，大量渐进式创新涌现，产品和流程不断更新，或相互竞争、相互替代、相互协调，彼此促进。成熟的企业技术创新体系，是市场需求多元化、规模扩张和子系统之间竞争协作的根本动力。

（三）产业集群使创新技术在应用领域迅速扩散

企业创新本身不是目的，而是通过创新降低企业生产成本，增加产品内部价值，更好地满足人民群众日益增长的物质和文化需求。因此，创新成果能否迅速转化为现实生产力就显得尤为重要。产业集群通过其内部的信息共享机制、技术同盟机制等，分享创新成果，可使创新在应用领域迅速扩散并推广，发挥技术创新的外部效应。

事实上，并不是每个企业都有能力和条件进行产业集群的技术创新，少数企业的技术创新影响经济增长、效率提升和产业集群的竞争能力提高等。产业集群技术创新的成功不仅取决于技术的深度和创新的先进性，还取决于市场接受程度，即技术创新的扩散。因此，从某种意义上说，作为技术创新的后续过程，技术创新在产业集群中的传播比技术创新更为重要。

产业集群中的企业具有较强的技术吸收能力，因为它们具有相似的产业文化、行为模式、技术路径和各种沟通渠道，使每个企业集中的技术学习具有较强的技术吸收能力，可以大大提高集群内多边学习和技术扩散的效率。另外，由于技术的融合、技术的同源性，使企业之间的合作、分工形成一个技术网络，这个网络已经成为技术扩散的渠道。一方面，技术创新可以快速移植或嫁接到其他企业的生产；另一方面，企业技术创新不断快速提高，为其他企业留下创新空间，同时也促进相关企业加速技术创新。正如 19 世纪末英国经济学家马歇尔所言："从事同样的需要技能的行业的人，互相从邻近的地方得到的利益是很大的。行业的秘密不再成为秘密，而似乎是公开了，孩子们不知不觉地学到了许多秘密。优良的工作受到正确地赏识，机械上以及制造方法和企业的一般组织上的发明和改良之成绩，得到迅速的研究。如果一个人有了一种新思想，就为别人所采纳，并与别人的意见结合起来，因此，它就成为更新的思想之源泉。"①

① ［英］马歇尔．经济学原理（上卷）［M］．北京：商务印书馆，1981.

第二节　金融环境

一、金融支持企业创新的总体框架

金融支持企业创新主要包括金融机构对企业的融资、孵化、保险等方面的支持。而不同创新型企业在不同阶段需要的金融支持服务是不同的，因此对于企业在不同阶段对金融支持体系的不同需求应该是多层次和多样化的。多层次是指金融支持系统根据企业不同发展阶段的需求提供有针对性的支持服务；多元化反映在金融机构提供资金来源上，投资工具和金融产品多样化，服务形式多样化等。

一般来说，企业的发展周期可分为四个阶段：种子期、创业期、成长期和成熟期。因此，科技创新金融支持体系大致可分为四个层次（如图 8－1 所示）。

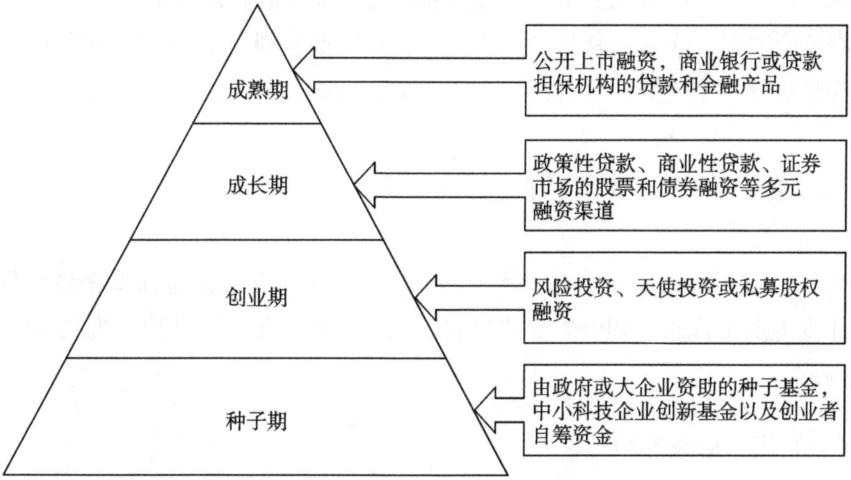

图 8－1　金融支持企业创新层次

在科技创新型企业发展的种子期，企业家需要投入一定的资金用于产品开发研究，以及验证样品的可行性、市场研究和推广分析，公司可能尚未形成，团队主要是技术工作人员而非管理人员，投资具有不确定性，失败的可能性很大，此时的资金来源主要是创业企业家自筹，同时也会争取种子基金和中小企业技术创新基金提供支持，中小企业技术创新基金主要由政府资助，不以营利为目的，构成第一级财务支持系统。

在科技创新型企业发展的创业期，企业家已经建立企业，需要购置机器设备，进行产品生产与市场营销，然而，由于公司收入不高，往往没有利润，几乎没有固定资产可供抵押，财务状况不佳而且不规范，通常很难获得银行贷款。因此，这一阶段的金融融资主要寄希望来自天使投资、风险投资和政府补贴，以及争取获得一些民间借贷。

科技创新型企业发展的第三个阶段是成长期。在此期间，公司的产品开始量产，产品逐渐被市场认可。这一时期的关键是新开发的产品是否能够快速捕捉市场并获得足够的市场份额。因此，企业在这一时期的主要任务是扩大市场规模和加强营销。一般业务在这一阶段的财务需求将大幅增加，但投资风险相对可控。因此，融资渠道更加多样化。政策贷款、金融机构的商业贷款，股权投资机构融资是主要途径，也是科技金融支持体系的第三层次。

随着科技创新型企业发展进入相对成熟期，其管理也更加规范，大大降低了经营风险，公司的融资主要目的不是获得资金，而是降低融资成本、增加股东价值。在这个阶段，企业的首选是公开上市，同时商业银行等金融机构提供贷款和金融产品也是一个主要的融资选择，构成了第四层次的科技金融支持。

二、金融支持企业创新的具体机制

金融机构（包括股权投资机构）通过具体的行动机制实现支持企业创新，具体体现为四个机制，即资本形成机制、风险分散机制、激励约束机制和信息沟通机制。

（一）资本形成机制

讷克斯在其《不发达国家的资本形成问题》中，把资本形成定义为“社会不把它的全部现行生产活动用之于满足当前消费的需要和愿望，而是以其一部分用之于生产资本品：工具和仪器、机器和交通设施、工厂和设备——各式各样可以用来大大增加生产效能的真实资本”。[①] 广义上的资本形成是指有形资本和人力资本；而在狭义上，它主要是指有形资本。高投入是企业创新产业的一个重要特征，科技产业在各个发展阶段都不能脱离财政支持，没有足够的财政支持，任何创新项目都不可能启动。金融机构对企业创新的资本形成机制主要是两个阶段的资本聚集和储蓄投资。资本聚集包括金融机构可以快速集中分散储蓄的居民资金，更多的是风险资本机构或私募股权投资基金，通过私募股权基金投资于创新项目。专业投资管理机构以其专业的管理能力，面向高净值人士和企业集团以私募方式募集社会资金，以股权投资形式参股投资创新企业。

（二）风险分散机制

金融机构的风险多元化机制分别通过银行和金融市场实现。银行从分散的居民中吸收储蓄资金，然后贷款投资于创新企业，同时根据居民的流动性需求预测，安排部分资金应对居民的流动性需求。这避免了由于一些居民的临时资金需求而导致资金供应中断的风险，并且对生产性投资产生影响。从股权投资来说，股权投资机构投资于创新企业不会“将所有鸡蛋放在一个篮子里”，而是在一支投资基金中投资若干企业来分散风险。

（三）激励约束机制

金融机构对创新的激励约束机制体现在金融机构对贷款对象的选择、审查及贷后监控。在选择贷款对象之前，银行将仔细分析贷款申请人的财务状况、盈利能力、投资潜力和市场潜力，以便将有限的财政资源用于更有价值的创新项目。同时，银行等金融机构贷款将与科技公司签订一系列信贷合同，约束公司行为，防止项目非法经营；在发放贷款后，金融机构也将对借款人的财务状况实时监控，跟踪其运营活动，甚至附加一些贷款条件使金融机构能够执行技术公司的股权。在这些控制措施下，具有良好回报的项目可以更容易地获得更多的金融投资，而管理不善的项目很难获得进一步的融资，这在一定程度上构成了创新主体隐形激励约束。对创新企业投资的风险资本更是在对创新企业增长盈利、广阔的未来前景等综合评估的基础上，以参股投资的方式分担风险，分享投资效益。

---

① ［美］讷克斯．不发达国家的资本形成问题［M］．谨斋，译．北京：商务印书馆，第一版，1966.

（四）信息沟通机制

企业创新具有知识密度高，专业化程度高、难度高、复杂度高等特点，还涉及核心技术的保密性，这使个人投资者缺乏时间、精力和收集能力，也难以承受评估创新项目的高成本，这几乎形成了科研机构、投资者和市场对信息的需求的主要障碍。金融机构在获取信息的规模优势和专业创新优势的同时，使之成为企业信息分销和沟通中介。信息披露和反馈可以降低信息成本，促进科技创新产业参与双方之间的有效沟通。

三、鼓励企业创新的金融环境政策分析

（一）政府角色科学定位与政策合理引导

当前，我国金融机构对创新型企业的贷款支持不足，虽然政府的财政支持在一定程度上弥补了金融机构对企业创新金融支持的不足，但是政府作为金融机构的管理者、政策制定者、资源监管者，在直接参与金融市场活动的过程中可能产生过度干预或监管不力等问题。由于金融市场机制的不平衡，金融管理者很难在政府导向的政策制度和市场导向的政策制度之间达到平衡。为解决这些问题，有必要明确政府在科技金融体系中的作用和责任。

1. 政府应是科技金融合作的发起者和监管者

科技创新型企业一般具有公司规模小、固定资产少等特点，公司资产主要为包含人力资本在内的无形资产，同时，由于创新投入高、资金缺口大，这就决定了科技创新型企业对金融系统的融资需求较高，但是又很难达到金融机构对企业融资的要求。金融机构对企业一般有抵押物要求，只有公司资产规模较大，甚至是上市公司才可以进行股权质押，而这些都是创新型企业所不具备的。政府要促进企业创新，需从企业面临的金融环境着手，改善中小型科技企业融资难、融资贵的问题。具体包括直接设置和支持设立为中小科技创新型企业提供信贷担保的专业机构等。

2. 政府应该创造和培养科技与金融融合的环境

金融环境的建设涉及社会和政治制度的完善、经济制度的完善、法治建设、系统漏洞的补救、诚信文化的培养和公平的理念。这是一个复杂的系统工程，靠

个别组织和个人一般不能完成，只有依靠政府组织领导、协调各方，才能有序地促进科技金融环境。

3. 优化政府对科技金融的投资方式，促进资本和科技产业的有效融合

除了继续增加对科技研发机构和研发成果的投资、补助外，政府应积极加强与风险投资公司、私募股权投资机构等的合作，充分调动市场化、专业化机构的专业判断能力和营运管理能力，通过设立政府引导基金、母基金等方式，将资金委托专业投资机构进行市场化投资运营，并推动咨询机构、信用担保机构、保险机构等金融机构积极参与科技型企业的产业化进程。

4. 政府倡导建立科技金融协会

对比美国、日本的经验，科技金融协会在科技融资和信息通信方面发挥了重要作用。我国目前在这一领域的发展相对滞后，政府应积极与科技创业企业和金融资源提供者进行沟通和协调，支持建立科技金融协会，促进科技创新产业参与各方之间的有效沟通，帮助科技创业企业提高融资能力，为科技企业提供各类投资融资信息，逐步建立技术企业技术评价与信用信息系统，减少信息不对称，降低交易成本。

5. 改善社会信用体系

目前，我国正处于经济转轨、社会转型的变革时期，受各种文化冲击、利益纠纷影响，社会结构变化迅速，这要求建立社会信用体系，在全社会树立诚信意识，降低企业机构和个人的信息不对称，减少由于诚信问题而引发的纠纷。成熟完善的社会信用体系，一方面，对创新企业形成约束，限制其“败德”行为；另一方面，良好的机构信用记录，可以为企业信贷提供信用证据，降低企业融资成本，是有效缓解创新型企业“融资难、融资贵”的有效途径。

（二）加强商业性金融支持力度

虽然近年来中国的资本市场、私人投资市场取得了长足的进步，但由于历史形成的制度、机制原因，商业性金融规模和能力仍然相对较小，在未来很长一段时间内，科技创新的融资渠道仍然依靠商业银行的信贷投入，有必要加强商业金融创新，深化商业银行产权制度改革，转变商业金融机构的经营理念、利润模式和风险评估方法，创新金融产品和服务为科技企业的需要。

1. 转变经营理念，适当降低企业创新融资门槛

商业银行往往在选择贷款对象时存在“规模歧视”“身份歧视”。大型企业

特别是国有大型企业，还款能力强、信用评级高、抵押担保足、贷款风险小，是商业银行首选的合作伙伴。小型的民营科技企业规模小、资产抵押物不充足、财务记录不完整，银行通常不愿向这些民营的中小型科技企业提供贷款资金。作为商业化的银行，是关注风险与收益的金融机构，这样的选择是正常的市场行为。作为政府管理部门，应该从制度激励上推动商业银行经营理念的调整与改变，降低中小型科技企业的融资门槛，将科技企业的增长潜力和市场前景作为贷款审查的重点，针对中小科技企业的特点，根据风险—利益原则，设计专门的信用评估和风险评估系统，以提高中小企业贷款的可用性。提高未来发展前景良好的中小型科技企业的不良信贷容忍度，根据企业创新的特点设计贷款模式、产品和服务。

2. 创新盈利模式，提升服务水平

商业银行的现有盈利主要基于大银行、大客户的服务结构，商业银行要加强与中小型科技企业的服务与合作，必将导致服务模式、利润结构的变化。一是商业银行应积极探索更适合中小型科技企业需求的盈利模式和管理架构，鼓励商业银行特别是中小城市商业银行设立面对中小型科技企业的分支机构，不断创新开发满足各种科技型企业需求的新型金融产品。二是优化银行内部运作流程，提高贷款审批效率。为中小型科技企业设计风险评估体系，培养专业知识风险分析团队，有效识别相关行业的风险程度，提高风险判断的准确性。根据中小型科技多元化和个性化的需求，满足其规模小、周期短、程序简便的要求，为科技企业提供绿色通道，优化贷款流程。三是创新金融产品，提高金融服务水平。鼓励科技金融机构创新，探索股权投资业务和认购期权业务，发展知识产权抵押贷款、股权质押贷款、动产抵押贷款、订单贷款等创新业务，支持商业银行信息技术部门应用大数据、人工智能等手段以及供应链金融，加强银行与科技企业的信息共享与深度合作，并提供信息交流、财务管理、投资咨询等多元化增值服务。

（三）发挥政策性金融支持的“杠杆效应”

商业银行的贷款管理主要是针对有一定营业收入和利润规模的企业。对于初创期的中小型科技企业而言，由于经济效益低、风险高，商业银行一般不愿意进入。在这种情况下，通过政策性金融对处于发展初期的科技企业提供金融投资促进其增长，并指导和鼓励商业金融机构在科技企业的发展中的后期进行投资非常重要。目前，中国支持科技创新的政策性金融体系基本上发挥了财政支持和投资激励作用，但仍然缺乏专业性，具有补偿机制不足和政策保障服务存在缺陷的问题，如果想大力发展支持科技创新的政策性金融，可以考虑从以下几个方面入手。

1. 建立面向科技企业的专业的政策性金融机构

建立专门的、面向高科技企业提供投融资服务的、全国性的政策性金融银行——国家科技银行。该银行不以营利为目的，对科技类创新企业的直接贷款提供政策性支持，如在贷款条件的可用性、风险评估等方面提供更灵活、宽松的政策标准。全国科技政策性银行主要服务于国家重点科技攻关项目和重点科技企业，银行吸纳全国性的高素质科技与金融人才，为科技项目和科技企业提供创新的信贷融资，以及专业化、高水平、多元化的金融服务。鼓励各省、自治区、直辖市建立地方性科技政策性金融机构，考虑地区区域差异和技术金融环境，利用中央和地方共同建设，吸收地方企业融资，提供本地科技型中小企业融资服务。

2. 建立多层次覆盖的政策性信用担保体系

融资担保可以有效降低商业银行贷款风险，提高科技企业获得商业贷款的融资机会。在全国范围建立多层次、广泛覆盖的国家科技类政策性信用担保体系，为科技企业和科技项目提供方便、优惠，以及符合科技企业不同需求的政策性担保服务，实现政策性担保体系的科技资源与科技信息共享，实现政策性担保体系对市场化运营的科技担保机构的再担保支持，着力协助民营中小信用担保机构解决缺乏资金补偿机制、风险分散机制等问题。

（四）加快私募股权投资发展

私募股权投资是实现技术、资本、人才、管理等创新要素与创业企业有效结合的投融资方式，是科技企业融资最重要的渠道之一。它不仅为科技企业的发展提供财力支持，还可以为科技企业发展提供全面的增值服务。对处于发展初期的科技企业来说，股权投资机构丰富的企业经验和广泛的社会资源，使其在科技企业金融支持体系中发挥了不可替代的重要作用。专业投资机构通过参与企业的战略规划、经营决策、财务核算、市场开发及人力资源管理等，提供全面的咨询服务，使私募股权投资具备投资和“孵化”的双重功能。近年来，随着多层次资本市场体系的建立和逐步完善，股权投资机构在促进科技创新创业等方面的作用越来越突出。必须进一步完善制度建设，加快私募股权投资的发展，促进股权投资对科技创新的支持与推动。

1. 尽快完善相关风险投资法律法规和配套政策的制定

《国务院关于促进创业投资持续健康发展的若干意见》（以下简称《意见》）是国务院第一份发布支持股权投资产业发展的文件。《意见》高度评价创业投资，认为它是促进科技创新成果转化的助推器，是落实新发展理念，实施创新驱动发展战略，推进供给侧结构性改革，培育发展新动能和稳增长、扩就业的重要举措。

要进一步完善相关法律法规，构建符合创业投资行业特点的法治环境，落实和完善国有创业投资管理制度，支持有需求、有条件的国有企业依法依规、按照市场化方式设立或参股创业投资企业和创业投资母基金。完善创业投资税收政策，建立创业投资与政府项目对接机制，研究鼓励长期投资的政策措施。实施更多的普惠性支持政策措施，创新监管方式，加强事中、事后监管，严格保护知识产权，优化监管、商事、信用等方面的市场环境。

2. 拓宽技术和金融基金的供应渠道，促使风险资本来源多元化

一是鼓励私人资本进入私人投资领域，鼓励包括天使投资人在内的各类个人从事创业投资，以法律形式保护私人投资的合法权益，提高私人投资的积极性，鼓励行业骨干企业、创业孵化器、产业（技术）创新中心、创业服务中心等机构投资者参与创业投资。二是拓宽股权投资资金来源，大力培育和发展合格投资者，建立股权、债权等联动机制，有序发展投贷联动、投保联动、投债联动，鼓励投资机构通过创新手段满足不同风险偏好和成熟度特点的金融需求，更有针对性地通过投资吸引更多资金支持实体经济。三是放宽外资进入中国私人投资市场的限制，推动创业投资行业双向开放。按照对内、外资一视同仁的原则，放宽外商投资准入，简化管理流程，鼓励外资扩大创业投资规模。日本、印度等国家的经验告诉我们，外资在私募股权市场上可以很好地发挥自己的资本、技术和市场管理优势，对私募股权投资行业有巨大的推动作用。

3. 完善风险投资的流动和退出机制

美国风险投资的成功经验告诉我们，发达的资本市场可以为股权投资提供最好的退出渠道，这是保护股权投资发展的重要制度安排。我们必须学习外国的成功经验，充分发挥多层次资本市场在股权投资流动估值和变现退出等方面的作用，拓宽股权投资市场化退出渠道。充分发挥主板、中小板、创业板的市场功

能，激活各市场的交易功能，切实维护、保障股权投资机构持有的上市公司股权的合法流动权益。完善全国中小企业股份转让系统（新三板）交易机制，改善市场流动性。支持投资机构间私募产品报价与服务系统、证券公司柜台市场开展直接融资业务。鼓励创业投资以并购重组等方式实现市场化退出，规范发展专业化并购基金。

第三节 法治环境

一、企业创新法律保护的必要性

（一）企业创新的战略地位需要法律加以确认

任何一项法律的创制都具有一定的政策背景，都受到执政党及政府的政策影响，但是政策往往缺少法律规范所具有的稳定性、明确性和系统性。企业科技创新立法是将已经逐渐试验成熟的科技创新政策升华为法律，提高企业科技创新政策的稳定性、可靠性、权威性和有效性，这样有利于科技创新活动的发展。

（二）科技创新引起的社会关系需要法律加以调整

科技创新活动的各个方面都涉及复杂的社会关系，科技创新的发展也将导致新的社会关系变化。这些复杂的关系需要适当的法律来规范调整。例如，科研院所科技创新成果转化所带来的技术成果价值评估、转让、人力资源管理和收入分配等活动，引发竞买者、技术发明人、权属所有者、中介服务者之间的利益关系的规范和管理。

（三）企业持续的科技创新活动要靠法律来保障和促进

创新是一项高投入、高风险活动，很难由个人完成，必须由按照现代企业制度组建起来的公司完成，因而需要法律来界定企业创新成果的归属。同时，企业在创新过程中难免会失败，乃至破产，这也需要法律规范来解决债务纠纷、剩余资产清算和分割等问题。此外，对企业所拥有的创新成果被他人模仿、盗用等情况，需要法律予以保护，并对盗用者予以惩罚，对权利人予以补偿等。因此，企业持续创新活动的开展需要法律利用其强制力建立一张保护网。

二、我国企业科技创新法律制度存在的主要问题

改革开放40多年来，我国制定并实施了一批科技创新相关法律和配套法规条例，初步形成了较完整的企业和技术创新的法律体系，科技创新基本受法律保护。但是，与中国企业的快速发展和国际经济竞争的实际需要相比，中国企业科技创新的法律制度还存在不少问题和缺陷。

（一）创新法律实践中重政策、轻法律，缺乏企业创新方面的法律

许多科技立法只是行政法规、规则甚至政策文件，权威性不高，约束力不强。1993年7月2日，通过并于同年10月实施的《中华人民共和国科学技术进步法》，确定了科学技术的战略地位和相应的政策和原则，作为首要生产力，从法律层面上确定了科技发展的优先领域。但是，从立法的层面来说，《中华人民共和国科技进步法》是由全国人大常委会制定和修改的，不属于基本法律，有必要提高法律效力。

（二）知识产权方面法律保护不够

目前，许多中小型民营科技企业在日常经营中处于弱势地位，侵犯财产权、侵犯知识产权的情况频繁发生，知识产权纠纷维权仍然困难。同时，滥用知识产权的非法垄断行为也时有发生。专利竞争正在成为重点，要完善知识产权和技术转让的法律法规，提高法律效力将是科技创新工作的一个重点。

（三）企业技术创新融资法律支持不够

中国大多数中小企业严重缺乏技术创新资金，企业投资于技术创新的资金主要来自税后利润、私人借贷、银行贷款、政府资金和股权融资。前两种基金只能满足零星资金需求，后三种资金融资严重受制于政策和法律。

（四）市场准入和市场竞争中存在法律歧视

在市场竞争中，有关法律法规和政策对企业特别是民营中小企业的限制太多，从市场准入、经营范围到水电、煤气、原材料供应等，民营企业处于不利地位，很多领域门槛很高，无法参与公平和自由的竞争，使民营企业在与国有企业、外资企业的竞争中处于劣势地位。

三、完善相关法律制度，提高企业的科技创新能力

面对科学技术的飞速发展和世界经济一体化的发展趋势，以及知识经济的严峻挑战，通过科教兴国战略的实施，必须加强科技创新的法律制度建设，必须严格执行法律，以保护和促进科技创新的发展。实践证明，企业是最具创新活力的经济组织，面临着巨大的创新压力和创新风险。要对我国现行法律法规进行补充、修改和完善，为企业提供实用、有效的法律保障，发挥企业的创新作用，提高企业的科技创新能力。

（一）重视科技创新立法，尽快制定专门的企业科技创新法

法律代表国家的意志，具有强制性和权威性，立法的专业化是国际上科学技术立法的发展趋势，要将科技创新中总结的有效原则、政策和措施落实为更具操作性和约束力的法律法规。我们应该借鉴外国的相关法律，结合中国的国情，制定符合社会主义市场经济规律和科技发展规律的“企业科技创新法”，依靠法律手段促进企业科技创新的战略规划、风险保护、技术创新成果的转让和利用、国家对企业科技创新的支持等更加规范。

（二）加强企业产权保护法治建设

企业是市场经济的重要组成部分，各级政府要平等对待各类企业。各种所有制的经济共同发展已构成我国的基本经济制度，这是鼓励各类企业进一步投入科技创新的重要法律依据。基本制度还需要通过立法、执法、司法、法律意识和其他方面来实现。

（三）完善企业融资法律体系和技术创新融资

国家应制定颁布科技投资、科技贷款等相关法律，为企业技术创新融资提供法律支持。科技贷款法律法规应当包含科技贷款的原则、类别、利率、期限、目标、使用范围、信用担保和优惠待遇等方面的内容，引导金融机构增加科技贷款总额，帮助企业解决科技创新的财务困难，调整科技贷款结构，把贷款集中在技术含量高、市场预期好的科技创新项目上。通过立法鼓励企业积极增加科技投入，扩大税前抵扣比例，支持和鼓励企业开展基础性、关键性和尖端性的重大科技攻关。

（四）改善企业参与市场竞争的法律环境

公平竞争是市场经济的特征之一，要保护企业的持续创新，必须营造公平竞争的市场环境，而公平竞争的市场环境又必须依靠法律制度予以保障。同时，还需打破现行行政管理体制，切实转变政府职能，使市场在资源配置中起决定性作用，更好发挥政府作用，除涉及国家安全和国计民生的领域外，允许民营经济进入国民经济的各个领域，给予民营企业真正的国民待遇。

（五）完善企业组织结构和人员分配制度

2002 年，我国制定了《中华人民共和国中小企业促进法》，关于中小企业技术创新，专门有一个章节。下一步，立法工作要及时制定相关实施措施，对中小企业技术创新战略规划、资金、风险保护、科技创新转移、政府支持和服务等方面制定明确具体的规定。建议制定“科技创新合作法”，鼓励科技型企业与大学、科研机构建立科技合作关系，共同促进各种科研机构开展联合科学研究。鼓励和扶持科技型企业建立高科技研发中心，建立博士后科研站，跟踪各类国家和省级科技研发项目，鼓励非技术企业加快技术转型，加强技术创新。

国家应为企业吸引技术人才提供良好的法律环境，改善移民程序、儿童入学、工作评估和继续教育等领域的不合理限制。对于符合要求的大中型企业，可以授权其组织评估和持有相应专业技术岗位的资格。

（六）保障科技人员的权利，加强知识产权保护与激励

国家应完善相关法律，使技术、管理等生产要素参与企业分配，充分调动广

大科技工作者、管理者的主动性。2016 年 1 月，西南交通大学出台了《西南交通大学专利管理规定》，率先提出“职务科技成果权属混合制改革”的设想，在全国首次从学校制度层面确认了职务发明人对职务科技成果的所有权，明确学校和发明人的工作按 3∶7 的比例分享专利权科技成果，将职务科技成果的“纯粹国有制”变成“国家和个人混合所有制”，实现从“先转化后确权”到“先确权后转化”、从“奖励性利益”到“可转化权利”的转变，充分激发了科研人员从事创新创造的热情和动力。通过进一步完善国家知识产权保护制度，创造了有利于自主知识产权生成的法治环境，建立健全知识产权滥用的法律制度，防止滥用知识产权压制不正当竞争。

（七）改善税法，为企业科技创新提供税收优惠支持

提高创新型企业的企业所得税税前抵扣范围。实施再投资退税制度，全部或部分返还其缴纳的企业所得税。科研成果转让收入免征个人所得税。财政部、税务总局、科技部和教育部 2018 年 11 月联合下发了《关于科技企业孵化器大学科技园和众创空间税收政策的通知》，对相关孵化器、大学科技园、众创空间等进行税收优惠。对国家级、省级科技企业孵化器，大学科技园和国家备案众创空间自用，以及无偿或通过出租等方式提供给在孵对象使用的房产、土地，免征房产税和城镇土地使用税；对其向在孵对象提供孵化服务取得的收入免征增值税。这里的孵化服务是指为在孵对象提供的经纪代理、经营租赁、研发和技术、信息技术、鉴证咨询服务。国家级、省级科技企业孵化器、大学科技园和国家备案众创空间应当单独核算孵化服务收入。预期这些政策可以有效降低孵化器的税负，扩大优惠政策的投入产出比，发挥财税政策的“杠杆效应”。

第四节　人才环境

四川省是人口大省，也是人才培养大省，历来高度重视创新，在军民融合、创新创业、科技成果转化方面取得了很好的成绩，当前四川省正处于全面推进创新实验改革、加快推进创新型省份建设的关键时期，必须进一步培育壮大创新人才队伍，增强创新发展智力支持。

一、我国企业创新人才环境建设存在的问题

从国际比较的角度来看，中国是一个人口大国，而不是一个人力资源大国。面临着创新人才质量差、能力低等突出问题，优秀创新科技人才、企业管理人员的数量远远落后于发达国家，特别是高水平的创新人才。创新人才在城乡、地区、产业和行业中分布不均；创新人才投入不足，开发环境不够优化。在洛桑管理学院2007年世界竞争力研究中，中国的研发人员总数是第1位，研发总支出是第6位，企业总研发支出是第6位。这表明中国有大量的科研人才和科研资金投入。然而，每10万居民的有效专利数量仅为42个，专利产出率排名第23。因此，作为提高国家竞争力的重要因素，中国创新人才的发展面临严峻的挑战。

（一）创新人才的整体素质不高

创新人才资源的内涵是数量和质量。从比较的角度来看，无论是中国的人力资源总量，还是整个研发人员、大学生总数都在全球排名第一，但质量与发达国家有很大的差距。根据中国社会科学院发布的《2010年国家竞争力报告》，中国人力资源最充足，在G20国家中稳居第一，但更能反映一个国家人力资本水平的人力资本构成指数却连续5年排第18位，本科学历以上、技能人才、工程师和科学家所占比重的指数值只有美国的1/12，日本的1/10。这些数据表明，虽然中国的人才数量庞大，但人才素质明显处于低水平。不仅如此，中国当前创新人才的形势不能完全满足一些关键领域创新的迫切需求，行业的高端人才、高层次的技术专家、高技能的专业技术人才非常缺乏。

（二）杰出人才的结构性矛盾

中国创新人才在专业、行业、地区和年龄层面等方面结构非常不均衡，不能适应产业结构优化升级、区域经济协调发展和创新人才队伍建设的需要。从专业结构看，2008年国有企业专业技术人员共计2 863.6万人，其中教育、卫生、经济、工程等专业技术人员占8.5%，科研员工仅占1.3%。新材料、新能源、生物技术、现代医学、环保等专业技术人才的发展严重短缺。另外，专业设置不能满足经济和社会发展的需要，毕业生找不到工作，雇主找不到人才的现象并存。

从行业分布来看，严重缺乏创新人才主要集中在党政机关、国有企业和机构、非公共组织、新型经济社会组织等领域；第二、第三产业创新型人才集中，现代农业领域的创新人才相对不足。从区域结构来看，东部发达地区和大中城市创新人才集中，西部地区和小城市相对较少。

（三）创新人才贡献率低

创新人才的贡献率，就是创新人力资本的贡献率，是指创新人力资本作为核心投入要素形成经济增长的贡献。创新人才的贡献率是培养、吸引和利用创新人才的综合功能的结果，反映了创新型人才在经济社会发展中的价值实现程度。在编制《国家中长期人才发展规划纲要（2010—2020）》时发现，发达国家人力资本贡献率一般为50%～60%，人力资本对经济增长贡献率最高的为美国、法国、德国、英国等西方经济强国，中国人力资本的贡献率仅为25.7%。

（四）创新人才环境持续改善

不同的社会结构会导致不同程度的人才使用，一个好的系统会使最好的人才涌现，坏的系统会导致人才浪费和无效使用。就中国而言，随着社会主义市场经济的不断深入发展，正在建立有关创新人才的政策环境。然而，根深蒂固的矛盾和问题还没有解决，创新人才的环境没有优化。一是在创新型人才的管理中，雇主和个人的自主权并没有真正得到落实。行政上的“官方标准”仍然很严重。二是具有道德品质、知识、能力和绩效核心的各类创新人才的科学评价标准和评价机制不完善。在人才评价方面，仍需克服唯学历、唯资历、唯论文等倾向，应注重考察各类人才的专业性、创新性和履责绩效、创新成果、实际贡献，要进一步打破户籍、地域、所有制、身份、人事关系等制度性障碍，以及对人才使用的约束。

二、完善和创新人才机制

（一）人才培养发展机制

坚持以国家发展需要和社会需要为指导，以提高思想道德素质和创新能力为核心，完善现代国民教育和终身教育制度，注重在实践中发现、培养、创造人才，推进人才培养发展机制。要注重全面发展，突出创新人才，注重培养应用型人才，深化教育改革，促进教育公平及教育事业全面发展。

（二）人才评价机制

基于道德、能力和绩效导向，科技人才应建立与其岗位职责要求相适应的人才评价机制。完善的创新人才评价机制要克服唯文凭、唯课题、唯出版物的倾向。要结合科技体制改革，建立健全以科研诚信为基础，以创新能力、质量、贡献、绩效为导向的科技人才评价体系，突出代表性成果评价，注重个人评价与团队评价相结合，注重组织评价、社会评价与市场评价相结合，对于科技创新成果更要关注其在市场的运用与反应，避免过多、过滥的行政化表彰奖励，科技创新的评价更多地需要依靠市场的评价。

（三）人才流动分配机制

由于经济水平的差异，我国人才分布极不合理，东部沿海地区由于经济条件好、就业机会多，吸引了来自全国的各类顶尖人才，而西部欠发达地区则成了为东部地区输送人才、人力资源的基地，加剧了东西部之间的差距。要合理引导人才从东部地区向中西部地区流动，从经济发达的中心城市向小城镇流动，建立人才流动机制，疏通人才流动通道，完善人才服务市场，规范人才中介服务，优化人才资源配置。

（四）人才激励机制

加快建立有利于留住人才和人尽其才的收入分配机制，从制度上保证各类人才得到与他们的劳动和贡献相适应的报酬。要针对不同人才在不同环境、不同时期的各类需求层次，在各地区、各部门建立起吸引人才、发挥人才作用的各项激励机制。一方面，要利用利益驱动的原则，加大吸引人才、筑巢引凤的资金投入，大力推行技术入股、专利入股、持股经营等新的分配手段，吸引人才向急需的领域、急需的地区流动；另一方面，要利用事业激励机制，为人才提供良好的创业环境、优良的工作条件、和谐的工作氛围，采取不拘一格的用人方式、灵活多样的用人制度，为人才在流动中充分实现自我价值创造良好的条件。

三、优化企业创新发展的人才环境

（一）实施财政和税收政策措施，促进对人力资源的投资

人力资源和资本、土地等一样，是构成社会产品的基本要素之一，企业增加资本、土地可直接增加企业收入，同时法律保护企业资本和土地等物权，投资在资本、土地上的收益增加几乎都为所投资的企业所有。与资本、土地等要素不同的是，人才是流动的，企业在人力资源方面的投资随时会因为人员流动而流失，因而人力资本投资从其属性上来说是一种公共物品。一个充分发展、完善的人力资源市场首先要求政府确保对人力资源的投入，必须保持对人力资源持续的投入，主要包括直接的财政投入和给予人力资源培训的机构、学校予以财政补贴和税收优惠。

（二）实现产学研用联动，实施创新人才培育机制

尽管当前，我国各类人才资源涌现，通过高等院校、科研院所培养一大批高层次人才，但在现实的人力资源市场中，一方面是高校毕业生就业困难；另一方面是企业招不到适用的人才，人力资源错配现象比较突出。为此，需实现产学研用相结合，在应用型人才方面，要采用市场化手段，以市场为导向培养人才；继续加大对基础人才的培养力度，依据不同的培养目标，设计差异化的培养方案，改革现行的人才培养方式，创新人才培育机制。

（三）建立向农村基层和艰苦条件偏远地区人才流动引导机制

条件艰苦的基层农村和偏远地区是人力资源最匮乏、对人才最渴求的地区，是各类人才发挥所长、发展自己的广阔舞台。应建立人才资源向农村基层和偏远地区流动的常态机制，鼓励公职人员、大学生群体向中西部流动，改善农村基层、偏远地区的工作条件、生活条件，解除各种对人才发挥、发展的束缚。

（四）实施更开放的人才政策

健全校企联合人才体系，建立“高校院所＋企业”人才双向流动机制，为人才成长搭建起有效平台，大力引进高层次创新创业人才，推动成都加快建设西

部科技中心。加大高端人才引进力度，深入实施“千人计划”“天府高端引智计划”“留学人员回国服务四川省计划”等人才工程，做好两院院士等高层次人才工作。改进知识产权、技术和其他技术参与股本投资途径。加大税收激励、财政贴现强度，支持设立创业投资基金，促进科技成果转化和技术转移。

（五）实施公共服务政策，促进人才发展

为进一步促进人才发展，要完善服务型政府平台建设，建立公共服务体系，改革商事制度，简化企业设立审批手续，优化企业纳税流程，降低创新企业成本，建立企业劳动登记制度、完善社会保险代理制度，控制企业运营负担。开展劳动就业服务、劳动人事争议仲裁调解、劳动人事档案管理等公共服务。

参考文献

[1] 陈柳钦．基于产业集群的技术创新机制研究［J］．贵州师范大学学报，2007（1）．

[2] 李静．通过产业集群提升企业竞争力问题研究［D］．沈阳：东北师范大学，2006.

[3] 张译文，冯小菲．提高企业科技创新能力法制政策研究［J］．中共银川市委党校学报，2007（6）：18－20.

[4] 卢珊．金融机构对科技创新的引导与支持研究［D］．哈尔滨：哈尔滨理工大学，2015.

[5] 张文忠，李业锦．区域出国内心环境与企业发展研究［J］．软科学，2003（6）：23－28.

[6] ［美］约瑟夫·熊彼特．经济发展理论［M］．北京：商务印书馆，2000.

[7] 赵国党．创新环境对区域企业创新活动影响的理论与实证研究［J］．中国石油大学学报：哲学社会科学版，2012（3）：19－23.

[8] 李习宝．区域创新环境对创新活动效率影响的实证研究［J］．数量经济技术经济研究，2008（8）：13－24.

[9] 郭世田．当代中国创新人才发展问题研究［D］．济南：山东大学，2012.

[10] 李晟华．促进我国中小企业发展的财税政策创新研究［D］．杭州：浙江大学，2005.

[11] 李冲，钟昌标，郭经纬，等．区域金融生态环境与企业创新研究：理论假说及空间计量［J］．经济与管理，2016（5）：20－27.
[12] 陈艳．我国风险投资对企业技术创新影响的机理研究［D］．苏州：苏州大学，2014.
[13] 黄坡，陈柳钦．产业集群与企业技术创新［D］．武汉：武汉科技大学，2006.